기업의 생존과 발전을 위한 리더의 사고와 행동

기업경영 리더십

이학희

Business Management
Leadership
Motivation
Communication

도서출판 청람

머리말

Preface

리더십에 대한 수많은 책들은 리더의 바람직한 역할과 기능에 대한 현대인의 관심을 높여주는 것은 물론, 기업경영 및 조직관리 측면에서 나름대로 교훈과 시사점을 제공해 준다. 그럼에도 불구하고 리더, 또는 향후 리더가 되고자 하는 사람에게 요구되는 지식과 역량을 체계적으로 학습하기 위한 서적은 여전히 부족한 상태이다. 따라서 이 책은 리더십이란 개념과 내용을 처음 접하는 독자들을 위한 이론적인 입문서로서, 특히 대학에서 리더십이나 동기부여, 의사소통 등 경영지휘활동과 관련된 강의를 하는 데 필요한 내용을 담고자 노력하였다. 나아가 경영지휘활동과 관련된 이론적인 개념과 원리를 기반으로 현장에서 리더십의 실천역량을 강화하기 위한 실용지식을 중심으로 집필되었다. 이를 통해서 21세기 리더로서 바람직한 사고와 행동을 위한 학문적인 측면뿐만 아니라, 실무적인 측면에서 유용하게 활용되고 도움이 되길 기대한다.

이러한 배경과 목적으로 이 책의 제1부는 리더십의 적용분야이자 현대사회의 중요한 분야인 기업과 기업경영에 대한 핵심적인 내용을 설명한다. 제2부는 리더의 역량을 강화하기 위해 필요한 리더십 관련 기초지식과 함께 리더십이론에 대한 전반적인 내용을 소개하고, 특히 실천적 차원에서 최근 부각되고 있는 리더십의 다양한 연구결과 및 이론에 대해 설명함으로써 기업경영 리더십의 최신동향과 전반적인 맥락을 파악하기를 희망한다. 제3부에서는 경영활동 및 리더의 성과와 밀접한 관계가 있는 동기부여에 대한 전반적인 내용과 원리를 살펴보고, 특히 조직구성원들의 목표지향적인 사고와 행동을 촉진하기 위한 다양한 동기부여 관련 이론에 대해 설명함으로써 효과적인 지휘활동이 현장에서 실현되기를 기대한다. 제4부는 일반적인 인간생활은 물론, 대인관계에 있어 필수적인 요소인 의사소통에 대한 지식, 특히 리더의 원활한 의사소통역량을 강화하기 위한 다양한 방안들을 제시함으로써 조직구성원들 상호 간에 이해와 협력을 촉진하는 계기와 실천방안이 마련되길 바란다.

이 책의 내용은 리더십과 조직관리에 대한 국내외 선행 연구자들의 연구결과를 참고하거나 인용하였으며, 특히 이한검, 이상호 교수 등의 관련 서적들은 적지 않은 도움이 되었다. 대학교재의 특성상 일일이 허가를 받지 못했지만 지면을 빌어서 양해를 구하고 감사드린다. 그리고 이 책을 출판할 수 있도록 도움을 주신 도서출판 청람 이수영 대표님과 편집진에게도 감사의 마음을 전한다. 끝으로 집필과정으로 인해서 주말을 함께 하지 못한 가족에게도 미안한 마음과 함께 넓은 이해와 사랑에 대한 감사의 말을 전하고 싶다.

2019년 1월

해운대 장산기슭 연구실에서

차 례

Contents

PART 1 기업경영

Chapter 1 기업

Chapter 2 기업경영

PART 2 리더십

Chapter 3 리더십의 기초

Chapter 4 리더십의 이론

PART 4 의사소통

Chapter 7 의사소통의 기초

01 PART 기업경영

학 · 습 · 목 · 표

1. 기업경영 관련 기초개념과 내용을 이해한다.
2. 기업경영에 대한 세부내용을 살펴보고, 이를 통해서 향후 경영자로서 갖추어야 하는 지식과 역량을 배양한다.

CHAPTER

01 기업

1 기업의 개념과 정의

기업은 하나의 시스템으로 정의할 수 있다. 여기서 시스템이란 상호 간에 연결되어 있고 서로 의존적인 요소들이나 부분들로 구성된 조직체를 의미한다. 이러한 시스템은 인적 · 물적인 요소로 구성된 복합시스템인 동시에 경제적 · 사회적인 목적을 지닌 목적시스템이다. 뿐만 아니라 조직구성원들의 사고와 행동을 목적지향적인 방향으로 이루어지게 하는 협동시스템이기도 하며, 특히 조직의 지속적인 존속과 유효성을 높이기 위해서 환경과 끊임없이 상호작용하는 개방시스템이다.

- **기업과 시장의 관계** : 기업은 시장에 정보를 제공하고 물질적 또는 비물질적인 형태로서의 상품을 생산하고 판매한다. 그에 대한 대가로서 이윤을 추구하며 시장으로부터 필요한 정보를 수집한다.

그림 1-1 ▪ 기업과 시장 간 교환관계

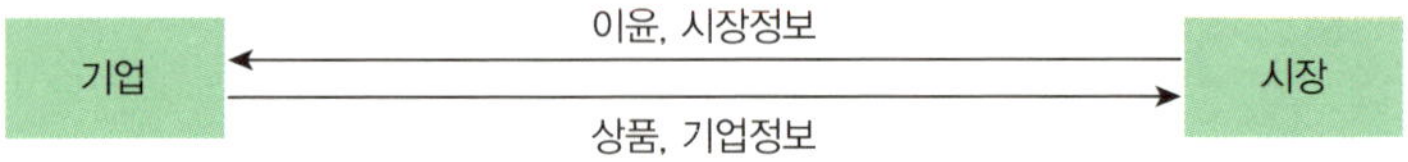

기업은 내 · 외부의 환경(변화)에 적절히 대처해야 한다. 특히 기업과 외부환경은 앞서 언급한 쌍방적인, 즉 '주고받음'의 관계에서 벗어나 기업 혼자서는 존재할 수 없다는 인식과 함께, 기업의 존속과 유효성을 높이기 위한 전제조건으로 내부는 물론 외부환경에 적절히 대응하지 않으면 안 된다.

- **기업의 경영과 전략** : 기업은 물적 · 인적 자원을 이용하여 추구하고자 하는 목적을 달성하려고 노력하며, 그러한 목적은 여러 가지 차원에서 설정될 수 있다(3 기업의 목적과 발전과정 참조). 그리고 기업은 설정한 목적을 달성하기 위해서 최선의 수단과 방법을 강구해야 하며, 이것은 경영자가 수행해야 할 중요한 사안이다(제2장 기업경영 참조).

1.1 기업은 복합시스템

기업은 다수의 사람과 자본, 시설 등의 물적 자원으로 구성된 복합체이다. 이것은 전체적인 목적을 달성하기 위해서 필요한 각 요소 또는 각 부분이 유기적으로 연관되어 있는 의식적이고 인위적인 구성체이다. 보다 구체적으로 말하자면 자본 · 인력 · 기계와 설비 등 생산의 제요소를 결합하여 제품이나 서비스를 생산 · 공급함으로써 영리를 추구하기 위한 인적 · 물적 조직체인 동시에, 기술적 · 사회적인 요소를 함께 포함하고 있는 복합적인 구성체이다. 여기서 기술적 요소란 생산 · 제조공정과 결부된 공학적인 기술뿐만 아니라 경영원리나 기법 등 관리적인 기술을 의미한다. 사회적 요소 역시 기업에 참여하는 구성원 개인적인 차원을 넘어선 인간관계, 의사소통, 사회적 동기와 욕구 등 보다 다양한 내용을 포함하고 있다. 따라서 기업을 운영하고 경영하는 데 있어 단편적인 사고와 행동에서 벗어나 보다 전반적인 시각에서 문제를 파악하고, 이에 대한 해결방안도 가능한 복합적으로 강구하는 것이 필요하다.

1.2 기업은 목적시스템

기업은 생활에 필요한 재화나 서비스를 생산 · 공급하는 동시에, 그에 따른 성과와 이윤을 구성원들에게 배분함으로써 인간의 경제적인 욕구를 만족시키는 목적시스템이다. 즉 기업은 경제적인 목적을 달성하기 위해서 외부환경으로부터 생산에 필요한 자원과 에너지, 정보 등을 받아들이고, 이들 투입된 요소를 내부의 생산과 관리과정을 통해서 제품 및 서비스로 변환하고 완성된 제품으로 산출하는 '투입-산출시스템'을 기반으로 하고 있다.

그리고 '투입-산출시스템'을 통해서 생산된 제품과 서비스를 판매조직을 통해 시장이란 외부환경에 제공한다. 이러한 외부환경과의 거래과정을 통해서 현금(이윤)을 획득하고 구성원들에게 배분한다. 동시에 원재료나 노동력이란 투입요소를 구입하는 데 재투입함으로써

그림 1-2 ▪ 투입-산출시스템

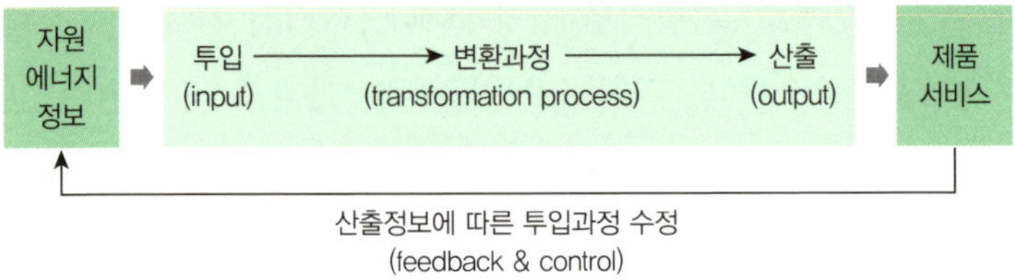

투입-산출의 변환과정을 계속적으로 반복한다. 따라서 이러한 '투입-산출시스템' 관점에서 볼 때, 기업의 핵심은 자원의 투입과 산출과정이 효율적이고 효과적으로 진행되도록 제반의 여건을 조성하고 관리하는 전략적인 사고와 활동에 있다고 할 수 있다.

한편 기업은 인간이 필요로 하는 재화나 서비스를 생산 · 공급하는 경제적 목적시스템인 동시에, 인간생활에 하나의 중요한 단위로서 다양한 심리적 · 사회적인 욕구를 충족시키는 사회적 목적시스템이기도 하다. 나아가 주주, 고객, 노동단체, 금융기관, 정부, 지역사회 등 기업외부의 이해관계자들과 복잡한 관계를 형성하고 있기 때문에, 그들의 욕구 역시 함께 충족시켜야 하는 사회적인 성격을 지니고 있다.

따라서 기업 및 기업경영의 핵심적인 기능도 기업이 추구하는 경제적인 목적을 달성하는 것 외에, 구성원 및 이해관계자들의 다양한 사회적인 욕구를 충족시키는 데 있어야 한다. 이를 위해서는 경영의 구체적인 수단과 방법도 보다 다양한 차원에서 강구되어야 한다. 또한 기업의 경영성과 극대화를 위해서도 관련자들과의 복잡한 관계를 고려한 합리적인 방안을 모색하는 것이 필요하다.

1.3 기업은 협동시스템

기업은 공동의 목적을 실현하기 위해서 다양한 특성과 욕구를 지닌 사람들로 구성된 인적인 조직체이다. 따라서 추구하는 목적을 보다 효과적이고 효율적으로 달성하기 위해서는 분업과 권한의 계층구조로 이루어진 상호작용의 협동시스템이 불가피하다. 이것은 공동의 목적을 달성하기 위해서 일과 책임이 체계적으로 배분되고 질서 있게 연결되며, 또한 그에 따라 관리자와 실무자가 정해지고, 이들 간의 권한과 약속으로 연결된 협동적인 조직체계가 필요하다는 것을 의미한다.

여기서 조직체계란 하나의 부분이 다른 부분과 상호의존적으로 관련되어 있기 때문에 하나의 시스템 전체로 다루어져야 한다는 것이다. 뿐만 아니라 협동적인 조직체계를 위해서는 다양성으로 인해서 발생할 수 있는 구성원들 간의 갈등과 이해관계를 협조적으로 조정하고, 그들의 사고와 행동을 목적지향적으로 도모하고 통합하는 리더십, 동기부여, 의사소통 등 다양한 방안이 필요하다는 것을 의미한다. 따라서 기업 및 기업경영의 주안점도 이러한 방안을 마련하는 데 있어야 한다. 특히 경영자는 협동적인 조직체계의 구축과 운영여부에 따라 경영성과가 좌우된다는 점을 유념할 필요가 있다.

1.4 기업은 개방시스템

기업은 외부환경과 교류 및 상호작용을 통해서 생명을 유지해 가는 생태학적인 유기체인 동시에, 자기유지적인 성격을 지닌 개방시스템이다. 이러한 개방된 시스템으로서의 기업은 환경으로부터 얻어진 정보와 자원을 투입하고 변환하는 과정을 통해서 제품을 시장에 공급함으로써 환경에 적응하며 스스로의 생명을 유지해 간다. 이것은 기업이 정부 · 고객 · 경쟁업체 등을 비롯한 각종 조직들로 구성된 거대한 사회시스템 속의 하나의 부분적인 시스템으로서, 다른 외부집단들과 지속적으로 상호작용을 해야 하는 소위 '열린 조직'이 되어야 한다는 것을 뜻한다.

이러한 개방적인 시스템으로서의 '환경적응 메커니즘'은 생태균형의 개념으로도 설명된다. 여기서 생태균형이란 외부환경의 영향으로 인해 시스템의 내부에 불균형이 발생하면, 시스템 내부에서 자율조절의 기능이 작동하여 원래의 균형상태로 회복하게 된다는 것을 의미한다. 즉 개방시스템은 환경변화에 대해 시스템을 안정상태로 유지하고자 하는 자체적인 조절기능을 가짐으로써, 그 생명을 유지한다는 것이다. 그러므로 경영자는 기업경영의 관점에서 정확한 환경분석과 그에 따른 적절한 적응 및 대응방안을 지속적으로 모색하는 것이 기업의 생존과 발전을 위해서 결정적으로 중요하다는 점을 인식할 필요가 있다.

2 기업의 의의와 특성

기업이 우리에게 어떠한 역할을 수행하고 의미를 제공하는를 생각해 볼 때, 무엇보다도 인간의 삶을 영위하는 데 기초가 되는 의식주와 관련된 다양한 상품을 생산 · 공급하는 경제적인 기능을 수행한다고 볼 수 있다. 뿐만 아니라 기업은 인간에게 소득의 원천인 동시에 삶의 터전으로서 중요한 가치와 의미를 제공하며, 지역사회는 물론 정치, 경제, 문화 등 사회전반적인 분야에 직·간접적인 영향을 미친다. 그 밖에도 사람들의 가치관, 욕구, 사고방식 등에 적지 않은 영향을 미치며, 심지어 그들의 사고와 행동양식까지 규정하기도 한다. 이처럼 기업의 영향력과 존재의 의미는 현대자본주의 경제체제에 있어서 대단하다. 한마디로 말해서 기업 없는 현대인의 삶은 생각할 수 없다. 나아가 기업 없이는 현대인의 삶이 제대로 영위될 수 없을 뿐만 아니라, 기업은 국민경제 및 국가발전의 핵심적인 주체이자 결정적인 역할을 수행한다고 볼 수 있다.

이와 같이 다양하고 중요한 영향력을 행사하는 기업이 지닌 본질적인 특성은 무엇인가? 기업의 특성은 관점에 따라서 여러 가지 측면에서 파악될 수 있다. 먼저 기업은 이윤을 추구하기 위해서 운영되는 생산경제로서의 주체적인 특징을 지니고 있다는 점은 부인할 수 없다. 또한 기업은 경제적·기술적·사회적·환경적 측면에서 고유한 특성을 지니고 있다. 이러한 특성들에 대한 정확한 이해는 기업경영 및 리더십의 방안을 마련하고, 이를 기반으로 기업성과를 제고하기 위해서 매우 중요하다. 이에 대한 구체적인 내용을 살펴보면 다음과 같다.

2.1 생산경제의 주체

기업은 국민경제를 구성하는 개별적인 경제단위이다. 여기서 국민경제는 국가가 주체하는 재정, 개인의 가계, 그리고 각종 사업체인 기업으로 구성되어 있다. 이 중 재정이나 가계는 일반적으로 소비경제를 목적으로 하는 데 반해서, 기업은 생산을 목적으로 하는 생산경제라는 점을 주목할 필요가 있다. 또한 기업은 자본과 시설 등의 물적 자원과 노동력이라는 인적 자원을 도입한 생산경제의 주체로서뿐만 아니라, 인간의 욕구를 실현시킬 수 있는 제품과 서비스를 창출하는 경제단위이다.

즉 기업은 자본 · 노동력 · 기계설비 등 생산에 필요한 제반요소를 투입하고 변환하는 과정을 거쳐서 수요자에게 효용과 편익을 제공할 수 있는 제품과 서비스를 공급함으로써 국민경제적인 가치생산에 기여하는 특성을 지니고 있다. 이러한 기업의 생산적인 특성은 경제적 · 기술적 특성 등과도 밀접한 관계가 있다. 왜냐하면 이들 특성을 기반으로 생산이 이루어지지 않고서는 기업의 경쟁력이나 이윤을 확보할 수 없기 때문이다.

2.2 이윤추구의 조직

기업의 근본적인 존재의 이유 및 배경은 무엇보다도 이윤(영리)을 추구하는 것이다. 여기서 이윤추구란 수익성을 추구하는 개념으로 기업과 관련된 이해집단들이 수용할 수 있는 범위 내에서 행해지는, 다시 말해서 기업의 사회적 책임을 고려한 적정수익과 유사한 개념으로 이해할 필요가 있다. 그리고 이러한 기업의 생산활동의 결과이자 성과인 수익은 재정수입의 원천으로, 국민소득의 원천으로, 또는 기업에 재투자됨으로써 국민경제의 자금순환을 충족하고 국민경제를 발전하게 한다.

이처럼 기업은 근로자의 소득(국민소득)의 원천이자 생활 및 기본적인 욕구를 충족하기 위한 터전이며 공급처이기도 하다. 왜냐하면 기업이 수요자가 요구하는 재화를 생산하는 것, 그 자체가 기업에 참가하고 있는 사람들의 소득을 형성하고 분배하기 위한 것이며, 이것은 기업 내 · 외부에 존재하는 인간의 욕구를 충족시켜 주는 원천이기 때문이다. 이러한 관점에서 볼 때 기업은 이윤을 추구하는 조직체인 동시에 인간의 삶을 윤택하게 만드는 터전이라고 말할 수 있다.

2.3 경제적 사고와 활동

기업은 제한된 인적 · 물적 자원으로 인해서 생산과 판매활동을 비롯한 각종 경영활동을 수행함에 있어, 최소의 비용과 희생으로 최대의 성과를 달성하고자 하는 경제적인 사고에 입각하여 행동해야 한다. 여기서 말하는 경제적 사고란 목적의 달성도를 나타내는 효과성(effectiveness)과 비용절감을 고려한 효율성(efficiency)에 대한 경영마인드(business mind)를 의미한다. 다시 말해서 효과성은 기업이 미리 설정해 놓은 목표를 어느 정도 달성하였느냐 하는 것으로서 유효성과도 같은 뜻이며, 이에 대해 효율성은 투입에 대한 산출의 비율과 같은 것으로서 자원의 활용 정도와 관련이 있다. 이러한 경제적 사고와 활동의 배경에는 기업이 목적지향적이며, 동시에 경영자원의 제한적인 성격을 띠고 있기 때문이다.

2.4 기술적 요소의 영향

기업이 시장에서 지속적으로 존재하고 발전하기 위해서는 경쟁력을 확보하고 유지해야 한다. 기업의 경쟁력은 다양한 경영활동을 통해서 확보할 수 있으며, 특히 기술적인 요소에 의해서 영향을 받는다. 여기서 기술이란 단순히 제품생산에 필요한 순수기술(technology)뿐만 아니라 보다 광범위한 차원에서 환경분석, 리더십, 동기부여, 의사소통 등 경영기술(technic)을 의미한다. 그리고 기업의 경영활동 및 성과는 이러한 경영기술에 의해서 결정된다는 것이다. 특히 급변하는 환경에 기업이 적절히 대처하지 못한다면 기업의 존립 자체가 위협을 받기 때문에, 생산에서 판매에 이르기까지 기업경영 전분야에 걸친 고도의 기술수준을 유지하고 발전시키는 것은 기업의 생존 및 경쟁력 제고를 위한 불가피한 사안이라고 말할 수 있다.

2.5 환경과 영향관계

급변하는 환경변화는 경영의 성패를 좌우하는 중요한 문제이다. 심지어 환경변화에 확실하게 대처하지 못하면 기업은 결코 살아남지 못한다. 따라서 기업의 생존과 발전을 위해서는 환경변화에 끊임없이 적응하고 대응하는 것이 필수적이다. 여기서 적응이란 환경변화에 단순히 순응하는 것이 아니라, 변화하는 외부환경에 따라 발생하는 기회와 위협의 요소를 기업내부의 경영자원을 이용해 적절히 대처하고 극복하는 것을 의미한다. 이에 대해 대응은 보다 적극적인 의미에서 기업이 주체성을 가지고 환경변화에 도전함으로써 환경을 창조적으로 지배한다는 뜻을 포함하고 있다. 물론 이것은 주로 시장을 지배하는 대기업이나 독점기업을 중심으로 적용되고 이루어질 수 있는 사안이다. 다시 말해서 일반적인 기업에서 이것은 변화하는 환경 속에서 추구하는 목적을 성공적으로 실현하기 위해서 보다 능동적이고 적극적으로 대처하고자 하는 사고와 활동으로 이해할 수 있다.

그 밖에도 기업과 환경과의 영향관계에 있어서, 단순히 기업의 환경변화에 대한 적응 및 대응수준에 머무르는 것이 아니라, 환경변화에 대한 실행결과를 분석 및 피드백의 과정을 거쳐 필요시에는 목표를 수정 · 보완하거나 또는 새로운 목표를 설정함으로써 환경변화 속의 기회를 보다 유리하게 활용하는 지속적인 경영활동이 필요하다.

2.6 인간의 집합체

기업의 구성요소로서 시설과 자금, 기술, 과업 등 물적인 자원 외에도 인적 자원이 중요한 의미가 있다. 기업은 무엇보다 인간에 의해 구성되어 있는 사회적 유기체로서 인간이라는 구성원들의 관계를 내포하고 있고 서로 간에 원만한 이해와 협조가 이루어질 때, 비로소 경영성과의 제고를 기대할 수 있다. 또한 기업에 종사하는 사람들은 단순히 노동력의 제공자로서 경제적인 욕구뿐만 아니라 사회적 · 심리적인 욕구를 함께 지닌 사회인이라는 점을 유념할 필요가 있다. 즉 인간은 기업을 통해서 생활에 필요한 소득을 얻는 데 그치는 것이 아니라 지위나 권력, 존경, 자이실현 등 개인적인 욕구충족과 함께 다양한 경험 및 학습을 통한 자기개발과 성장을 추구한다. 그 밖에도 타인과의 협력과정을 통해서 단결이나 신뢰, 친교 등과 같은 인간적인 욕구를 충족한다고 볼 수 있다. 따라서 경영자는 기업을 구성하는 인적 자원을 단순히 노동력이라는 자원(생산요소)의 집합체로서가 아닌, 사회적 욕구를 지닌 인간으로 구성된 조직체로 인식하고 행동할 필요가 있다. 특히 이러한 점은 리더십의 효과성 제고를 위해서도 매우 중요한 사안이다.

3 기업의 목적과 발전과정

3.1 기업목적의 세부내용

조직에서 추구하고자 하는 목적을 설정하고 분명히 하는 것은 조직 구성원들의 업무적인 이해와 활동은 물론, 조직의 성과를 평가하는 차원에서 중요하다. 또한 조직에서 목적은 나아가야 하는 방향은 물론, 거의 모든 사안과 의사결정과정에서 중요한 역할과 기능을 수행한다고 볼 수 있다. 나아가 조직의 목적에 따라서 이를 달성하고자 하는 기술적인 수단과 방법뿐만 아니라, 조직의 효과성과 효율성을 추구하고자 하는 구성원들의 사고와 행동 또한 달라질 수 있다. 기업목적의 경우도 이와 마찬가지다. 다시 말해서 기업목적에 따라서 이후 진행되는 경영상의 내용과 과정이 대부분 결정된다고 해도 과언이 아니다. 따라서 기업의 경영활동이나 기능 등에 대한 구체적인 내용을 살펴보기 전에, 기업의 목적에 대해서 정확히 이해하는 것은 매우 필요하고 중요한 사안이다.

일반적으로 기업의 목적은 이윤을 추구하는 데 있다. 그러나 관점에 따라서는 이윤추구가 기업의 목적을 달성한 결과이지, 목적 그 자체가 될 수 없다는 의견도 있을 수 있다. 또한 어떠한 정형화된 기업의 목적이 존재하는 것이 아니라, 기업의 특징이나 여건에 따라 서로 다르게 설정되며, 그에 따른 다양한 모습으로 나타날 수 있다는 주장도 나름대로 설득력이 있다. 그 밖에도 기업의 목적이 다양한 관점과 가치관을 기반으로 여러 형태로 설정되고, 매우 복잡한 관계 속에서 변화하고 발전되어 온 사실도 부정할 수 없다. 이러한 점들을 고려해 볼 때 "기업의 목적은 무엇이다"라고 단적으로 정의하기 어려운 사안이다. 이러한 다양성과 복잡성에도 불구하고 역사적으로 분명한 것은 기업이 추구하고자 했던 목적의 내용이나 설정하는 방법이 그 당시의 사회적인 환경과 밀접한 관계를 맺고 발전해 왔다는 사실이다.

본서에서는 리더십을 기업의 목적을 달성하기 위한 중요한 수단이자 핵심요인으로 다루고 있는 만큼, 리더십의 세부적인 내용에 앞서 기업의 목적에 대한 이해를 높이기 위한 차원에서 관련 학자들의 대표적인 관점 및 주장인 영업목적설, 봉사목적설, 존속목적설, 그리고 고객창조목적설에 대해 살펴보고자 한다.

3.1.1 기업의 영업목적설

기업의 영업목적설에 따르면 기업은 영리추구와 자본증식을 위한 제도적 · 주체적 · 조직적인 것이라는 견해이다. 이러한 주장은 가장 일반적인 것으로서 기업의 목적은 최대의 이윤을 추구하는 데 있다는 것이다. 그러나 기업이 영리만을 추구하다 보면, 자칫 눈앞의 이익에 치중한 나머지 중요한 부분을 소홀히 하는 실수를 범할 위험이 있다. 즉 이 같은 이익중심의 근시안적인 사고와 행동은 예상치 않은 문제를 야기할 수 있다.

그렇다고 기업의 영리추구를 근본적으로 부정하는 것은 아니다. 다시 말해서 기업의 영리추구는 보다 거시적이고 어디까지나 합리적이고 합법적인 범위 내에서 이루어져야 바람직하다. 영리추구를 위한 수단과 방법도 이러한 측면에서 강구되는 것이 필요하다. 또한 영리추구의 결과인 이윤에 대해서도 극대이윤이 아닌, 장래의 위험을 보상하고 사업을 존속하게 하며 생산력을 유지하게 하는 데 필요한 적정수준의 이윤을 추구하는 것이 필요하다. 한마디로 요약해서 적정이윤 이외는 가능한 고객과 사회에 환원하며, 이윤 그 자체가 목적이 되어서는 안 된다는 뜻이다. 어디까지나 이윤은 목적을 달성한 결과물이자 산물인 동시에, 목적을 달성하기 위한 하나의 수단으로 인식하는 것이 중요하다는 것이다. 그렇지 않을 경우에는, 예를 들어 고가격 · 저임금 등 기업의 영리추구를 위한 극단적인 행동들로 인해서 중 · 장기적으로 시장이 축소되는 것은 물론, 고객으로부터 외면당할 수 있는 위험성이 존재하기 때문이다.

3.1.2 기업의 봉사목적설

포드(H. Ford)가 주장한 기업의 봉사목적설에 따르면, 기업은 사회를 구성하는 중요한 요소 중의 하나이며, 기업의 역할과 책임의 정도가 사회발전에 결정적인 영향을 미친다는 인식하에 기업은 사회에 봉사하는 기관이 되어야 한다는 것이다. 그러므로 기업목적 또한 봉사가 되어야 한다는 관점이다. 여기서 봉사란 기업이 맡은바 역할과 의무를 다해야 한다는 것을 의미한다. 이것은 구체적으로 고객에 대한 고품질 · 저가격 등 기업외부에 대해서뿐만 아니라, 특히 기업내부 종업원들에 대한 고임금 · 동기부여 등에 대해 최선의 노력을 다해야 한다는 것이다. 이로써 봉사목적설에 따르면 이윤은 기업이 사회적인 역할과 책임인 봉사를 충실히 수행한 결과, 즉 봉사에 대한 대가로서 보상이자 목적달성의 결과로 인식된다고 볼 수 없다. 그리고 봉사의 대상도 제품이나 서비스의 구매자인 고객뿐만 아니라 기업내부의 구성원이라는 점이 강조되고 있다.

그 밖에도 포드는 봉사를 보다 원활하게 추진하기 위해서, 다시 말해서 제품을 보다 능률적으로 생산하기 위해서 대량생산체제를 도입할 것을 주장하였다. 그 결과로 종업원들이 기대하는 어느 정도의 임금개선과 생산적인 성과는 실현할 수 있었으나, 기계화에 따른 인간소외, 해고 등의 부정적인 영향으로 진정한 봉사주의의 철학이 퇴색되는 현상도 발생하게 되었다. 따라서 목적이 아무리 이상적이라 할지라도 그에 대한 수단과 방법이 합리적이지 않다면, 목적달성의 진정한 의미가 퇴색될 수 있다는 점을 유념할 필요가 있다. 마찬가지로 기업경영에 있어서도 이러한 점은 주의할 필요가 있다.

3.1.3 기업의 존속목적설

오늘날 대부분의 기업들은 그들의 생존과 발전을 위해서 치열한 무한경쟁을 할 수밖에 없다. 더욱이 글로벌화되는 시장환경에서 이러한 경쟁의 강도는 더욱 심하며, 그만큼 기업의 생존에 대한 인식과 중요성이 부각되고 있는 것이 현실이다. 이러한 상황에서 “일단 경쟁에서 살아남는다”라는 존재와 존속의 의미는, 특히 기업의 다양한 사회적인 역할과 기능을 고려해 볼 때, 매우 절실하고 크게 느껴지는 것도 사실이다. 더욱이 기업이 인간으로 구성된 조직이자 사회와 경제를 구성하는 핵심요소이기에 존속의 개념은 더욱 부각된다.

이러한 관점에서 볼 때 기업 그 자체를 유지하고 존속시키는 것은 기업의 일차적인 목적이라고 말할 수 있다. 이러한 견해가 바로 존속목적설이다. 특히 치열한 경쟁은 물론 경기침체나 시장여건이 좋지 않은 상황에서 지역경제에 적지 않은 영향을 미치는 기업의 경우는 무엇보다 기업의 목적은 이러한 환경을 극복하고 생존하는 데 있다.

이처럼 존속목적설에 대한 주장은 기업이 처한 여건과 상황에 따라서 앞서 언급한 이윤목적설이나 봉사목적설에 비해 충분한 설득력과 타당성이 있다고 볼 수 있다. 예를 들어, 대우조선이나 한진해운처럼 사업규모나 고용인원의 규모가 엄청나고, 그에 따른 사회적인 파급효과가 대단히 큰 기업의 경우, 경영위기를 극복하고 정상적인 기업으로서 유지하고 존속하는 것이 곧 기업의 일차적인 목적이 될 수 있다. 그렇다고 존속목적설이 이윤추구나 봉사의 개념을 부정하는 것은 아니다. 다시 말해서 존속목적설의 입장에서 볼 때, 일단 기업의 존속이 이루어져야 이윤추구도 가능하며, 봉사개념 또한 기업이 존속하기 위한 하나의 중요한 수단으로 이해할 필요가 있다는 것이다.

3.1.4 기업의 고객창조목적설

고객창조목적설을 주장하는 이유와 배경은 무엇보다도 고객에 의해서 기업의 운명이 결정된다고 믿고 있기 때문이다. 따라서 기업의 목적도 고객을 창조하는 데 있어야 한다는 것이다. 이러한 주장과 견해는 사업의 토대가 고객이며, 고객만이 기업의 존립을 유지해 주는 동시에 고용을 부여한다고 보기 때문이다. 또한 "판매 없는 기업 없고, 고객 없는 판매 없다"라는 말처럼 "기업에서 고객은 처음이자 끝이다"라고 할 만큼 매우 중요한 요소로 취급되기 때문이다.

이와 같이 고객이 기업의 생존과 발전을 결정한다고 보고 있기 때문에 기업의 목적은 최대한 많은 고객을 확보하는 데 있다고 말할 수 있다. 물론 이때 고객은 실제로 구매력을 갖춘 고객뿐만 아니라 잠재고객을 의미하며, 확보 및 창조란 의미도 고객의 유치와 함께 유치한 고객을 지속적으로 유지한다는 개념을 포함하고 있다. 따라서 고객창조를 위한, 특히 고객지향적인 마케팅의 사고와 활동이 부각되며, 구체적으로 고객의 구매욕구를 활성화하고 충족하기 위한 효과적인 마케팅 믹스에 대한 차별화된 노력이 무엇보다 중요하다.

이상에서 살펴본 바와 같이 "기업의 목적을 어디에 초점을 두고 설정하는가"에 따라서 기업경영의 활동내용은 물론, 목적달성의 수단이자 방법도 각기 다른 모습과 형태를 보일 것이다. 이러한 측면에서 기업경영 및 리더십에 대한 기업목적의 의미와 중요성이 한층 부각된다. 마치 옷을 잘 입기 위해서 첫 단추를 잘 끼워야 하는 것과도 같은 이치이다. 다시 말해서 기업의 바람직한 목적을 위해서는 기업의 내 · 외부환경을 정확하게 분석하고, 이에 부합되는 내용으로 목적을 명확히 설정하는 것이 필요하다. 특히 기업목적을 설정함에 있어서 구성원들과의 의사소통 및 공감대를 형성하는 것이 중요하다. 왜냐하면 아무리 목적달성을 위한 타당하고 합리적인 방안이라 할지라도 구성원들이 왜 하는가에 대한 이유와 목적을 정확하게 알지 못한다면, 올바르게 실행할 수 없을 뿐만 아니라 원하는 결과를 도출하기가 사실상 어렵기 때문이다.

3.2 기업목적의 설정방법

기업목적의 내용과 함께 기업목적을 설정하는 방법도 다양한 측면에서 접근할 수 있다. 일반적으로 학자들은 조직목적의 설정방법에 대해 조직목적설, 개인목적설, 그리고 복수목적설로 구분하고 있다. 이에 대한 구체적인 내용을 살펴보면 다음과 같다.

3.2.1 상의하달 형식의 조직목적설

조직목적의 설정방법과 관련하여 조직목적설이란 기업이 구성원들 모두에게 적용할 수 있는 어떠한 공동의 목적을 설정하는 것을 의미한다. 이러한 경우 주로 기업가 자신이 목적을 설정하거나 또는 상의하달의 형식으로 목적이 결정된다. 일반적으로 동양적인 사고와 문화에 기인한 방법이고 할 수 있다. 이것은 개개인의 욕구나 희망을 반영한 목적이라기보다 대부분 조직을 설립한 의의와 명분을 중요시하는 차원에서 결정되는 목적이다. 또한 조직의 목적을 달성하는 것을 우선시하고, 구성원들은 목적을 달성하기 위해 공헌하고 이바지한 결과로 개인의 목적이나 욕구가 충족될 수 있다는 관점이다.

그러나 이 같은 기업의 공동의 목적과 함께, 이를 통해서 충족되기 어려운 구성원들의 개인적인 목적도 있다는 사실을 간과해서는 안 된다. 따라서 기업의 성과를 높이고 발전하기 위해서는 조직의 목적뿐만 아니라 개인적인 욕구와 목적도 조직의 목적을 설정하는 데 반영하는 것이 필요하다. 특히 현대사회의 발전은 이러한 욕구와 필요성을 더욱 증가시키고 있다.

3.2.2 하의상달 형식의 개인목적설

개인목적설에 의하면 애초부터 조직에는 개인적인 목적은 있어도 조직의 공동목적은 독자적으로 존재하지 않는다는 견해이다. 이는 각자가 개인적인 목적을 달성하기 위해 조직에 참여하고, 서로 상이한 욕구와 목적을 교섭이나 타협과정을 통해서 공동의 목적을 형성한다는 것을 의미한다. 예를 들어, 노사관계의 협의나 타협에 의해서 목적이 결정되는 경우를 이와 유사한 방법으로 이해할 수 있다. 따라서 조직목적설이 방법론적인 측면에서 하향식의 접근방법이라면, 개인목적설은 상향식의 접근방법이라 할 수 있다. 이러한 하의상달의 접근방법은 일반적으로 개인주의적인 사고가 강한 서구식의 경영이나 조직에서 강하게 나타난다. 그 밖에도 민주주의의식이 발전하고 정착되어 있는 환경에서 이루어질 가능성이 높다.

그러나 현실적으로 볼 때 기업의 목적을 처음부터 하의상달의 형식으로 정하는 것은 거의 불가능하다. 비영리조직이 아닌 영리조직인 기업의 경우, 하의상달의 형식이라기보다 대부분 기업설립자 또는 기업을 설립하는 과정에 참여하는 소수의 인원들이 함께 의논하여 기업목적을 정하는 것이 일반적이다. 이렇게 정해진 기업의 목적은 경영과정상의 필요성 때문에, 예를 들어 기업의 인수합병이나 다각화 등으로 인해서 기업의 정체성이 변화하는 경우, 구성원들의 의견을 상향식으로 반영하여 기업목적을 재설정할 수는 있다. 물론 이러한 경우도 앞서 언급한 순수한 의미의 하의상달의 형식이라기보다, 구성원들의 의견을 수렴하고 반영하는 형식이라는 주장이 보다 현실적이고 설득력이 있다.

3.2.3 내 · 외부환경을 반영한 복수목적설

조직목적설이나 개인목적설에 비해 복수목적설은 보다 폭넓은 차원에서 기업내부뿐만 아니라 기업외부의 다양한 측면을 함께 고려하여 기업의 목적을 결정한다는 생각이다. 다시 말해서 기업의 목적은 사적인(기업내부) 측면과 사회적인(기업외부) 측면을 동시에 고려해야 하며, 이를 위해서 기업 내 · 외부로부터의 의견을 수렴하고 반영해서 기업의 목적을 결정해야 한다는 의견이다. 따라서 기업목적의 설정방법에서뿐만 아니라, 내용 측면에서도 앞서 언급한 개인목적설이나 조직목적설과는 상이하다. 예를 들어, 기업의 사적인 이윤추구와 사회적인 측면에서 환경보호, 건강, 복지 등과 관련된 목적도 함께 추구하기 위해서 이해당사자들의 의견을 반영하는 방법을 택한다면, 이는 복수목적설에 해당된다고 볼 수 있다.

그러나 우리나라의 일반적인 사기업의 경영환경과 여건을 고려해 볼 때, 사실상 이러한 복수목적설이나 개인목적설이 실현되기가 결코 쉽지 않다. 그러나 공기업이나 공적 자금이 투입된 조직의 경우에는 모든 이해관계자의 의견을 최대한 반영하는 차원에서 복수목적설은 도입해 볼만한 충분한 가치가 있다.

이상에서 살펴본 바와 같이 기업의 목적은 설정방법뿐만 아니라 그 내용에 있어 다양한 견해가 있을 수 있다. 이것은 경영자의 가치관이나 기업의 특성에 따라 목적의 우선순위와 접근방식이 다를 수 있다는 것을 뜻한다. 그럼에도 불구하고 중요한 것은 기업의 목적이 어느 한쪽으로 지나치게 치우치거나, 일방적으로 결정되는 것은 바람직하지 않다. 또한 목적을 설정하는 데 있어서 고객, 즉 외부고객과 내부고객의 욕구를 반영하지 않고서는 결코 기업이 생존하고 발전할 수 없다는 사실을 잊어서는 안 될 것이다. 이 외에도 환경론적인, 즉 열린 시스템적인 사고에 입각하여 단일 차원의 목적에서 벗어나, 점차 다차원적인 복수목적으로의 변화가 불가피하다. 이러한 주장에는 다음과 같은 두 가지 이유와 근거가 있다.

- 오늘날 기업은 열린시스템으로 기업내부시스템의 발전과 함께, 기업외부 이해관계자들의 다양화에 따른 요구에 대처하지 않을 수 없다.
- 행동과학이나 경영학 등을 중심으로 이론의 발전이 가져온 수요자의 만족, 기업의 사회적인 책임 등의 명제가 강하게 제기됨으로써 기업의 목적에 대한 내용이나 형식에 대한 지속적인 조정이 불가피하다.

3.3 기업목적의 변화과정

기업의 목적은 기업의 내 · 외적인 환경요인들에 의해서 영향을 받으며 변화하고 발전해 왔다. 이와 관련하여 역사적으로 살펴볼 때 다음과 같이 크게 세 단계로 구분할 수 있다.

3.3.1 자본가 이익의 극대화 : 경제적인 목적 추구

초기 자본주의 시대의 기업목적은 주로 경제적인 역할에 한정되었다. 그리고 이러한 역할이 얼마나 잘 수행되었는가는 기업의 활동결과로 획득한 이익에 의해서 평가되었다. 여기서 이익이란 개념은 기업의 소유자 또는 출자자인 자본가에게 귀속되는 경영성과와 배분금액에 기반을 두고 있다. 따라서 자본가 이외의 이해관계자들은 기업의 외부인으로 간주하고, 자본가의 이익과 부의 극대화만을 기업의 목적달성과 경영활동에 대한 평가의 기준으로 생각하였다.

3.3.2 이해관계자 이익의 극대화 : 경제적인 목적 확대

현대사회의 발전과 함께 기업의 형태도 다양한 모습을 보이며, 그 규모도 점차 확대되었다. 이러한 기업구조의 변화로 인해서 종전의 '자본가적 이익극대화'란 목적은 더 이상 정당화할 수 없게 되었다. 기업은 더 이상 투자자 개인소유의 기업 차원을 벗어나 복잡한 이해관계자들로 구성된 집합체로 변화 · 발전하였다. 이러한 과정에 전문가에 의한 수탁경영, 즉 소유와 경영의 분리라는 새로운 개념이 생겨났다. 이는 다원화된 사회로의 변화를 배경으로 주주의 부를 극대화시키는 것 이외에 소비자, 근로자, 공급자, 채권자 등 다양한 이해관계자들의 욕구를 충족시켜 줄 경영지식과 역량을 갖춘 전문가 및 조정자로서의 역할이 필요했기 때문이다. 따라서 기업의 목적도 자연스럽게 종전처럼 자본가의 이익만을 극대화하는 것에 한정해서 볼 수 없고, 기업의 이해관계자에게 돌아가는 이익을 함께 고려하는 차원에서 설정되었다.

3.3.3 사회적 책임의 확대 : 비경제적인 목적 추가

기업이 점차 다양화 · 거대화되고, 사람들의 의식과 가치관도 향상되면서 경제적인 목적(이익)의 추구가 기업목적과 결부된 것은 맞지만, 더 이상 그 자체만으로 목적이 될 수 없게 되었다. 삶의 질 제고, 지역사회 봉사와 기여, 건강증진 등 비경제적인 가치가 사회적으로 부각되면서, 그동안 기업의 목적이자 성과지표로 인식되었던 이윤극대화로는 기업이 존재하는 진정한 의미와 목적을 달성하기 어렵게 되었다. 특히 공공의 건강과 복지, 환경보호 등을 기본적인 가치로 추구하는 기업들은 기업의 경제적인 이익추구 외에도, 사회적인 이익을 함께 고려해야 하는 소위 '사회적 책임'을 수반해야 하는 보다 다양하고 통합된 목적을 받아들이게 되었다.

| 표 1-1 | 기업목적의 변화과정

제1단계	제2단계	제3단계
경제적 기업목적 추구 (자본가적 이익극대화)	경제적 기업목적 확대 (이해관계자 이익극대화)	비경제적 기업목적 추가 (사회적 책임의 확대)
이익극대화 경영단계	수탁 경영단계	삶의 질 경영단계
• 순수한 사적 이익 • 자본가 이익	• 사적 이익 • 공헌자(이해관계자) 이익	• 계몽된 사적 이익 • 공헌자(이해관계자) 이익 • 사회의 이익
나에게 좋은 것은 나의 기업에도 좋음	우리 기업에 좋은 것은 우리 사회에도 좋음	우리 사회에 좋은 것은 우리 기업에도 좋음
돈이 가장 중요함	돈이 중요하지만 인간도 중요함	돈보다 인간이 더 중요함
경영자의 책임이 소유자에게 있음	경영자의 책임이 소유자, 기타의 공헌자에 있음	경영자의 책임이 소유자, 공헌자 및 사회에 있음

CHAPTER 02 기업경영

1 기업경영의 개념과 정의

조직이 어떠한 모습을 보이든 추구하는 목적을 효과적이고 효율적으로 달성하기 위해서는 경영이 필요하다. 일반적으로 경영은 영리조직인 기업에 해당되지만, 치열한 경쟁사회가 전개되면서 비영리조직인 학교, 종교기관, 군대, 국가 등에도 그 적용의 폭을 넓혀가고 있다.

여기서 거론되는 경영은 기업을 대상으로 하는 기업경영을 의미한다. 그렇다면 기업경영이란 구체적으로 무엇을 의미하는 것일까? 이에 대한 대답은 "기업에 대한 관점과 기업을 어떻게 정의하는가"에 따라서 그 내용을 달리할 수 있다. 따라서 우리는 앞서 기업의 개념을 목적지향적 · 복합적 · 협동적 · 개방적인 시스템으로 정의하였기 때문에 기업경영에 대한 구체적인 내용도 이러한 관점을 중심으로 살펴보고자 한다.

1.1 생산과 공급과정의 활동

기업은 경제적인 목적을 지닌 생산단위로서 무엇보다 재화의 생산과 공급이라는 활동을 중심으로 하는 조직체이다. 보다 구체적으로 말하자면 기업은 생산에 필요한 노동력 · 설비 · 원재료 등 제반의 요소를 투입하여 제품을 완성하고, 그것을 판매함으로써 이윤이라는 경제적인 목적을 달성하는 영리조직이다.

이러한 목적을 추구하는 시스템의 관점에서 기업경영은 생산에 필요한 제반 요소의 결합과정과 생산된 재화의 공급과정으로 수행되며, 이러한 결합과 공급기능은 경영과정과 활동의 핵심을 이룬다고 볼 수 있다. 이때 과정상의 활동이 효과적이고 효율적으로 이루어지도록 하는 것이 기업경영의 중요한 과제이다.

1.2 인간적 · 사회적인 기능

기업의 개념은 경제적인 요소뿐만 아니라 인간적이고 사회적인 요소 등 보다 다양한 측면을 포함하고 있는 복합적인 구조를 지니고 있다. 그러므로 기업을 어느 단일요소에 한정해서 해석하고 이해하는 것은 곤란하다. 물론 기업의 주요 활동이 경제적인 목적을 실현하기 위한 것이며, 기업경영 또한 일차적으로 경제적인 목적달성 및 성과제고를 위한 수단으로서의 역할과 기능을 해야 한다는 점을 부인할 수 없다.

그럼에도 불구하고 기업은 인적 자원으로 구성된 집합체인 만큼 기업에 참여하는 인간을 단순히 자연인으로서 개인이나 또는 생산에 필요한 노동력을 제공하는 인적 자원이 아니라 심리적 · 사회적 동기와 다양한 욕구를 지닌 사회인이라는 점을 간과해서는 안 된다. 따라서 기업경영에 있어서도 구성원의 인간적인 욕구와 기대를 충족시키는 것은 물론, 인간관계적인 측면에서 불필요한 갈등이나 오해가 없도록 하는 것이 중요하다. 이와 함께 구성원의 동기부여나 원활한 의사소통 등도 기업경영의 중요한 과제이다. 그 밖에도 기업은 사회를 구성하는 일원으로서 사회적인 기능을 제대로 할 수 있어야 하며, 이를 위해서 기업내부뿐만 아니라 외부의 이해관계자들의 요구와 입장을 반영하는 노력과 행동이 필요하다.

1.3 협동과 행동관리기술

베버(M. Weber)는 조직을 특정한 목적을 지니고, 그 목적을 달성하기 위해서 구성원들 간에 합법적으로 상호작용하는 인간들의 협동집단(corporate group)으로 정의하였다. 이로써 조직의 성과와 성공의 여부가 구성원들 간의 협동 정도에 따라 좌우된다고 볼 수 있다. 이것은 기업이란 조직에 있어서도 마찬가지다.

기업이 제대로 운영되고 원하는 성과를 창출하기 위해서는 경영자나 관리자 개인의 활동에만 의존하지 않고, 기업에 참여하고 있는 다수인(종업원 등)에 의한 집단적인 활동과 이들 상호 간의 협동은 필수적이다. 이러한 관점에서 기업경영이란 기업이 추구하는 특정한 목적을 달성하기 위해서 구성원들을 최대한 협동하도록 만드는 기술적인 과정이자 활동인 동시에, 구성원의 행동을 목표지향적으로 상호조정하고 체계화하는 관리기능이라고 할 수 있다. 이것은 이미 만들어진 것이 아니라 새롭게 만들어 가는 미래지향적인 활동과 과정을 내포하고 있다. 또한 정태적인 것이 아니라 일정한 목적을 달성하기 위한 의지의 작용이 가해지는 동태적인 특성이 강하다고 볼 수 있다.

1.4 환경과 지속적인 교류

셀즈닉(P. Selznick)은 조직을 지속적으로 환경에 적응하면서 공동의 목표를 달성하기 위해서 공식적 또는 비공식적인 관계를 유지하는 사회적인 구조로 정의하였다. 이로써 조직에 대한 내부적인 구조뿐만 아니라 외부환경과의 관계를 강조하였다. 이에 대해 스콧(F. Scott)은 조직의 정태적인 관점에 환경의 변화와 영향을 고려한 유기적인 관점을 포함시키고, 특히 조직은 열린시스템으로써 환경에 대한 적극적인 적응과 대응을 해야 한다고 주장하였다.

여기서 환경이란 조직외부에 존재하는 모든 영향력의 주체라고 할 수 있는데, 예를 들어 기업의 경우 경쟁사, 고객, 주주, 정부, 자금시장, 기술 등이 이에 해당된다. 이러한 관점에서 기업경영은 외부환경과의 지속적인 교류로 이해할 수 있다. 즉 기업이 시장경쟁에서 유지 · 발전하기 위해서는 외부환경에 대한 적절한 대응과 적응을 수행하는 유기체적인 기능과 역할이 불가피하다는 것을 의미한다.

이상에서 살펴본 바와 같이 기업경영은 재화의 생산과 공급을 위해 필요한 제반 요소를 효과적이고 효율적으로 결합하는 경제적인 활동과 과정을 내포하고 있다. 뿐만 아니라 구성원들의 목표지향적인 행동과 협동을 촉진하고, 개인은 물론 사회적인 요구를 반영하고 충족시키는 중요한 기능과 역할을 수행해야 한다. 특히 급변하는 외부환경에 기업을 유기적으로 대응 · 대처하게 함으로써 치열한 시장경쟁에서 지속적으로 성장 · 발전이 가능하도록 해야 한다. 기업경영에 대한 이와 같은 다각적이고 종합적인 이해는 경영자로서 구성원들에 대한 영향력을 행사하고자 하는 리더십의 행위와 과정에 있어 그 타당성과 유효성을 높이는 데 매우 중요한 역할을 할 수 있다.

기업과 경영(관리)의 관계

앞서 살펴본 바와 같이 일반적으로 기업은 영리를 추구하기 위해서 경영활동을 수행하는 개별경제의 단위이며, 경영은 이러한 기업의 목적을 수행하기 위해서 갖추지 않으면 안 될 기술상의 수단으로 이해할 수 있다. 한마디로 말해서 경영은 기업의 경제적인 가치를 높이는 데 중점을 둔 모든 활동을 의미한다. 이외에도 기업과 경영의 본질을 비교해 보면 다음과 같은 차이점을 발견할 수 있다.

- 기업은 법률적 · 금융적 단위이나 경영은 물적 · 기술적 단위이다.
- 기업은 경영의 소유단위이고 경영은 기업의 생산단위이다.
- 기업의 전부는 경영이나 경영의 전부는 기업이 아니다.
- 기업은 수익성과 영리성에, 경영은 효과성과 효율성을 추구하는 데 중점을 두고 있다.

이러한 차이점이 존재하지만 그럼에도 불구하고 기업과 경영은 하나로 구성된 결합체인 동시에 상호의존적(interdependence)이며 불가분의 관계에 있다고 볼 수 있다. 즉 경영 없는 기업은 존재할 수 없고, 기업 없는 경영은 무의미하다. 이와 관련하여 무니(J.D. Mooney) 등은 “조직을 하드웨어로, 경영을 하드웨어를 움직이게 하는 소프트웨어”로 간주하였다. 뿐만 아니라 이들 관계를 육체와 정신에 비유하면서 경영은 정신에, 조직은 육체에 해당되는 것으로 설명하였다.
한편 경영과 유사한 의미를 지닌 관리와의 관계를 살펴볼 때, 기업 그 전체 활동에 대해 계획하고 그 집행을 지휘하는 것을 경영이라고 한다면, 기업이 지니고 있는 여러 가지의 기능과 활동 가운데 인사, 생산, 판매 등과 같은 한 부문에 제한하여 적용되는 계획이나 그 집행을 지도하는 것을 관리라 할 수 있다. 다시 말해서 경영이란 관리과정 및 활동에 대한 종합적이고 포괄적인 의미를 지니고 있는 데 반해서, 관리는 인사관리, 생산관리, 재무관리 등과 같이 개별 및 부분적인 측면에서의 전문적인 기능과 역할을 내포하고 있다고 할 수 있다.

2 기업경영의 마인드

기업이 경쟁력을 지니기 위해서 경영자가 가져야 할 경영마인드는 다음과 같이 세 가지로 나누어 볼 수 있다. 첫째, 고객을 최우선으로 하는 고객중심의 마인드, 둘째 치열한 경쟁에서 생존 및 발전하고자 하는 경쟁우위의 마인드, 그리고 기업의 가치를 극대화하는 가치극대화의 마인드가 이에 해당된다. 기업목적을 달성하기 위해서는 이러한 마인드에 입각한 여러 가지 아이디어와 지혜가 종합적으로 작용해야 한다. 기업의 경영마인드에 대한 핵심요소와 구체적인 내용은 다음과 같다.

2.1 고객중심의 마인드

고객중심의 마인드란 경영자가 기업을 경영하는 데 있어 가장 먼저 생각해야 하는 것이 고객이라는 점이다. 즉 고객에게 제공되는 일체의 물질적 · 심리적인 행동이 그들에게 최상의 만족을 가져다주어야 한다는 생각과 태도이다. 이때 고객이란 단지 기업의 제품을 구매하는 최종소비자뿐만 아니라 기업에 투자하고 있는 주주, 기업에서 일하고 있는 종업원, 그 밖의 이해관계자들도 함께 포함하는 보다 폭넓은 개념으로 이해할 필요가 있다. 왜냐하면 이들 모두가 기업의 목적달성과 성과제고의 과정에서 직 · 간접적으로 영향을 미치고 있기 때문이다. 특히 기업이 좋은 경영성과를 내려면 종업원지향적인 사고와 행동이 중요하다. 왜냐하면 종업원에 대한 관심과 배려는 곧 최종소비자인 고객에 대한 친절과 질 높은 서비스로 이어지기 때문이다.

2.2 경쟁우위의 마인드

경영마인드에는 고객을 가장 먼저 생각하는 고객중심의 마인드와 함께, 경쟁사와 비교해 볼 때 어떻게 하면 고객에게 상대적으로 더 큰 만족을 제공할 수 있는가를 찾는 경쟁우위의 마인드가 요구된다. 특히 글로벌 무한경쟁의 시대에 경쟁우위를 확보하지 못하면 기업의 생존과 발전이 거의 불가능하다는 측면을 고려해 볼 때, 이 같은 사고와 행동은 무엇보다 중요하다. 그렇다면 경쟁우위를 위해서 무엇이 필요한가?

기업이 경쟁우위를 확보하기 위해서는 특유의 기술이나 탁월한 경영능력이 있어야 한다. 이와 관련된 경쟁우위의 원천으로 무엇보다도 가치활동(value activities)과 핵심역량(core competence)을 들 수 있다. 여기서 가치활동이란 창조적인 경영활동을 의미하고, 핵심역량은 기업의 경쟁력 확보에 결정적인 역할을 하는 중요한 경영자원이라고 할 수 있다. 이들 두 가지 요소가 경쟁사보다 비교우위에 있으면 경쟁우위를 가지며 기업의 지속적인 성장과 발전을 도모할 수 있다.

2.3 가치극대화의 마인드

경영마인드를 갖는다는 것은 앞서 언급한 바와 같이 고객을 먼저 생각하고 고객에게 어떻게 하면 경쟁사보다 더 큰 만족을 제공할 수 있는가를 찾아보려는 노력인데, 만약 이를 통해서 기업이 손실을 본다면 아무런 가치가 없는 일이다. 따라서 경영마인드란 고객중심의 사고와 경쟁우위의 요소를 갖추되, 수익성이라는 또 하나의 요소가 뒷받침되어야 한다는 의미이다. 여기서 말하는 수익성이란 효과적이고 효율적인 아이디어에 의해 얻을 수 있는 것이며, 이것은 기업가치를 높여주는 매우 중요한 요소를 뜻한다. 다시 말해서 효과적이고 효율적인 사고와 행동을 통해서 수익성이 커질수록 경영활동의 최종적인 목표인 기업가치의 극대화에 도달할 수 있다는 것이다.

한편 수익성 외에도 기업의 가치를 극대화하기 위해서는 다음과 같은 두 가지 방법을 사용할 수 있다. 하나는 주식시장에서 주가를 높여서 기업가치를 극대화하는 방법이고, 또 하나는 브랜드나 특허권 등

무형의 자산가치를 높여서 기업가치를 극대화하는 방법이다. 주가를 높이기 위해서는 기업의 수익성과 성장성을 확보하는 것이 중요하며, 이를 위해서는 무엇보다 철저한 원가 및 판매관리와 함께 사업의 포트폴리오관리에 대한 뛰어난 능력과 역량이 필요하다. 이에 대해 무형의 자산가치를 높이기 위해서는 기업의 경영목표나 비전을 담고 있으면서 고객의 욕구를 정확히 반영한 브랜드나 기업이미지를 전략적으로 개발하고 축적하는 것이 중요하다. 이외에도 경영노하우, 협력네트워크, 연구개발 및 특허권 등 자사만의 독특하고 차별화된 역량과 자원을 지속적으로 강화하는 것도 중요하다.

3 기업경영의 세부내용

일반적으로 경영이란 조직을 관리하기 위한 활동 및 기술, 조직의 운영방법 또는 조직발전을 계획하고 지도하고 통제하는 방식 등으로 이해할 수 있다. 이로써 경영은 조직관리를 위한 수단이자 방법이며, 조직이 어떠한 유형과 모습을 보이든 추구하고자 하는 목적을 보다 효과적이고 효율적으로 달성하기 위해서 경영이 불가피하다. 특히 조직의 규모가 확대되고 업무가 복잡해질수록 이와 같은 경영의 중요성은 강조된다.

본서에서는 기업경영을 기업목적을 달성하기 위해 사용이 가능한 기술적 · 재정적 · 인적 · 물적 자원 등을 적절하게 배분 · 배합하고, 특히 부서 및 구성원들의 기능적인 활동을 계획, 조직, 지휘, 통제 및 조정해 나가는 과정으로 이해하고자 한다. 나아가 기업경영이란 기업의 목적을 달성하기 위해 "무엇을 어떻게 할 것인가"에 대한 전반적인 방향에 대한 전략적인 의사결정과 이러한 전략을 구체적으로 실행하기 위한 관리적이고 기능적인 의사결정을 의미한다고 볼 수 있다. 이것을 환경적응론적 관점이나 시스템론적인 관점에서 언급하자면, 기업은 환경과 상호영향의 관계를 맺고 있으며, 목적을 달성하기 위해서 외부로부터 자원을 투입(input)하고 변형(transformation) 및 산출(output)해야 하는데, 이러한 변형과 산출을 위한 활동이 곧 기업경영이라는 것이다. 이러한 개념 정의를 기반으로 기업경영과 관련된 세부내용을 보다 구체적으로 파악하고 이해하기 위해서는 다음과 같이 과정적인 측면, 업무적인 측면, 그리고 의사결정적인 측면에서 기업경영을 구분하여 살펴보는 것이 필요하다.

3.1 과정적 측면

기업의 경영활동을 과정적인 측면에서 볼 때 무엇보다 먼저 기업이 나아가고자 하는 방향과 목적을 설정하고, 이를 달성하기 위해 필요한 구체적인 계획을 수립하는 활동이 필요하다. 왜냐하면 이를 통해 기업의 성장과 발전을 위한 청사진을 확보할 수 있기 때문이다. 이러한 계획수립의 활동은 기업전체적인 차원에서뿐만 아니라 개별부서 차원에서도 필요하다. 이 같은 계획이 수립된 다음에는 계획과정에서 설정한 목적을 달성하기 위해서 일을 세분화하고 구성원들에게 배분하고 자원과 권한을 할당하는 등 조직화의 활동이 요구되며, 그 결과가 조직으로 나타난다. 이로써 조직은 첫 번째 활동인 계획과정 다음에 이어지는 두 번째 과정의 결과인 동시에, 계획을 실행으로 옮기기 위한 체제와 수단에 해당된다.

이처럼 조직화의 과정을 거쳐서 조직이 갖추어지고 난 이후에는 조직의 운영과 목적달성을 위해서 구성원에 대한 동기부여, 상호 간의 의사소통 및 갈등관리, 목표지향적인 행동의 유도 등과 관련된 지휘활동이 필요하다. 이러한 지휘활동은 일반적으로 리더십과 같은 의미로 해석하고 이해할 수 있다. 그리고 기업경영의 마지막 과정으로서 지휘활동에 따라 산출된 결과에 대한 평가, 조정 등의 통제활동도 있어야 하는 불가피한 사안이다.

그림 2-1 ▪ 과정적 측면의 기업경영활동

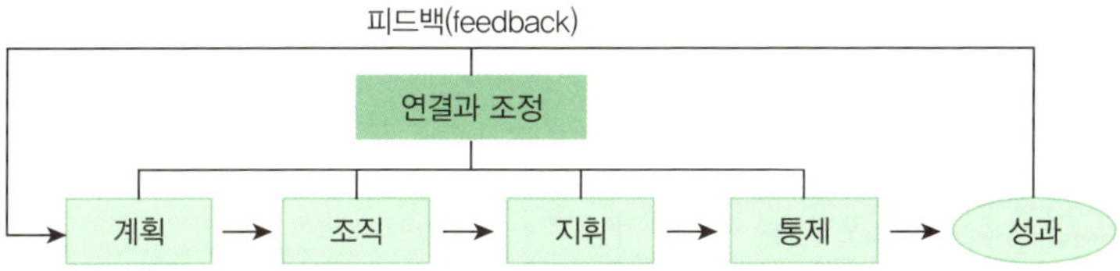

경영활동	세부내용
계획 (planning)	목적을 세우고, 이를 달성하기 위한 가장 좋은 방법(청사진)을 찾는 활동
조직 (organizing)	수립한 계획을 성공적으로 달성하기 위하여 어떠한 형태로 조직을 구성할 것인가를 결정하고 인적 및 물적 자원, 자본, 정보, 지식 등을 배분하고 조정하는 활동
지휘 (leading)	목표를 달성하기 위하여 요구되는 업무를 잘 수행하도록 종업원들과의 의사소통, 동기유발 등을 통해서 목표지향적으로 이끌어 가는 활동
통제 (controlling)	구성원들이 수행하는 업무가 제대로 추진되고 있는가를 확인하고, 문제가 있을 때 수정 · 보완하는 활동

그 밖에도 경영이라는 것이 일회성의 활동이나 과정이 아니라 기업이 존재하는 한 지속적으로 유지되어야 하기 때문에 앞서 언급한 계획, 조직, 지휘, 그리고 통제활동의 전과정이 하나의 유기적인 순환체계를 이루고 있다고 말할 수 있다.

3.2 업무적 측면

경영을 업무의 성격별로 구분하는 것이 업무적인 측면에서 보는 경영의 관점이다. 이러한 관점에서 볼 때 해당 조직의 특징과 주어진 여건에 따라 구체적인 경영활동 및 업무내용은 달라질 수 있다. 즉 해당 조직의 목적이 무엇인가에 따라서 필요한 업무가 결정된다는 것을 의미한다. 그러므로 기업의 경우 목적을 달성하기 위해 필요한 대표적인 업무로서 인사 · 조직, 마케팅, 생산, 재무 등이 해당되지만, 예를 들어 대학경영의 경우에는 설립목적에 따라 학생, 교무, 사무 등과 관련된 업무활동이 포함될 수 있다.

대부분의 조직에서 이러한 업무적인 측면의 경영활동을 중심으로 단위조직(부서)의 명칭이 정해진다. 또한 업무적인 측면의 경영활동에 과정적인 측면의 경영활동이 연계되거나 포함될 수 있다는 점도 유념할 필요가 있다. 예를 들어, 마케팅 업무와 관련하여 부서에서 자체적인 계획, 조직, 지휘, 통제 등의 프로세스활동을 진행할 수 있다.

| 표 2-1 | 업무적 측면의 기업경영활동

경영활동	세부내용
인사조직	사람과 관련된 활동으로서 직원을 영입하여 교육 · 훈련시키거나 적재적소에 배치 및 업무를 할당하는 등의 인적자원관리활동
마케팅	기업을 알리고 이해관계자들의 욕구를 충족시키며, 나아가 해당 기업의 우호적인 세력으로 만들고 유지하는 활동
생산	모든 경영자원을 활용하여 수요자와 이해관계자가 원하는 결과를 창출하는 활동
재무	기업목적을 달성하기 위해 필요한 자본을 조달하고 효과적으로 운용하는 활동

3.3 의사결정적 측면

여기서 의사결정이란 일정한 목적을 달성하기 위해서 여러 가지 가능한 대체안을 탐색 · 평가하고, 그 중 최고의 것을 선택하는 논리적인 사고과정을 뜻한다. 따라서 의사결정 측면에서의 기업경영이란 곧 경영자의 의사결정활동으로 이해하고 이것을 의사결정의 차원에서 본다면, 크게 전략적 의사결정, 관리적 의사결정, 기능적 의사결정으로 구분할 수 있다. 이때 전략적 의사결정은 주로 조직의 상층부(최고경영층)에서 이루어지며, 관리적 의사결정은 조직의 중간계층(중간경영층)에서 이루어지는 활동이다. 이에 대해 기능적 의사결정은 조직의 하위계층(일선경영층)에서 진행된다고 볼 수 있다. 이에 대한 구체적 내용은 〈표 2-2〉와 같으며, 이러한 의사결정 역시 과정이나 업무적인 측면과 연계되어 이루어지는 것이 일반적이다.

| 표 2-2 | 의사결정적 측면의 기업경영활동

경영활동	세부내용
전략적 의사결정	조직의 장기적인 목표설정, 자원배분 등과 관련이 있으며, 조직전체에 영향을 미치는 활동
관리적 의사결정	조직의 목표를 달성하기 위한 자원의 획득 및 효율적인 사용과 관련된 활동
기능적 의사결정	특정 업무에 대한 효율적이고 효과적인 수행을 위한 활동

02 PART 리더십

학·습·목·표

1. 리더십 관련 기초 개념과 내용을 이해한다.
2. 리더십이론의 전개과정을 살펴보고, 각각의 리더십이론의 내용을 학습함으로써 향후 리더로서 갖추어야 하는 지식과 역량을 배양한다.

CHAPTER

03 리더십의 기초

1 리더십의 개념과 정의

리더십이란 용어는 인류역사와 함께 다양한 조직에서 사용되고 있으며 해당 조직의 특징에 따라 내용의 핵심이 달리 이해되고 있다. 리더십은 우리말로 지도, 지휘, 관리 등으로 표현되며, 일반적으로 한 개인이 다른 사람에게 목표를 향해 정진하도록 영향력을 행사하는 과정으로 이해할 수 있다. 이러한 리더십은 집단이나 조직 내에서 리더(leader)와 추종자(follower) 간의 상호작용이나 영향력의 행사와 같은 매우 복잡한 사회적인 현상을 내포하고 있다. 뿐만 아니라 추종자에게 목표지향적인 사고와 행동을 촉진하기 위해 필요한 동기부여와 함께 원활한 의사소통을 통한 그들로부터의 이해와 협동을 도모할 수 있다.

한편 학자들은 리더십을 개인의 통상적인 관점이나 연구대상(리더의 특성과 행동, 리더와 부하 간의 관계, 리더십의 영향요소 등)에 따라 달리 정의하고 있다.

| 표 3-1 | 리더십에 대한 학자들의 정의

학자	리더십 정의
Hemphill & Coons	개인의 행동이며, 집단활동들을 공유하는 목표로 향하게 하는 것이다.
Katz & Kahn	조직의 일상적인 지시에 기계적으로 순응하도록 집단활동들에 영향력을 주는 과정이다.
Burns	개인이 부하들을 동기유발 및 관여시키며, 그들을 만족시키기 위해 제도적 · 정치적 · 심리적 · 기타 자원을 동원할 때 리더십은 발휘된다.
Rauch & Behling	조직화된 집단활동들에 영향을 미쳐서 목표를 성취하도록 하는 과정이다.
Fleishman	어떤 목표(들)의 달성을 향하도록 의사소통의 과정을 통해 개인 간에 영향력을 행사하려는 시도이다.
Jacobs & Jaques	집합적인 노력에 목표(의미 있는 방향)를 제시하고, 목표달성을 위해 기꺼이 노력하도록 만드는 과정이다.
Bartrol	조직의 목적을 달성하기 위해 타인에게 영향을 미치는 과정이다.
Trickett	동기부여로 정의하고 집단의 단합과 사기를 증대시키며, 또한 그들 집단구성원의 개인적인 발전을 촉진할 수 있도록 집단 내에서 형성되는 상호작용을 조정 · 통제하는 것이다.
Schein	문화 바깥으로 나아갈 수 있는 능력이며, 보다 적응적이고 진화적인 변화과정에 착수할 수 있는 능력이다.
Drath & Palus	사람들이 서로를 이해하고 개입하기 위해 함께 일하고 있는 것을 이해하는 과정이다.
Richards & Engle	비전을 천명하고 가치를 구현하며, 일을 달성할 수 있는 환경을 조성하는 것이다.
House et al.	개인이 타인에게 영향을 미치고 동기부여하며, 타인이 조직의 효과성과 성공을 위해 공헌할 수 있도록 하는 능력이다.

스톡딜(R.M. Stogdill)은 리더십에 대한 이러한 학자들의 다양한 정의를 종합적으로 분석한 결과, 다음과 같이 열 한 가지의 범주로 리더십의 내용을 구분하고 정리하였다: ① 집단과정의 초점으로써 리더십, ② 인성과 그 영향으로써 리더십, ③ 순응을 이끄는 기술로써 리더십, ④ 영향력 행사로써 리더십, ⑤ 행동으로써 리더십, ⑥ 설득의 형태로써 리더십, ⑦ 권력관계로써 리더십, ⑧ 목표달성의 수단으로써 리더십, ⑨ 상호작용의 결과로써 리더십, ⑩ 분화된 역할로써 리더십, ⑪ 구조주도로써 리더십.

이처럼 리더십을 연구하는 학자들과 실무자들 사이에는 아직 리더십의 개념에 대한 합의된 정의가 이루어지지 않고 있는 것이 현실이다. 이러한 원인과 배경에는 리더십이 다양한 여건과 환경 속에서 사람 간의 관계로 이루어지는 만큼, 그에 대한 이해와 해석도 제각기 다를 수 있기 때문이다. 마치 리더십 개념을 정의하고자 시도했던 사람들만큼이나 많은 리더십에 대한 정의가 있다 해도 과언이 아니다.

리더십에 대한 이러한 학자들의 정의를 종합해 볼 때, 리더십을 구성하고 있는 핵심적인 요소와 내용을 다음과 같이 파악할 수 있다.

- 리더십은 조직 및 집단의 목표와 관련되어 있다.
  리더십은 집단이나 조직이 달성하고자 하는 미래상으로서의 목표를 전제로 구성원들의 행동이 전개되는 과정을 내포하고 있다.
- 리더십은 지도자(leader)와 추종자(follower) 간의 관계이다.
  리더십은 지도자가 추종자에 영향을 미치는 것으로 추종자 없는 지도자란 있을 수 없다.
- 리더십은 추종자에 영향력을 행사하는 것이다.
  리더십은 영향력을 행사하는 것으로 직위와 그에 따르는 권리에 근거한 권한과 개인적인 능력에 근거한 권력에 기인하다.

- 리더십은 일방적이 아닌 상호작용의 과정이다.
  리더십은 추종자에게 일방적으로 행동을 강요하는 것이 아니라, 어디까지나 상호작용의 과정을 거쳐서 발휘된다.
- 리더십은 지도자, 추종자, 상황의 세 가지 요소를 포함하고 있다.
  리더십은 이들 요소 간의 상호작용에 의해 발휘되며, 리더십의 효과이자 영향력은 f(지도자, 추종자, 상황)의 결과로 나타난다.

$$L(\text{Leadership}) = f(l,\ f,\ s)$$

[l : leader(지도자), f : follower(추종자), s : situation(상황)]

이상에서 살펴본 바와 같이 리더십이란 개념을 어느 하나의 통일된 것으로 완벽하게 정의하기가 쉽지 않다. 그럼에도 불구하고 리더십이라는 현상의 중심이자 리더십에 대한 다양한 정의를 바탕으로 도출할 수 있는 공통적인 본질은 '목적달성과 이를 위한 영향력'이라는 두 가지 요소에 있다는 사실을 알 수 있다. 이러한 점을 고려하여 본서에서는 리더십을 조직목표를 달성하기 위해 구성원들에게 의도적으로 영향력을 행사하는 과정으로 정의하고자 한다. 그리고 다른 사람에게 영향력을 행사하고, 그로 하여금 동기부여 및 목표지향적인 행동을 촉진함으로써 조직의 성과창출 및 목표를 달성하고자 하는 것이 리더십의 본질적인 개념이라 하겠다.

학습 및 토론 주제

1. 리더십이란 무엇이며, 구성요소와 핵심내용은 무엇인가?
2. 리더십 개념정의에 대한 학자들의 다양한 관점은 무엇인가?
3. 리더십의 개념정의에 대한 학자들의 공통적이고 일반적인 관점은 무엇인가?

2 리더십의 의의와 중요성

인간은 조직생활을 영위한다. 특히 현대사회에서 조직을 떠나 혼자 생활하는 것은 거의 불가능하다. 인간은 자신의 욕구를 실현하기 위해서 조직을 구성하거나 조직에 참여한다. 조직은 구성원의 욕구를 충족시키기 위해서 공동의 목적을 지닌다. 이러한 목적은 개인과 집단의 상호작용과 협동 없이 경제적으로 달성하기가 사실상 어렵다. 뿐만 아니라 조직이 지향하는 목적을 달성하기 위해 필요한 일들을 구성원 스스로가 알아서 하거나, 자율적으로 역할을 분담하고 상호간의 협동을 기대하기가 쉽지 않다. 따라서 조직 내의 원활한 상호작용과 협동을 주도하고 돕는 의도적인 활동이 절대적으로 필요하다. 이러한 활동, 즉 개인이나 집단의 행동을 목적지향적으로 연결하고 조정하는 과정과 기능을 일종의 리더십으로 이해할 수 있다. 마치 리더십 없는 조직은 지휘자 없는 오케스트라와 같은 것이며, 당연히 좋은 성과와 결과를 기대하기가 어렵다. 리더십은 어떠한 조직이든 추구하는 목적을 효과적이고 효율적으로 달성하기 위해 매우 중요하고 필수적인 요소라고 말할 수 있다.

한편 리더십의 중요성은 리더십이라는 단어 자체를 통해서도 알 수 있다. 리더십(leadership)은 항해하는 선박(ship)과 타인의 활동을 주도하는 위치에 있는 사람(leader)의 결합으로 구성되어 있다. 구체적으로 말해서, 이것은 선장(조직의 리더)이 광활한 바다(주어진 환경과 여건)에서 가고자 하는 항구(조직의 목적)에 안전하게 도달(달성)하기 위해서 선원(조직구성원)들로 하여금 선박(집단 및 조직)을 움직이게(직무수행) 하는 과정을 내포하고 있다. 이때 선박의 안전과 운항의 목적을 달성하는 데 있어 선장의 역할과 활동인 리더십이 얼마나 중요한가를 짐작하게 한다. 세월호 참사의 경우처럼 선장인 리더가 평소 어떠한 의식과 역량을 가지고 있는가, 특히 위기상황에서 "무엇(what)을 어떻게(how) 하는가"에 따라서 엄청난 결과를 초래할 수 있다는 사실을 통해 리더십의 중요성을 인식할 수 있다.

이처럼 리더십의 중요성은 아무리 강조해도 지나치지 않다. 조직을 유지하고 발전시키는 데 있어서도 마찬가지이다. 더욱이 오늘날처럼 복잡하고 급변하는 환경 속에서 조직의 비전제시, 위기극복, 구성원과의 소통과 동기부여, 그리고 목적지향적인 행동을 유도하고 촉진하는 차원에서 리더십의 중요성은 더욱 부각된다.

리더십은 경영관리적인 측면에서도 중요하다. 경영관리(management)는 계획화(planning), 조직화(organizing), 지휘화(leading) 그리고 통제화(controlling)의 과정으로 구성되어 있다. 이때 리더십은 일반적으로 지휘화(leading)란 개념과 동일하게 취급된다. 다시 말해서 목표설정과 함께 이를 달성하기 위한 계획을 수립하고, 계획을 수행할 조직이 완성되면 경영자는 구성원들로 하여금 맡은 바 직무를 실행에 옮기도록 지휘하는 활동을 수행하게 되는데, 이러한 역할과 기능이 리더십으로 발휘된다. 따라서 리더십은 구성원들이 맡은 역할과 임무에 대해 최선을 다하도록 영향을 미치는, 즉 계획하고 조직한 내용을 최대한 의도한 대로 실행하도록 관리하는 과정을 포함하고 있다.

이에 대해 현대사회 환경을 반영한 보다 넓은 의미로써 리더십은 조직목표를 달성하기 위해서 앞서 언급한 내용 외에 구성원들을 동기유발하거나 행동을 촉진하는 데 도움이 되는 다양한 환경을 조성하는 과정까지 포함하고 있다.

리더십은 이와 같이 내용상의 차이가 다소 있을 수 있지만, 그럼에도 불구하고 리더십에 따라 업무를 수행하는 개인이나 집단이 서로 다르게 영향을 받고, 이로 인해 조직의 목표달성 및 성과가 좌우된다는 점은 공통적이다. 이러한 이유로 리더십(지휘기능)의 질을 높이는 것이 곧 경영관리를 위한 핵심적인 사안이자, 조직의 성과창출 및 목표달성을 위한 결정적인 요소라고 말할 수 있다.

그 밖에도 리더십은 인류가 사회생활을 시작한 이래로 집단 및 조직이 존재하는 곳에서 가장 중요한 이슈 중의 하나가 되었다. 리더십은 그곳에서 주로 지도화(directing) 또는 영향화(influencing)라는 개념으로 거론되고 구성원의 동기부여, 의사소통, 갈등관리 등과 밀접한 관계를 맺고 있으며, 특히 조직의 성과와 목표달성 차원에서 다음과 같은 긍정적인 기능을 수행하고 있다.

- 구성원들에게 조직의 생존과 목표달성을 위해 요구되는 노력의 수준과 방향 그리고 행동을 촉진한다.
- 조직의 원활한 정보교류 및 공유를 통해서 불필요한 오해와 갈등 요소를 제거하는 것은 물론, 구성원들 간의 이해와 협조를 도모한다.
- 구성원들의 욕구충족 및 동기부여를 강화함으로써 궁극적으로 조직의 성과에 긍정적으로 작용하게 한다.

학습 및 토론 주제

1. 리더십이란 단어 자체에 포함된 내용은 무엇인가?
2. 리더십의 의의와 중요성, 그리고 역할과 기능은 무엇인가?
3. 리더십과 경영관리와는 어떠한 관계에 있는가?

3 리더십의 역할과 효과성

조직은 공동의 목적을 달성하기 위해서 2인 이상의 사람들로 구성된 사회적인 집합체이다. 조직의 구성원들에게 의도적으로 영향력을 행사하는 리더십은 조직의 목적을 달성하기 위한 수단이자 결정적

요소이다. 이때 중요한 것은 구성원들이 담당하고 있는 직무의 성과제고와 더불어, 그들의 개인적인 욕구를 최대한 만족시킬 수 있는 리더십이다. 다시 말해서 바람직한 리더십은 구성원 개개인이 수행하는 일에 대해 보다 높은 수준의 성과를 올리게 하는 과업기능과 구성원들의 욕구만족 및 긍정적인 태도형성을 통해 그들이 조직에 지속적으로 머무르게 하는 유지기능에 초점을 두고 실시하는 것이다. 나아가 리더십은 환경변화에 대한 조직의 유연성을 높이는 역할을 통해서 궁극적으로 조직의 성과제고 및 목표달성에 기여할 수 있어야 한다.

이러한 점들을 고려하여 리더십의 주된 기능이자 역할, 그리고 이로 인해 기대되는 효과를 요약해서 말하자면, 리더십은 일차적으로 조직내부적인 측면에서 "구성원들의 성과제고와 욕구만족을 통한 긍정적인 태도형성"에 주안점을 두지만, 더욱 중요한 것은 조직외부적인 측면을 함께 고려한 "환경변화에 대한 조직의 유연성 제고"에 있다고 할 수 있다. 이에 대한 구체적인 내용을 살펴보면 다음과 같다.

3.1 구성원의 과업성과 제고

리더는 무엇보다 구성원들로 하여금 과업을 차질 없이 수행하게 함으로써 조직의 성과제고 및 목적달성에 기여하도록 영향력을 행사해야 한다. 리더는 구성원들의 과업성과를 높이기 위해서 동기부여, 의사소통, 권력행사 등 다양한 방법을 이용하여 나름대로의 리더십을 발휘할 수 있다. 이때 중요한 것은 구성원들의 과업성과가 객관적인 지표와 주관적인 측정치를 기반으로 그들의 욕구충족 및 보상으로 제공되는 동시에 조직의 목적을 달성하는 데 기여할 수 있도록 하는 것이다.

3.2 구성원의 긍정적인 태도 형성

태도란 일반적으로 어떤 일이나 상황 등에 따라 취하는 입장으로서 구성원들의 태도와 조직의 성과 간에는 긍정적인 관계가 있다. 즉 구성원들이 긍정적인 태도를 가질수록 조직의 성과는 높아진다. 여기서 태도란 주로 경험과 학습에 의해 형성되며, 구체적으로 직무에 대한 태도, 조직에 대한 태도 그리고 리더에 대한 태도로 구분할 수 있다. 직무에 대한 태도는 흔히 직무만족도로 표시되며, 직무나 직무경험에 의한 전반적인 평가로써 긍정적 또는 부정적인 감정 및 정서의 상태로 나타난다.

조직에 대한 태도는 조직몰입도로 대변되며 정서적 몰입, 규범적 몰입, 지속적 몰입으로 분류할 수 있다. 정서적 몰입은 구성원들이 조직에 대해 느끼는 심리적인 일체감의 정도이며, 규범적 몰입은 도덕적 의무감으로 조직에 충성하고 의무를 이행하고자 하는 가치관을 뜻한다. 지속적 몰입은 현 조직에 대해 구성원이 느끼는 가치와 이익이 타 조직보다 높기 때문에 조직에 계속 남아 있으려고 하는 심리적인 필요성을 의미한다.

이에 대해 리더에 대한 태도는 리더에 대한 주관적인 판단에 근거한 호감도로 나타난다. 따라서 구성원들이 인식하는 바람직한 리더십은 리더에 대한 구성원들의 호감도뿐만 아니라, 그들이 직무에 만족하고 조직에 몰입하게 하는, 다시 말해서 그들의 직무와 조직에 대한 태도에 대해 긍정적인 역할을 수행한다. 그리고 이러한 긍정적인 태도는 조직의 목적달성에 기여하는 행동을 촉진하는 중요한 요소로 작용한다. 이러한 관점에서 볼 때, 리더십은 구성원들의 과업성과 제고를 위한 중요한 전제조건이자 결정적인 영향요소가 될 수 있다는 점에 유념할 필요가 있다.

3.3 환경변화에 대한 조직의 유연성 제고

리더는 앞서 언급한 바와 같이 구성원들로 하여금 긍정적인 태도를 가지도록 하고 이를 통해 조직성과를 제고시키는 역할뿐만 아니라, 환경적응론적인 사고에 입각하여 조직외부에 대해서도 필요한 기능과 역할을 수행해야 한다. 이와 관련된 리더의 중요한 역할의 하나가 조직의 유연성을 제고시키는 것이다. 다시 말해서 환경변화에 조직을 적절히 대응 · 대처시키는 역할이다. 여기서 환경에 대응한다는 것은 리더가 환경변화를 미리 예측하고 감지함으로써 조직구조는 물론, 조직구성원의 의식과 행동을 변화 · 혁신시키기 위한 능동적이고 선제적인 노력과 행동을 뜻한다. 반면에 대처한다는 것은 대응에 비해 수동적이고 반응적인 의미로써 조직이 환경변화에 적응할 수 있도록 필요한 반응적이고 방어적인 조치를 취하는 과정으로 볼 수 있다.

이러한 대응과 대처의 개념은 오늘날 주로 조직의 환경적응 또는 유연성이란 개념과 동일시하며 사용하고 있다. 이처럼 리더십에 따라

환경변화에 대한 조직의 유연성 여부가 결정된다고 볼 때, 현대사회에서 중요한 것은 무엇보다 조직의 유기체적인 적응역량을 강화하는 리더십이다. 또한 조직의 탄력적이고 적극적인 대응역량은 조직을 유지 · 발전시키는 데 결정적인 요소로 작용한다는 점을 유념할 필요가 있다. 그러나 오늘날처럼 급변하는 환경과 개방적인 여건하에서 리더가 불가피한 환경적응을 위해서 모든 것을 결정하고 해결하고 이끌어갈 수 없다. 이러한 관점에서 볼 때, 구성원들 스스로 환경변화에 대응 · 대처할 수 있는 여건을 리더가 조성하는 것도 필요하다.

학습 및 토론 주제

1. 리더십의 핵심적인 역할이자 기능은 무엇인가?
2. 태도의 구체적 내용은 무엇이며, 어떻게 형성되는가?
3. 환경변화에 대응 · 대처하는 리더십이란 무엇을 의미하는가?
4. 현대사회에 무엇보다 필요한 리더십의 역할은 무엇인가?

4 리더십의 기본원칙과 영향요인

4.1 리더십의 기본원칙

동일한 조건과 상황이라 할지라도 리더십에 따라 구성원들의 사기가 떨어지기도 하고 올라가기도 한다. 그리고 구성원들에 대한 이러한 리더십의 영향력은 궁극적으로 조직의 성과 및 목적달성에 영향을 미친다. 이때 영향력의 정도와 효과는 리더의 자질과 역량은 물론, 구성원 개인과 그가 속한 집단의 환경과 특성이 어떠한가에 따라 달리 나타난다. 특히 리더의 영향력과 관련해서 유념해야 할 것은 리더십의 대상이 되는 조직구성원이라는 점이다.

다시 말해서 리더십의 대상이자 동시에 조직성과의 직접적인 영향변수가 조직구성원이라는 것이다. 따라서 그들을 효율적으로 지휘하고, 조직의 성과를 높이기 위해서는 인간의 본질을 우선적으로 파악하는 것이 무엇보다 중요하다. 즉 경영지휘 및 리더십에 의한 관리활동을 효율적으로 실시하기 위해서는 구성원들의 인적요소를 정확히 파악하고, 이를 반영한 리더십이 필요하다는 것이다. 이러한 사고를 바탕으로 현대사회의 조직구성원을 대상으로 유념해야 할 리더십의 기본원칙에 대해 살펴보면 다음과 같이 정리할 수 있다.

4.1.1 조직구성원을 사회시스템의 일원으로 인식

일반적으로 조직구성원은 조직의 내부적인 존재와 역할을 넘어서 사회시스템의 일원으로 다양한 역할과 함께 외부환경과의 지속적인 상호작용을 한다. 보다 구체적으로 말하자면 그들은 조직 내에 주어진 업무와 관련된 개인적인 역할뿐만 아니라, 주위 동료는 물론 조직 외부와 다양한 업무적인 관계를 형성하고 있다. 나아가 이러한 업무적인 역할과 관계 외에도 사회구성원으로서 다양한 활동을 수행한다. 이러한 상황에서 리더는 조직구성원을 조직 내 한 사람 개인으로서가 아닌, 사회시스템의 일원으로 인식하고 행동하는 것이 필요하다. 특히 조직의 유효성을 높이는 리더십이 되기 위해서는 구성원들의 조직 내부와 외부에서의 다양한 역할과 상호 간의 인간관계는 물론, 그들에게 영향을 미치는 여러 가지 환경요소들을 정확하게 파악하고 적절한 대처방안을 강구하는 노력과 행동이 중요하다.

4.1.2 리더십과정에서 구성원의 개인적인 특성 반영

인간은 주어진 역할이 똑같더라도 개인적인 특성에 따라 서로 다르게 행동한다. 또한 개인의 특성에 따라 똑같은 리더십의 유형일지라도 달리 반응하고 행동을 보이는 것이 일반적인 현상이다. 마치 똑같은 쌍둥이라도 서로의 사고와 행동이 서로 다르듯이, 동질의 인간은 없다. 특히 개인의 특성과 주장이 다양하고 뚜렷한 현대사회에서 개인 간의 차이는 더욱 심하게 나타난다. 이러한 상황에서 리더가 조직구성원의 개인적인 특성이나 집단적인 특성을 고려하지 않은 채, 리더 자신이 의도하는 대로 그들의 행동을 유도하고 이끌어 가기란 결코 쉽지 않다. 무엇보다 리더십의 성과가 일방적이 아닌 쌍방향의 인간관계로 이루진다는 점을 고려해 볼 때, 구성원 개개인의 상이한 특성을 정확하게 파악하고 상대방의 입장과 처지가 반영된 리더십이 타당성과 설득력을 얻는다.

4.1.3 개인의 존엄성과 중요성에 대한 인식과 행동

현대사회에서 인간 개개인의 능력과 자질에 차이는 있을 수 있지만, 인간은 근본적으로 다 같이 존엄하다. 리더가 구성원들에 대한 인간으로서의 존엄성을 가지지 않고, 그들로부터 진정한 신뢰와 충성 그리고 지지를 기대하기란 사실상 불가능하다. 훌륭한 리더가 되기 위해서는 개인에 대한 존엄성을 중시하고, 그에 걸맞게 사고하고 행동해야 한다. 또한 리더는 인간의 존엄성 인식과 함께 구성원 모두가 나름대로 조직의 목적을 달성하는 데 기여할 수 있다고 믿어야 한다. 그리고 이러한 신뢰를 바탕으로 구성원 모두를 귀중하게 여기고 대하는 것이 필요하다. 특히 리더는 어떠한 직위와 직무를 수행하고 있든 간에 인간으로서의 존엄성과 함께, 개개인의 역할 하나하나가 조직의 성과에 결정적인 영향을 미친다는 사실을 구성원들에게 정확히 인식시키고, 리더 스스로도 이에 대한 확고한 신념을 가지고 그에 걸맞은 행동을 구성원들에게 명확하게 보이는 것이 중요하다.

이상에서 살펴본 바와 같이 리더십은 인간을 대상으로 하고 있으며 그들에 대한 심리와 행동적인 영향력을 통해서 조직의 목적을 달성하고자 하는 수단이다. 이때 조직의 유효성을 높이기 위해서는 무엇보다 리더십의 직접적인 대상인 조직구성원에 대해 앞서 언급한 인식과 행동에 대해 유념할 필요가 있다. 그 밖에도 리더십의 과정에 있어 가능한 다음과 같은 기본적인 원칙을 지키도록 노력하는 것이 중요하다.

- **목적조화의 원칙** : 조직구성원의 개인적인 욕구와 조직의 목적이 최대한 조화되도록 리더십활동이 이루어져야 한다. 이를 위해서는 목적의 설정과정에 구성원을 참여시키거나, 다양한 방법을 통한 상호 간의 소통과 이해를 촉진하는 노력이 필요하다.
- **명령통일의 원칙** : 원활한 지휘와 구성원의 책임감을 강화하기 위해서 하급자는 가급적 단일의 상위자의 명령과 지휘를 받고, 그에 대한 명확한 책임을 지도록 한다. 이를 통해 구성원들 간의 불필요한 혼란과 오해를 방지하고 제거할 수 있다.
- **직접감독의 원칙** : 가능한 하급자와 개별적으로 접촉하면서 리더가 직접 감독한다. 이를 통해 구성원은 업무를 효율적으로 수행하는 데 필요한 정보의 획득, 훈련, 의사소통 등을 할 수 있다.
- **감독기술의 원칙** : 업무나 조직의 환경변화에 따라 리더십과 지휘감독의 기술도 적절하게 변화시켜야 한다. 선진화된 경영기술과 지속적인 자기개발, 환경변화를 고려하고 반영한 리더십이 필요하다.

4.2 리더십의 영향요인

리더십은 일차적으로 리더십을 발휘하는 사람(리더, 지도자)과 리더십의 대상이 되는 사람(조직구성원, 추종자) 간의 목적지향적인(의도적인) 영향을 미치는 관계에서 이루어진다. 이러한 현상은 각각의 조직이 처한 상황에서 진행되며, 해당 조직의 내 · 외부 환경으로부터 영향을 받는다. 따라서 리더십은 지도자(leader)와 조직구성원인 추종자(follower), 그리고 환경 및 상황적 변수(situation)에 의해 결정된다고 볼 수 있다. 이러한 관계를 수식으로 나타내면 다음과 같다.

그림 3-1 ▪ 리더십의 변수와 영향요소

L(Leadership) = f(l, f, s)
[l : 지도자(leader), f : 추종자(follower), s : 환경(situation)]

이러한 수식을 기반으로 리더십의 결과에 영향을 미칠 수 있는 구체적인 영향요인과 이들 간의 상호관계를 살펴보면 다음과 같이 나타낼 수 있다.

그림 3-2 ▪ 리더십과정의 통합적 모델

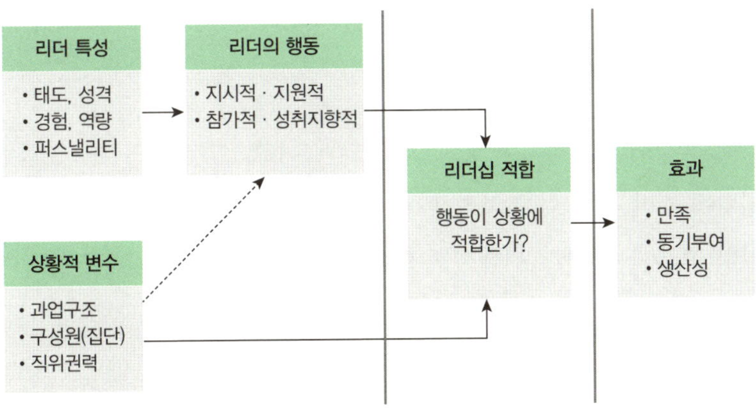

리더십은 [그림 3-2]에서 알 수 있듯이, 리더의 개인적인 특성과 환경 내의 여러 가지 요소들(구성원, 과업 등)이 리더의 특정한 행동을 선택하는 데 영향을 미치고 차례로 그것이 집단구성원의 행동에 영향을 미치는 과정이 이루어진다. 이때 선택한 리더십 유형이 주어진 상황과 적합할 경우에 결과적으로 조직의 유효성을 높일 수 있다. 이러한 사고와 관점을 기반으로 상황적응론적 리더십이 나타나게 되었다.

한편 리더십의 핵심이 "다른 사람을 의도하는 바대로 움직이게 함으로써 그들로 하여금 조직의 성과 및 목적을 달성하도록 하는 것"이라는 점을 고려해 볼 때, 그들에게 영향력을 행사할 수 있는 리더의 권한이나 권력은 필수적으로 요구된다. 여기서 권한(authority)이란 직위와 그에 따르는 권리(right)에 근거하여 조직상에서 발휘되는 것을 말한다. 이에 대해 권력(power)은 개인적인 능력(ability)에 근거한 것으로 조직상의 계층을 떠나서도 발휘된다. 따라서 권력은 직위에 따른 권한을 포함한 보다 광범위하고 포괄적인 개념으로 이해되며, 통상적으로 리더가 행사하는 직 · 간접적인 영향력의 기반을 이루고 있다.

이와 같이 리더십의 핵심요인이 영향력이고, 그것이 권한을 포함한 권력에 기반을 둔 점을 고려해 볼 때, 리더십의 개념을 이해하고 리더십의 효과를 높이기 위해서는 이에 대해 구체적으로 살펴볼 필요가 있다. 일반적으로 권력의 원천은 여러 가지 유형으로 구분되어 거론될 수 있으나, 리더가 가질 수 있는 권력에 초점을 둔다면 프랜치(J.R.P. French) 등의 주장에 따라 다음과 같이 구분할 수 있다.

4.2.1 직위권력

직위권력(position power)은 권한과 같은 개념으로서 조직 내에서 리더 자신의 공식적인 직위에 부여된 권력으로 이해할 수 있다. 이러한 직위권력은 보상적 권력, 강압적 권력, 합법적 권력으로 구분할 수 있다. 이때 보상적 권력과 강압적 권력은 대부분 합법적인 권력으로 공식화되어 있다.

| 표 3-2 | 직위권력의 종류와 내용

종류	세부내용
보상적 권력	조직구성원의 승진이나 승급 등 공식적인 보상에 대한 리더의 재량권에 대한 권한
강압적 권력	보상적 권력과 상반된 개념으로 구성원을 처벌할 수 있는 권한
합법적 권력	리더가 가지고 있는 권한계층상의 직위로 인해 지휘, 명령을 할 수 있는 권한

4.2.2 개인적 권력

리더는 직위와 무관하게 자신의 개인적인 특성으로 인한 권력(personal power)을 가질 수 있다. 이러한 개인적인 특성에 의한 권력은 무엇보다 전문성과 개인적인 매력에 의해 나타나며, 전문적 권력과 준거적 권력으로 구분할 수 있다.

| 표 3-3 | 개인적 권력의 종류와 내용

종류	세부내용
전문적 권력	리더가 갖고 있는 특수한 지식이나 능력 때문에 다른 사람들을 통제 및 영향력을 행사할 수 있는 권력
준거적 권력	조직구성원들이 리더에 대해 호감과 존경심을 갖고, 리더와 자신을 동일시하려는 경향 때문에 생겨나는 권력(매력, 카리스마)

이처럼 권력은 리더십을 위한 중요한 전제조건이지만 리더십을 위한 충분조건은 될 수 없다. 왜냐하면 권력만으로 리더십의 기능과 역할을 효과적으로 수행할 수 없고 리더십에 의해 권력이 서로 달리 구성원들에게 작용할 수 있기 때문이다. 즉 권력 자체가 지니고 있는 상대성으로 인해 결과가 달리 나타날 수 있다. 권력이 지닌 이러한 특성을 고려하고, 권력을 기반으로 한 리더십의 영향력이 바람직한 방향으로 발휘되기 위해서는 다음과 같은 내용을 최대한 충족시키는 것이 필요하다.

- 조직구성원이 리더의 지시와 명령을 정확히 이해해야 한다.
- 조직구성원은 리더의 지시를 수행할 수 있다고 믿어야 한다.
- 조직구성원은 리더의 지시를 조직의 목표달성에 필요하다고 인정해야 한다.
- 조직구성원은 자신의 가치관과 리더의 지시가 일치한 것으로 생각해야 한다.

그 밖에도 권력에 의존하는 리더십에서 벗어나 리더의 적극적인 소통과 이해, 역지사지의 사고와 행동, 신뢰와 믿음을 줄 수 있는 역할모델 등의 노력이 리더십의 결과에 중요한 영향요인으로 작용한다는 점을 인식할 필요가 있다.

학습 및 토론 주제

1. 현대 사회인(조직구성원)에 대한 리더의 바람직한 관점과 그에 따른 리더십의 기본원칙은 무엇인가?
2. 리더십의 영향요소와 환경적응론적 관점에서 이들의 관계는 어떠한가?
3. 권한과 권력의 차이점과 권력의 기반이 되는 요소는 무엇인가?
4. 권력을 기반으로 리더십의 유효성을 높이는 방안은 무엇인가?

5 리더십과 관리기능의 관계

리더(리더십)와 관리자(관리기능)는 동일한 것인가에 대한 대답은 간단하지 않다. 조직의 목표를 달성하기 위해 영향력을 행사하는 과정이라는 측면에서 리더의 리더십과 관리자의 관리기능은 매우 유사하며 심지어 중첩된 개념으로 볼 수 있다. 그러나 비공식적인 리더의 경우 관리자가 아님에도 불구하고 리더의 역할을 수행할 수 있으며, 부하가 없는 재무회계 담당자의 경우 리더십을 발휘하지 않고도 관리자의 기능을 수행할 수 있다. 따라서 모든 리더를 관리자라고 할 수 없으며, 모든 관리자 또한 리더로 볼 수 없다. 리더(리더십)와 관리자(관리기능)는 공통점과 서로 상이한 내용과 개념을 함께 지니고 있다.

리더십과 관리기능에 대한 학자들의 의견도 다양하다. 어떤 학자들은 관리기능의 일부인 지휘활동과 리더십을 동일시하거나, 또는 환경 변화에 따른 관리자의 역할을 확대한 것으로 리더십을 정의하기도 한다. 이와는 달리 리더십과 관리기능이 질적으로 완전히 다른 배타적인 관점, 즉 동일한 개인에게 일어날 수 없는 것으로 보는 학자들도 있다. 그 밖에도 리더십과 관리기능이 서로 구별되는 과정으로 이해는 하지만, 이 두 과정은 상호배타적이지 않고 통합적으로 수행이 가능하다고 주장하는 학자들도 있다. 이러한 리더십과 관리기능 간의 관계 및 차이점에 대한 논쟁은 현재에도 계속되고 있다. 그럼에도 분명한 것은 리더와 관리자 그리고 리더십과 관리기능 상호 간에는 다음과 같은 세 가지의 관계가 있다. 그리고 이러한 관계에서 리더십과 관리기능이 반드시 일치하지 않은 상이한 개념으로 보는 것이 보다 설득력이 있다.

그림 3-3 ▪ 리더(리더십)와 관리자(관리기능)의 관계

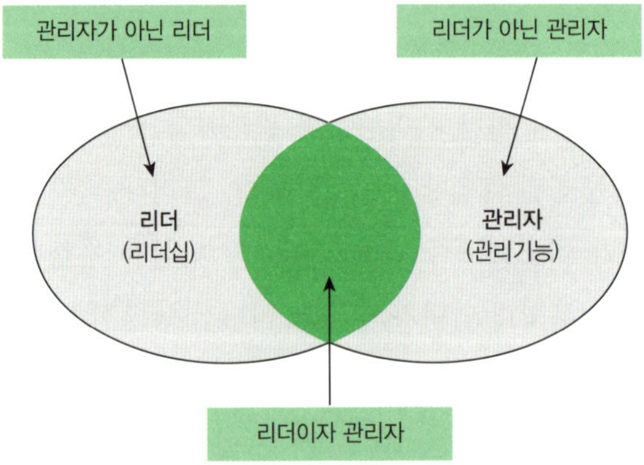

5.1 리더십은 관리과정의 일부 또는 확대된 관점

조직의 목표를 효율적이고 효과적으로 달성하기 위해서는 계획(planning), 조직(organizing), 지휘(leading), 조정(coordinating) 및 통제(controlling)로 구성된 관리과정이 필요하다. 이러한 관리과정에서 리더십은 지휘의 기능과 같은 것으로 관리과정의 일부분으로 볼 수 있다. 다시 말해서 양자는 서로 기능을 달리하며, 관리기능은 리더십보다 포괄적이고 광범위한 개념이다. 이러한 관점의 대표적인 학자로서 민츠버그(H. Minzberg)는 리더십을 열한 가지 관리 역할(자원할당, 협상자 등)의 하나로 "부하를 동기부여시키고 작업을 수행하기 위한 좋은 조건을 조성하는 것"으로 기술하였다. 따라서 훌륭한 관리자는 훌륭한 리더가 될 수 있지만, 반대로 훌륭한 리더를 반드시 훌륭한 관리자라고 말할 수 없다.

이에 대해 크레인(T.G. Crane)은 관리과정 중 지휘기능을 인간관계적인 측면과 밀접하게 관련된 것으로서, "조직이나 집단의 목표를 달성하는 데 공헌하도록 구성원들을 동기부여하는 것"과 동일시하고 계획, 조직, 동기부여, 통제를 전통적인 관리자의 역할로 보았다. 크레인은 특히 환경변화에 따른 조직의 변화와 관리자의 역할에 대한 새로운 인식을 강조하고, 전통적인 관리자의 역할 외에 비전 제시, 봉사, 코치, 촉진자, 역할모델 등을 포함한 보다 확대된 관리자의 역할을 제시하고, 이러한 새로운 역할을 수행하는 자를 리더라고 정의하였다. 따라서 리더는 전통적인 관리자와 달리 구성원들에게 방향감을 제공할 수 있도록 명확한 비전을 제시하는 것은 물론, 이를 구성원들의 사고와 행동과 지속적으로 연계시켜 나아가며, 그들을 위해 봉사하는 행동의 리더십을 보여야 한다고 주장하였다. 그 밖에도 구성원들이 맡은 업무를 잘할 수 있도록 지원 및 코치의 역할을 수행하며, 그들로부터 참신한 아이디어를 끌어내고 서로 연계시켜서 긍정적인 결과를 도출하는 촉진자의 역할을 수행하여야 하며, 특히 조직에서 가치 있게 여기는 태도와 행동의 모델이 되어야 한다고 강조하였다.

5.2 배타적인 관점에서의 리더십과 관리기능

리더십와 관리기능을 구분해서 정의하는 입장은 리더와 관리자가 서로 양립하는 가치와 성격을 가지고 있다고 주장한다. 이러한 배타적인 관점의 대표적인 학자인 잘레즈닉(A. Zaleznik)은 리더와 관리자는 별개이며, 기본적으로 상이한 유형의 사람들이라고 주장하였다. 그에 따르면 관리자는 어떤 문제에 대해 반응적(reactive)이며, 기존의 질서를 유지하고 이를 통해 보상을 받으려고 하며, 문제해결을 위해서 증명된 안전한 방법을 선호하며, 선택의 가짓수를 가능한 제한하려고 노력한다. 이외에도 정서적인 몰입 없이 객관적으로 목표를 보며, 업무중심적이며, 기존질서와 안정을 최대한 유지하려고 노력한다.

이에 대해 리더는 능동적이고 정서적으로 몰입하며, 새로운 아이디어를 창출하려는 전향적인(proactive) 특성을 가지며, 잠재적인 기회를 찾아내고 이를 통해 보상받기를 노력하며, 구성원들과의 긴밀도를 유지하고, 그들이 업무에 열정을 쏟고 창조성을 높이도록 적극적으로 격려하며 지원하는 사람으로 보았다. 또한 리더는 장기적인 안목에서

| 표 3-4 | 리더와 관리자의 비교

구분	리더	관리자
필요한 특성	상상력, 의사소통능력, 창의성, 위험을 감당할 준비, 타인들의 생각과 행동에 영향을 미치기 위해 권력을 행사할 의지	지구력, 강인한 의지, 지성, 분석적 능력, 인내력, 호의(good will)
목표에 대한 태도	• 개인적이고 적극적임 • 아이디어를 생성하고 나아갈 방향을 제시함 • 바람직하거나 가능하면 필요한 것이 무엇인가에 관한 사람들의 사고방식을 변혁시키려 함	• 객관적인 자세와 태도 • 개인의 욕구보다 조직의 필요성에서 나온 비개인적인 목표, 아이디어에 반응함
업무의 개념	• 오랫동안 지속되어 온 문제에 대한 신선한 접근방법, 과제(issue)를 개방함 • 자연스럽게 문제해결의 대안을 찾도록 노력함 • 사람들이 흥분하도록 아이디어를 계획함	• 전략을 형성하고 의사결정함 • 질서와 통제를 유지하고 갈등을 관리함 • 행동 대안을 한정함 • 주로 강압적인 방법을 통해 문제를 해결함 • 모순이 드러날 때 해결방안을 강구하고, 반대의견을 조정함
타인과의 관계	• 풍부한 감정과 열정적임 • 사건과 의사결정이 사람들에게 무엇을 의미하는가에 관심을 둠	• 타인들과 함께 일하기 좋아하며, 감정개입을 낮은 수준으로 함 • 일을 어떻게 수행할 것인가에 관심을 둠
자신에 대한 의식	• 조직 내에서 활동하지만 조직에 소속되지 않으며, 내향적이며 분리된 느낌 • 변화의 기회 모색	• 자의식은 행동과 지침이 됨 • 조직에 관계있는 사람(joiner)이고 소속감을 느낌 • 기존질서 유지 노력
개인성향	진보적인 성향이 우세함	보수적인 성향이 강함

활용이 가능한 선택의 폭을 확대하려고 노력하며, 비록 문제를 해결하는 데 있어 혼란과 갈등이 있더라도 자연스러운 해결방안을 모색하고, 기꺼이 위험을 감수하고 가능성을 추구하며, 변화의 기회를 모색하는 경향이 강하다고 주장하였다.

이와 비슷한 관점에서 베니스(W. Bennis) 등은 리더와 관리자를 양극의 성격을 지닌 존재로 구별하였다. 그에 따르면 관리자는 안정, 질서, 효율성, 절차, 통제를 중시하고, 일을 수행하는 방식에 관심을 가지며, 주어진 업무를 완수하고 일을 더 잘 하도록 만들려고 노력한다. 반면에 리더는 비전, 변화 및 혁신, 도전, 창의, 유연성을 중시하고, 일이 사람들에게 주는 의미에 관심을 가지며, "무엇이 왜 중요한 일인지"에 대해 동의를 끌어내려고 노력한다고 보았다. 한마디로 말해서 "관리자는 일을 올바르게 하는 사람이라면, 리더는 올바른 일을 하는 사람"이라고 주장하였다. 그 밖에도 그는 전통적인 관리의 개념과 달리 조직을 현재에서 미래로 움직이게 하고, 조직의 잠재력인 기회를 비전으로 창조하며, 구성원들의 변화에 동참하도록 이끌고, 에

| 표 3-5 | 리더와 관리자의 차이점

- 관리자가 관리를 한다면, 리더는 혁신을 한다.
- 관리자가 모방을 하는 복사본이라면, 리더는 새로운 것을 창조하는 원본이다.
- 관리자가 체제나 구조에 초점을 맞춘다면, 리더는 사람에 초점을 맞춘다.
- 관리자가 통제에 의존한다면, 리더는 신뢰를 불러일으킨다.
- 관리자가 단기적 관점을 가지고 있다면, 리더는 장기적 관점을 가지고 있다.
- 관리자가 방법과 시기를 요구한다면, 리더는 내용과 이유를 요구한다.
- 관리자가 현상을 수용한다면, 리더는 이에 도전한다.
- 관리자가 자신이 맡은 일을 모범적으로 수행하는 훌륭한 병사라면, 리더는 주체성을 가지고 독자적으로 행동한다.
- 관리자가 일을 옳게 한다면, 리더는 옳은 일을 한다.

너지와 자원을 동원하고 집중할 수 있도록 새로운 문화와 전략을 조직 내에 전파시키는 소위 '변혁적 리더십'을 현대사회에서 성공하는 리더십으로 강조하였다.

| 표 3-6 | 리더와 보스의 차이점

- 리더는 사람들을 앞에서 이끌고 간다. 보스는 뒤에서 이들을 몰고 간다.
- 리더는 선의(善意)에 의존한다. 보스는 권위에 의존한다.
- 리더는 회초리를 필요로 하지 않는다. 보스는 늘 회초리를 필요로 한다.
- 리더는 '우리'라고 말한다. 보스는 '나'라고 말한다.
- 리더는 '가자'고 권한다. 보스는 '가라'고 명령한다.
- 리더는 공개적으로 일한다. 보스는 등 뒤에서 일한다.
- 리더는 남을 믿는다. 보스는 남을 믿지 않는다.
- 리더는 희망을 준다. 보스는 겁을 준다.
- 리더는 존경을 모은다. 보스는 복종을 요구한다.
- 리더는 자기가 밟고 있는 땅에서 눈을 떼지 않는다. 보스는 무지개를 바라본다.
- 리더는 대중의 눈으로 세상을 본다. 보스는 자기 눈으로만 세상을 본다.
- 리더는 자기 약점을 숨기지 않는다. 그럴 필요를 느끼지 않기 때문이다. 보스는 자기의 약점을 숨긴다. 이는 권위를 잃을까 두렵기 때문이다.
- 리더는 자기 의견에 반대하는 사람을 가까이 한다. 보스는 자기와 의견을 달리하는 사람을 미워한다.
- 리더는 권위를 쌓는다. 보스는 권력을 쌓는다.
- 리더는 타협을 잘하고 대화를 즐긴다. 보스는 타협을 모르고 대화를 거부한다.
- 리더에게는 귀가 여러 개 있다. 보스에게는 귀가 없다. 정확히 말하자면 듣기 좋은 말만 듣는 귀 하나만 있다.
- 리더는 권력이란 하나의 수단에 지나지 않는다고 여긴다. 보스는 권력이 전부라고 생각한다.

5.3 리더십과 관리기능의 통합적인 관점

통합적인 관점은 리더십과 관리기능을 별개의 과정으로 이해하기는 하지만, 리더와 관리자를 서로 다른 유형의 사람들이라고 생각하지 않는 경우이다. 이에 대한 대표적인 학자인 코터(J.P. Kotter)는 리더십과 관리기능을 서로 구별되는 행동시스템으로 간주하고, 리더와 관리자보다는 리더십과 관리기능을 구별함으로써 우수한 리더이면서 동시에 효율적인 관리자가 될 수 있는 가능성을 열어 놓았다.

코터에 따르면 관리기능은 예측성에 초점을 맞추고 질서를 유지하며 기대하는 결과를 안정적으로 산출하는 것인 반면, 리더십은 경쟁적이고 급변하는 환경에서 조직의 미래 비전을 개발하고 이를 실현하기 위한 변화와 혁신을 성공적으로 도입하는 것이라고 주장하였다. 그 밖에도 관리기능과 리더십은 다음과 같은 측면에서 차이가 있다고 보았다.

- **기능 측면** : 관리의 주된 기능은 조직에 있어 질서와 안정성 및 일관성을 추구하는 것인 데 반해, 리더십의 일차적인 기능은 조직의 변화와 발전을 가져오게 하는 데 있다.
- **활동과 내용 측면** : 관리기능이 계획과 예산수립에 의해 조직의 복잡한 기능을 체계적으로 운영하는 것에 주안점을 두는 반면, 리더십은 조직이 나아갈 방향을 설정함으로써 건설적인 변화와 혁신을 시작하도록 만드는 데 있다.
- **인적 네트워크 측면** : 관리기능은 인력을 조직화하고 적절히 배치함으로써 수립된 계획을 실현할 수 있도록 하는 활동인 반면, 리더십은 인력을 하나의 방향으로 일치시키기 위한 활동이다.
- **실행 측면** : 관리기능은 통제와 문제해결을 통해서 계획이 달성되도록 하는 데 초점을 맞추는 반면, 리더십은 비전을 실현시키기 위해서 구성원들의 자율성을 강조하고, 구성원들에게 활력을 불어넣고 그들의 욕구를 충족시키는 데 초점을 맞추고 있다.

| 표 3-7 | 리더십과 관리기능의 비교

구분	관리기능	리더십
주된 기능	조직의 질서와 일관성 추구	조직의 변화와 발전 추구
활동과 내용	계획과 예산 수립 • 단기적 목표설정 • 목표달성을 위한 구체적인 실행계획 수립 • 행동지침 및 시간계획 수립 • 필요 자원 할당	방향설정 • 장기적 관점의 미래 비전개발 • 비전달성에 필요한 변화를 위한 전략 수립
인적 네트워크 구성	조직화 • 계획달성을 위한 조직 구조화 • 업무분석 및 배분, 책임과 권한설정, 인력의 적정 배치 • 업무실행에 대한 모니터링시스템 구축	사람의 정렬 • 비전달성과 변화를 위한 의사소통 • 비전의 이해 및 달성을 위한 촉진 및 몰입 유도
실행	통제와 문제해결 • 계획 대비 결과 점검 • 문제점 확인 및 조치	욕구충족 및 동기부여 • 욕구충족 및 활기 고취 • 바른 방향으로 동기부여

이상에서 살펴본 바와 같이 리더의 리더십과 관리자의 관리기능 간에는 서로 비슷하면서도 양자는 분명히 상이한 개념을 내포하고 있음을 알 수 있다. 다시 말해서 관리기능은 예측가능성에 초점을 두고 질서와 안정을 만들어 내기 위해서 첫째, 운영목표를 설정하고 행동계획을 수립하며 자원을 할당한다. 둘째, 조직화와 충원을 통해서 구조를 수립하고 사람들에게 일을 배분한다. 셋째, 결과를 모니터링하고 문제를 해결한다.

이에 반해 리더십은 첫째, 미래의 비전과 필요한 변화를 위한 전략을 수립한다. 둘째, 비전을 전달하고 설명한다. 셋째, 비전을 달성하도록 구성원들에게 동기를 부여하고 고무시키는 것을 강조한다.

따라서 리더십 없는 관리는 모험과 혁신을 방해하고 조직을 관료적으로 만들 수 있으며, 반대로 관리 없는 리더십은 조직의 질서와 효율성을 저해할 수 있으며 비현실적인 변화를 유발할 수 있다. 그럼에도 불구하고 관리와 리더십은 공통적으로 "해야 할 필요가 있는 것이 무엇인지"를 결정하고, 이를 위해 관계의 인맥을 창조하며, 일이 이루어지도록 만드는 것에 관계되어 있다. 이러한 관점에서 조직의 성과를 제고하기 위해서는 강력한 리더십과 함께 관리기능이 필요하다. 이때 보다 효율적이고 효과적인 조직이 되기 위해서는 무엇보다 상황에 적합하게 리더십과 관리기능을 조화롭게 통합하여 활용하는 것이 중요하다. 특히 조직에 필요한 변화와 혁신을 일으키기 위해서는 양자의 조화로운 조합이 이루어져야 한다.

학습 및 토론 주제

1. 리더와 관리자의 공통점과 차이점은 무엇인가?
2. 리더십과 관리기능의 장점과 단점은 무엇인가?
3. 리더십과 관리기능 간의 관계와 관련하여 학자들의 관점과 주장은 무엇인가?
4. 21C에 바람직한 리더십과 관리기능은 무엇인가?

CHAPTER

04 리더십의 이론

1 리더십이론의 발전과정

리더십의 종류는 수없이 많으며, 그에 관한 이론 역시 다양하다. 리더십의 다양하고도 복잡한 내용과 이론은 체계적인 학습과 이해를 하는 데 있어 때로는 혼란과 모순을 야기한다. 이러한 문제점을 해결하기 위해서는 일차적으로 그동안 제시된 리더십이론의 발전과 전개과정을 살펴보는 것이 필요하다. 그리고 각각의 리더십이 지니고 있는 공통적인 관심사나 이론의 유사점을 중심으로 분류해 봄으로써 해당 리더십의 유형별 관점과 내용은 물론, 이를 통해서 리더로서의 역할을 수행하기 위한 필요한 지식과 역량을 이해하고 터득할 수 있다.

"리더십을 어떻게 분류할 것인가"에 대한 접근방법은 관점에 따라 다양할 수 있다. 그럼에도 불구하고 학자들 대부분은 시대적 흐름을 기준으로 크게 특성이론, 행동이론, 상황이론으로 구분하고 있다. 이를 통해 리더십에 대한 관심의 초점과 그에 따른 가정 및 연구목적 등을 중심으로 그동안 변화·발전되어 온 다양한 리더십에 대한 체계적인 구분이 가능하기 때문이다. 이들 외에도 비교적 최근에 거론되고 있는 리더십이론에 대해서는 주로 '리더십 신조류' 등으로 표현되며 개별적으로 다루어지고 있는 실정이다.

그림 4-1 ▪ 리더십이론의 발전과정과 접근방법

특성론적 접근방법 (특성이론)		행동론적 접근방법 (행동이론)		상황론적 접근방법 (상황이론)
목적 : 효과적인 리더의 특성 탐색 가정 : 효과적인 리더는 그렇지 못한 리더와 다른 일련의 특성을 지니고 있다.	➡	목적 : 바람직한 리더의 행동 탐색 가정 : 모든 상황에서 가장 효과적인 리더의 어떠한 행동 유형 또는 조합이 있다.	➡	목적 : 상황에 적합한 리더십 탐색 가정 : 모든 상황에 적합한 유일최선의 리더십 유형은 없다.

1.1 특성이론

주로 1900년대 초반부터 1950년 이전까지 진행된 초기의 리더십 연구는 리더가 소유하고 있는 개인적인 특성과 자질을 확인하는 데 초점을 맞추었다. 이러한 연구는 특성론(traits theory) 또는 위인론(the great man theory)이란 이름으로 "비 리더와 구별되는 리더의 특성은 무엇인가" 또는 "효과적인 리더의 특성과 능력이 무엇(what)인가"가 주된 연구대상이었다. 다시 말해서 특성이론은 리더에 초점을 맞춘 것으로 "리더는 자신이 리더가 될 수 있도록 하는 독특한 특성을 가지고 있다"라는 전제하에 "리더는 어떠한 특성을 가지고 있는가" 또는 "누가 리더인가"가 주된 관심이었다. 그리고 리더의 특성과 관련해서 주로 신체적인 특성, 사회적 배경, 지능이나 능력, 성격, 과업 관련 특성 등 다양한 측면에서 연구되었으며, 그 결과 "리더로서 갖추어야 하는 특성이나 역량이 무엇인가"를 파악하고 이해하는 데 실질적인 도움이 되었다.

1.2 행동이론

1950년대부터 1960년대 걸쳐 진행된 행동이론은 부하 또는 집단에 대한 리더의 행동에 초점을 맞추었다. 행동이론은 "모든 상황에 가장 효과적인 어떠한 행동의 유형이나 조합이 있다"라는 전제하에 "리더가 주어진 역할을 제대로 수행하기 위해서 무엇을 해야 하는지", 특히 조직의 성과제고 및 목표를 달성하기 위해서 "리더는 부하 또는 집단에게 어떠한 행동을 보여야 하는지"에 관심을 두고 연구하였다.

대부분의 연구결과, 리더의 역할을 수행하기 위해 필요한 주요 행동으로 '지시와 같은 일과 관련된 행동'과 '배려와 같은 사람과 관련된 행동'을 확인할 수 있었고, 이러한 행동이 어떠한 결과를 초래하는지에 대해서도 알 수 있었다. 따라서 특성이론이 "리더는 어떤 특성을 지닌 사람인가"라는 물음에 대해 논의함으로써 리더의 특성, 성격, 자질 등에 주된 관심을 두었는 데 비해, 행동이론은 "바람직한 리더는 어떻게 행동하는가"라는 물음에 대해 논의함으로써 리더십의 과정과 방법을 중요시하였다고 볼 수 있다. 그리고 리더십의 효과를 좌우하는 것은 리더가 선천적으로 타고난 개인적인 특성(what)이 아니라, 부하에 대한 리더의 행동, 즉 후천적으로 어떻게 행동하는가(how)에 달렸다는 점이 강조되었다. 그 밖에도 행동이론의 내용적 특징을 살펴보면 다음과 같이 정리할 수 있다.

- 모든 상황에 적합한 유일최선의 보편 · 타당한 리더의 행동을 찾으려 한다.
- 리더의 행동뿐만 아니라 부하의 반응(업적과 만족)에 연구의 초점을 두고 있다.
- "리더는 태어나는 것이 아니라 만들어진다"라는 생각으로 바람직한 행동을 위한 리더의 훈련 · 개발에 관심을 가지고 있다.

1.3 상황이론

1960년대 이후 나타난 상황이론에 따르면 어떠한 특성을 지닌 리더의 성공이나 또는 어떠한 형태의 행동으로 인한 "리더의 효과성은 상황에 따라 달라질 수 있다". 이는 오직 리더에 초점을 맞춘 특성이론이나 행동이론과 달리 리더에게 영향을 미칠 수 있는 상황을 중심으로 한 상황적응론적인 관점에서 접근하고 있다. 즉 "유일최선(one-best)의 보편타당(universal)한 리더십은 없다"라는 전제를 기반으로 "리더란 상황의 산물이며, 특정한 상황에 효과적인 리더가 존재한다"라는 주장이다.

이러한 상황이론은 크게 '리더의 특성과 상황의 관계에 관심을 가지고 있는 이론'과 '리더의 행동과 상황의 관계에 관심을 가지고 있는 이론'으로 구분할 수 있다. 이들 이론 및 연구결과에 따르면 리더십의 효과성을 위해서는 전자의 경우는 "상황이 리더의 특성에 적합해야 한다"라고 나타났다. 그리고 후자의 경우는 "리더십 행동을 환경에 일치하도록 조정해야 한다"라는 것으로 요약할 수 있다. 결론적으로 바람직한 리더십이란 환경이 리더의 특성과 행동에 적합(fit)하고 조화(harmony)를 이루어야 한다는 것이다.

1.4 리더십의 신조류

1980년대와 1990년대에 걸쳐 나타난 환경변화는 새로운 리더십을 요구하였다. 특히 정보화, 글로벌화, 지식기반의 시대적 환경변화 등은 이전에 비해 더욱 동태적이고 복잡하며, 예측이 불가능한 특성을 지니는 동시에 조직에 적지 않은 영향력을 행사하는 것으로 나타났다. 이러한 환경에 적절히 대응하기 위해서는 유연한 조직으로의 변화, 인적자원에 대한 개념과 관리방식의 변화 등과 함께 리더십에 대해서도 획기적인 변화가 요구되었다. 그 결과로서 전통적 관리(management)의 개념과 다른 새로운 리더십에 대한 다양한 시도가 나타났다.

이 같은 리더십의 신조류는 기존의 특성이론이나 행동이론의 사고틀에서 벗어나, 환경의 변화와 요구에 대해 보다 다양하고 새로운 관점으로 접근하는 방식으로 나타났다. 다시 말해서 종전의 리더십이 전통적인 관리 차원에서 단기적인 위험을 회피하며 복종 또는 순응, 그리고 통제와 예측가능성에 초점을 두고 일을 효율적으로 수행하며 안정적으로 기대하는 결과를 만들어 내는 데 초점을 두었다면, 이러한 새로운 개념의 리더십은 보다 장기적인 관점에서 위험을 감수하고 구성원을 몰입시키며 유용한 변화를 만들어 내는 것에 관심을 두었다.

| 표 4-1 | 리더십의 분류와 전개과정

접근법 \ 내용	주된 관심	가정	주요 학자와 이론
특성이론 (1900~1950년대)	효과적인 리더의 개인적인 특성 탐색	효과적인 리더는 그렇지 못한 리더와 다른 일련의 특성을 지니고 있다.	• R.M. Stogdill • A.F. Jago • G. Yukl • R. Katz
행동이론 (1950~1960년대)	리더가 부하에게 나타내는 효과적인 행동 유형 탐색	리더의 어떠한 유형 또는 조합의 행동은 모든 상황에서 가장 효과적이다.	• R.K. White와 R. Lippitt의 권위형 · 민주형 · 자유방임형 • R. Tannenbaum과 W.H. Schmidt의 권위형 · 민주형 • R. Likert의 관리시스템이론 • R.R. Blake와 J.S. Mouton의 관리격자이론
상황이론 (1960년대 이후)	상황에 적합한 리더의 특성과 행동 유형 탐색	모든 상황에 적합한 유일최선의 리더십 유형은 없다.	• F.E. Fiedler의 상황적합이론 • R.J. House의 통로목표이론 • V.H. Vroom과 P. Yetton의 지도자 · 참여이론 • P. Hersey와 K.H. Blanchard의 수명주기이론
리더십의 조류 (1980~1990년대)	환경의 변화와 요구에 적합한 리더십 탐색	변화하는 환경에 적합한 리더십이 가장 효과적이다.	• R.J. House의 카리스마 리더십 • B.M. Bass의 변혁적 리더십 • R. Greenleaf의 서번트 리더십 • J.A. Conger와 R.N. Kanungo의 임파워먼트 리더십 • C.C. Manz와 H.P. Sims의 셀프 리더십

학습 및 토론 주제

1. 리더십이론의 발전과정과 분류방안은 무엇인가?
2. 리더십이론의 가정과 주된 관심사는 무엇인가?

2 리더십의 특성이론

2.1 특성이론의 관점과 연구목적

초창기 리더십에 대한 연구배경에는 "유능한 리더는 남다른 개인적인 특성과 자질을 지니고 있다"라는 생각이 지배적이었다. 따라서 리더십 연구의 시작도 리더와 리더가 아닌 사람들을 구별하는 구체적인 특성을 찾거나, 또는 성공적인 리더가 지니고 있는 공통적인 특성을 추출하고 측정하는 데 집중되었다. 그리고 이러한 연구결과를 기반으로 생성된 이론이 자질론 또는 위인론(great man theory) 등으로 불리는 특성이론이다.

특성이론의 가정에 따르면 리더는 어떠한 고유한 개인적 특성만 가지고 있으면, 그가 처한 상황이나 환경이 바뀌더라도 항상 유능한 리더가 될 수 있다. 따라서 리더의 특성에 대한 중요성을 우선적으로 강조하고, "성공적인 리더는 분명히 일반적인 사람과 다르다"는 생각으로 성공적인 리더가 공통적으로 지니고 있는 특성을 찾고 확인하려는 노력을 기울였다. 그러나 연구가 지속될수록 이러한 위인론적인 접근에 따른 보편타당한 자질요인이란 존재하지 않고 상황에 따라 다른 리더십의 특성이 요구된다는 사실이 밝혀짐에 따라, 이후에 진행된 연구들은 리더의 자질이나 역량으로서의 내적인 특성보다 외적으로 나타나는 리더의 행동이나 환경을 고려한 리더의 특성에 연구의 초점을 맞추게 되었다.

2.2 성공한 리더의 특성과 자질

특성이론에 대한 대표적인 학자인 데이비스(K. Davis)는 성공한 리더의 특성으로 지능, 사회적인 성숙과 폭, 내적인 동기부여와 성취욕구, 인간관계의 태도를 제시하였다. 이에 대해 바나드(C.I. Barnard)는 리더의 특성을 두 가지 영역으로 나누어 설명하였다. 첫째, 리더는 기술적인 측면에서 체력, 기술, 지각, 지식, 기억력, 상상력 등에 있어서 개인적 우월성을 가져야 한다. 둘째 정신적 측면에서 결단력, 지구력, 인내력, 용기 등에서 탁월성을 가져야 한다고 주장하였다. 커크패트릭(S.A. Kirkpatrick) 등은 리더와 리더가 아닌 사람들과 차이가 나는 특성, 즉 성공적인 리더십의 기반이 되는 중요한 특성으로 욕구(drive), 동기부여(motivation), 통합성(integrity), 자신감(self-confidence), 정보(intelligence), 지식(knowledge) 등을 제시하였다. 이들 외에도 리더의 성공요소와 관련하여 수많은 학자들에 의해 다양한 특성과 자질이 거론되었다. 스톡딜(R.M. Stogdill)은 특성이론에 대한 이러한 다양한 연구결과를 종합적으로 분석하여 효과적인 리더의 특성을 결정할 수 있는 요소를 다음과 같이 범주화하였다.

| 표 4-2 | 리더 특성의 범주

신체적 특성	사회적 배경	지능과 능력
연령, 외모, 신장, 체중, 활동성 또는 에너지	교육수준, 사교관계 및 기동력, 사회적 지위, 가정환경	지능, 판단력 또는 결단력, 지식, 언변 및 표현력
성격	**과업 관련 특성**	**사회적 특성**
기민성, 독창성, 창의성, 성실성, 윤리성, 자신감, 수용성, 적응성, 독립성, 우월감 등 16개 요인	성취욕구, 책임욕구, 진취성, 끈기와 지속성, 주도성, 목표에 대한 책임감, 과업지향성	관리능력, 매력, 협력성, 돌봄, 감동능력, 인기, 명성, 사교성, 대인관계능력, 사회적 참여, 재치와 외교술

그리고 이와 같은 범주화를 기반으로 실증연구를 진행한 결과 ① 신체적 특성인 활동성 또는 에너지, ② 사회적 배경인 사교관계 및 기동력, ③ 지능과 능력 특성인 판단력 또는 결단력, 지식, 언변 및 표현력, ④ 성격의 특성인 기민성, 독창성, 창의성, 성실성, 윤리성, 자신감, ⑤ 과업 관련 특성인 성취욕구, 책임욕구, 목표에 대한 책임감, 과업지향성, ⑥ 사회적 특성인 협력성, 인기, 명성, 사교성 및 대인관계능력, 사회적 참여, 재치와 외교술 등은 성공한 리더십의 특성으로서 긍정적인 관계를 보였지만, 그 밖의 요인들은 상황이나 환경에 따라 다를 수 있기 때문에 일률적인 결론을 내릴 수 없었다.

따라서 "어떤 특성을 가지고 있으면 리더가 효과적일 가능성이 높지만, 그것이 절대적으로 효과성을 보장해 주지는 않는다"라는 결론을 내렸다. 다시 말해서 한 개인이 리더의 특성과 관련하여 학자들이 제시한 어떠한 특성을 가지고 있다고 해서 그 사람이 성공적인 리더가 되는 것은 아니지만, 리더십의 효과성을 증진시킬 수 있는 가능성은 있다고 볼 수 있다. 이러한 관점에서 볼 때 스톡딜(R.M. Stogdill)의 실증연구에서 밝혀진 특성 및 자질요인들은 리더가 갖추어야 하는 내적인 역량으로서 유념할 필요가 있다.

2.3 특성이론의 평가 및 시사점

이상에서 살펴본 바와 같이 어떠한 상황에서나 일관성 있게 리더십의 성과를 설명해 줄 수 있는 특성을 발견하는 것이 현실적으로 불가능해지자, 리더가 갖추어야 할 특성을 밝히려는 노력은 한계에 부딪치게 되었다. 그 밖에도 특성이론의 타당성은 다음과 같은 측면에서 한계와 문제점을 지니고 있는 것으로 나타났다.

- 리더의 특성이 실제로 리더십의 효과성과 밀접한 관계를 갖지 못한다.
- 리더의 특성은 선천적인 것이 아니라 리더가 되고 나서 개발되는 경우가 많다.
- 상황에 따라 서로 다른 특성이 요구된다는 사실을 고려하지 않고 있다.
- 리더의 특성이라고 생각되는 것은 열거할 수 없을 정도로 많은데, 그 내용에 대한 엄밀한 과학적 검토나 측정, 설명이 거의 불가능하다.

- 제시된 특성이 부하를 포함한 모든 사람들도 갖고 있는 것으로 리더 고유의 것으로 볼 수 없다.
- 리더의 특성에 대한 연구가 진행될수록 특성이 추가됨으로써 리더의 특성 상호 간에 서로 모순된 결과를 초래한다.

결론적으로 리더십의 특성이론이 리더와 관련된 일련의 결정적인 특성을 제공해 주지는 못하지만, 그럼에도 불구하고 리더가 될 후보자들이나 다른 사람으로부터 리더로 지각되기를 원하는 경우에 "소유하고 개발해야 하는 리더의 특성과 자질이 어떤 것인지"에 대한 중요한 정보를 제공해 줄 수 있다는 측면에 의미가 크다. 또한 리더십의 특성에 대한 연구가 비록 모든 상황에 적용될 수 있는 보편타당한 특성을 제시하지는 못하지만, 루이스(P.V. Lewis) 등의 연구에 따르면 지난 몇 년 전부터 개인의 특성이 효과적인 리더십의 상황적 요인으로서 부각되고 있다.

학습 및 토론 주제

1. 특성이론의 관점과 연구목적은 무엇인가?
2. 특성이란 무엇을 의미하며 구성요소는 무엇인가?
3. 특성이론의 연구결과 및 한계점은 무엇인가?
4. 학자들이 언급한 성공한 리더의 공통적인 특성은 무엇인가?

3 리더십의 행동이론

리더십의 영향은 눈에 보이지 않는 리더의 내면적인 자질이나 특성에 의해서가 아니라, 밖으로 드러나는 실제적인 행동에 의해 이루어진다는 가정하에 리더십의 행동이론에 대한 연구가 진행되었다. 다시 말해서 리더십의 행동이론은 리더가 부하들에게 보여주는 행동, 즉 리더십 유형(leadership style)에 따라 리너십의 효과가 셜성된다는 생각으로 관찰이 가능한 리더십 행동을 확인하고, 이러한 행동과 조직의 효과성 간의 관계를 규명하는 데 초점을 맞추었다. 그리고 상황적인 요소를 고려한 바람직한 리더십의 행동 유형보다 어떠한 상황에도 적용될 수 있는 보편타당한 리더십의 행동 유형을 찾고자 노력하였다.

1940년대 이후 행동주의 심리학의 영향을 받은 이와 같은 행동이론은 보편적으로 "누가(who) 효과적인 리더인가"보다는 "효과적인 리더는 무엇을 어떻게(what and how) 하는가"에 관심을 가지고 효과적인 행동을 규명하고자 노력하였다.

따라서 특성이론이 효과적인 리더의 특성을 확인하고 우수한 리더를 선발하는 데 주안점을 두었다면, 행동이론은 효과적인 리더십 행동의 본보기를 파악하고 구성원들에게 그러한 행동을 훈련시켜서 성공적인 리더로 양성하는 데 관심을 두었다고 할 수 있다. 이러한 사고와 배경에는 선천적으로 타고난 특성이나 자질에 의해 리더와 비 리더가 결정되는 것이 아니라, 후천적으로 얼마든지 훈련과 개발을 통해서 만들어질 수 있다고 믿었기 때문이다.

| 표 4-3 | 특성이론과 행동이론의 비교

구분	특성이론(trait theory)	행동이론(behavioral theory)
연구 초점	리더의 자질과 특성	리더의 실제적인 행동
	리더와 비 리더의 구분	리더의 특정 행동이 부하들 업적과 만족에 어떠한 영향을 미치는가 규명

한편 리더의 행동은 여러 가지 이유로 인해 다양한 모습을 띠게 마련이다. 그럼에도 불구하고 리더십의 행동 유형은 크게 리더가 필연적으로 수행해야 하는 두 가지의 기능, 즉 구성원들에게 과업을 제대로 수행하게 하면서 동시에 그들의 욕구를 충족시켜야 하는 기능을 전제로 하고 있다. 따라서 대부분의 행동이론 역시 리더십의 행동 유형에 대한 명칭에 있어 다소 차이는 있지만, 크게 구성원들에게 주어진 과업목표가 효과적으로 달성되도록 하는 리더의 과업지향적인 행동과 구성원들 상호 간에 호의적인 인간관계를 형성하고 만족감을 느끼도록 도와주는 관계지향적인 행동에 초점을 맞추고 있다. 이와 관련된 대표적인 연구 및 이론으로서는 미국의 아이오와 대학, 오하이오 대학, 미시간 대학의 리더십 연구, 리커트의 관리시스템이론, 브래이크와 무톤의 관리격자이론 등이 있다.

3.1 아이오와 대학의 리더십 연구

3.1.1 리더십의 유형

아이오와 대학의 화이트와 리피트(R.R. White & R. Lippitt)는 레

윈(K. Lewin)의 지도하에 청소년을 대상으로 의사결정과정에서 나타나는 리더의 다양한 행동을 파악하였으며, 이를 기반으로 민주형, 전제형, 자유방임형의 리더십 행동 유형으로 구분하고 실증적 연구를 진행하였다.

| 표 4-4 | 아이오와 대학의 리더십 유형

리더십 유형	리더십 내용
민주적 리더십 (democratic leadership)	• 조직계획과 운영방침과 관련하여 구성원의 참여와 자율성을 존중하는 참여제도에 역점을 두어 결정하며, 업적이나 상벌은 객관적인 자료에 의해 평가하고 수여한다. • 집단이 중심이며, 의사결정 권한을 부하들에게 대폭적으로 위임하는 리더십
전제적 리더십 (autocratic leadership)	• 리더를 중심으로 조직을 운영하며, 조직목표와 운영방침, 상벌 등을 리더가 독단적으로 결정한다. • 리더가 중심이며, 조직 내 모든 의사결정을 리더 혼자서 행하는 리더십
자유방임적 리더십 (laissez-faire or free rein leadership)	• 리더는 조직의 계획이나 운영방침의 결정에 관여하지 않고, 수동적인 입장에서 행동하며, 부하들의 자유 행동을 방임한다. • 개인이 중심이며, 리더는 가능한 의사결정에 참여하거나 간섭하지 않고 부하들에게 의사결정 권한과 책임을 완전히 위임하는 리더십

3.1.2 연구결과 및 시사점

아이오와 대학의 리더십 연구를 통해서 리더의 다양한 행동들이 최초로 일정한 유형으로 분류되었고, 이를 기반으로 실증적인 연구결과를 제시한 측면에서 의미하는 바가 크다. 또한 연구결과에 따르면 민주적, 전제적, 자유방임적인 행동이 일련의 연속선상에 위치하는 것으로 나타났다. 이것은 리더가 두 가지 유형의 행동을 동시에 보이지 않는다는 것을 의미하며, 이를 통해 리더와 구성원들 간에 권력과 책임이 누구에게 있는지 명확하게 알 수 있었다. 그 밖에도 생산성 및 성과 측면에서 자유방임적인 리더십이 가장 좋지 않은 것으로 나타난 반면, 민주적 리더십이 조직의 성과를 높여 주는 동시에 구성원들을 만족시킨다는 사실이 밝혀졌다.

그림 4-2 ▪ 레윈의 리더십 유형

연속성 ←→

전제형	민주형	자유방임형
권력이 리더에게 있음	책임을 부하와 함께 나눔	책임이 부하에게 있음

그러나 이후 진행된 연구에서 이러한 리더십 행동들이 서로 관련된 것도 아니고 정도의 차이를 나타내는 것도 아닌, 전혀 다른 유형이라는 비판이 제기되었다. 뿐만 아니라 민주적 리더십이 구성원의 만족도 측면에서 언제나 높았으나, 업적 및 성과 측면에서는 상이한 결과를 보였다. 이것은 동일한 러더십의 행동이라 할지라도 "상황에 따라 성과가 다르다"는 것을 의미하는 것으로 점차 환경적인 요소가 부각되었다. 이에 대한 예로 몬디(R.W. Mondy) 등은 리더십 유형을 전제형, 참가형, 민주형, 자유방임형 등으로 구분하고, 상황요소로서 구성원들의 특성과 자질, 즉 인간관에 따라 X론적인 구성원들에게는 전제적 리더십, Y론적인 구성원들에게는 참가적 또는 민주적 리더십을,

그리고 전문직의 구성원들에게는 자유방임적인 리더십을 발휘하는 것이 성과 측면에서 바람직하다고 주장하였다.

3.2 오하이오 대학의 리더십 연구

3.2.1 리더십의 유형

오하이오 대학이 진행한 연구의 전반적인 목적은 리더의 행동을 결정하는 요인을 조사하고, 리더십의 행동 유형이 작업집단의 업적과 만족에 어떠한 영향을 미치는가를 파악하는 데 있었다. 이를 위해서 연구팀은 리더의 행동을 부하들의 지각을 통해 측정할 수 있는 설문지를 개발하였다. 이러한 리더의 행동기술설문지(Leader Behavior Description Questionnaire : LBDQ)를 이용하여 수천 명을 대상으로 조사한 결과, 다음과 같이 서로 상반되는 리더의 두 가지 행동 유형인 배려하는(종업원지향적) 리더십과 구조주도적(과업지향적) 리더십을 발견할 수 있었다.

- **배려(consideration)하는 리더십** : 온정, 상호신뢰, 존중, 친밀감, 부하의 복리후생 등의 행위와 관련된 개념으로서 리더가 개인의 욕구와 관계를 인정하고, 가능한 좋은 인간관계 형성에 초점을 두는 종업원지향적인 리더십의 행동 유형
- **구조주도적(initiating structure) 리더십** : 과업의 정의와 할당, 집단의 상호관계 설정, 과업절차의 구체화, 직무수행의 방법 지시, 엄격한 감독 등의 행위와 관련된 개념으로서 리더가 주로 생산과

일을 완수하는 데 보다 많은 관심을 두는 과업 또는 목표지향적 인 리더십의 행동 유형

오하이오 대학의 연구팀은 이러한 행동 유형을 아이오와 대학의 연구팀과 같이 단일 차원으로 보지 않고 두 개의 독립된 별개의 차원, 즉 구조주도와 배려 간의 배합을 통해서 [그림 4-3]과 같은 리더십의 4분면을 제시하였다. 이것은 리더가 인간적인 측면과 과업적인 측면 중 어느 한쪽을 선택하여 행동을 보이는 것이 아니라, 두 가지 측면을 동시에 고려한 보다 다양한 행동을 보일 수 있다는 것을 의미한다.

그림 4-3 ▪ 오하이오 대학의 리더십 유형

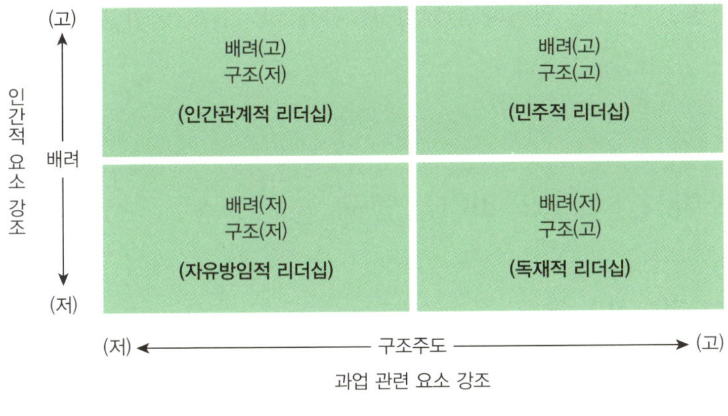

3.2.2 연구결과 및 시사점

오하이오 대학의 연구는 리더의 행위를 정의하고 설명함에 있어 종전보다 체계적이고 구체적으로 제시하였으며, 행동이론의 이론적 기

초를 마련하는 데 공헌한 바가 크다고 할 수 있다. 이들의 조사결과에 따르면 구조주도와 배려가 동시에 높은 리더십의 경우에 다른 유형의 리더십보다 종업원의 생산성과 만족이 높은 것으로 나타났다. 또한 구조주도는 종업원의 성과와 밀접한 관련이 있지만, 결근율이나 고충과 같은 부정적인 결과와도 관련이 있는 것으로 나타났다.

이에 대해 배려는 종업원의 결근율이나 고충을 감소하는 긍정적인 효과와 관련이 있으나, 작업집단의 성과와는 관련이 없거나 심지어 부정적인 관계를 맺고 있는 것으로 나타났다. 그러나 이후 진행된 조사결과에 따르면, 리더십의 행동과 집단성과나 구성원의 만족도 등과 같은 성과 간의 관련성이 일관되지 않은 것으로 나타났다. 이로 인해 모든 상황에서 보편타당하게 적용될 수 있는 리더십의 행동 유형은 없다라는 사실을 인식하게 되었고, 점차 리더십에 대한 환경적인 요소를 고려하게 되었다.

3.3 미시간 대학의 리더십 연구

3.3.1 리더십의 유형

오하이오 대학의 연구와 유사하게 미시간 대학에서도 높은 성과를 나타내는 리더십의 행동 유형을 알아내기 위해서 화학, 전자, 식품 등 다양한 직종 및 계층을 대상으로 폭넓은 연구를 실시하였다. 특히 집단생산성이라는 객관적인 지표를 이용하여 효과적인 리더와 비효과적인 리더의 행동을 비교한 결과, 서로 간에 차이가 있다는 사실을 발견할 수 있었다. 그리고 리더의 다양한 행동 유형을 크게 직무중심적인 리더십과 종업원중심적인 리더십으로 구분하였다.

| 표 4-5 | 미시간 대학의 리더십 유형

리더십 유형 및 특징		리더십 내용
직무중심적 리더십	목표 강조	주된 관심이 목표지향적으로 과업을 수행하는 데 있으며, 부하들을 목적달성을 위한 수단으로 간주하는 행태
	업무 촉진	부하들의 역할을 명확히 하고, 직무수행을 위한 기술적 · 업무적 측면을 강조하는 행태
종업원중심적 리더십	배려와 지원	리더가 부하들에게 관심을 나타내는 행태
	상호작용 촉진	리더가 부하들 간의 갈등을 해소시키거나 최소화하는 행태

직무중심적인 리더십은 직무 관련된 기술과 생산적인 측면을 강조하고, 리더의 공식적인 권한을 많이 활용하며, 목표지향적으로 과업을 수행하도록 치밀하게 감독하는 역할을 중요하게 생각하고 있다. 이에 반해 종업원중심적인 리더십은 종업원에 대한 인간적인 관심과 그들의 개성을 중시하며, 개인의 욕구와 애로사항의 해결에 특별한 관심을 가지며, 가능한 권한을 위임하고, 지원적인 업무환경을 조성하는 행동을 보인다.

따라서 직무중심적인 리더십은 오하이오 대학의 구조주도적 리더십 행동과 유사하며, 종업원중심적인 리더십은 배려하는 리더십과 유사하다고 볼 수 있다. 반면에 오하이오 대학과의 차이점은 리더의 직무중심적인 행동과 종업원중심의 행동을 하나의 연속선상에 있는 양극단으로 개념화한 것이다. 이것은 리더가 두 가지 행동을 동시에 수행할 수 없고 둘 중 하나를 명확히 할 때, 리더십의 효과성을 보다 높일 수 있다는 것으로 이해할 수 있다.

3.3.2 연구결과 및 시사점

미시간 대학의 연구팀은 리더십의 행동 유형과 성과 간의 상관관계를 밝혀내기 위해서 다양한 산업을 대상으로 실증적 연구를 실시하였다. 연구결과 비록 일치된 상관성을 찾는 데에는 실패하였으나, 주된 결론으로서 대부분의 리더는 직무중심적이거나 또는 종업원중심적인 어느 한쪽의 행동 유형을 보일 수밖에 없고, 그 중에서도 종업원중심적인 리더가 보다 효과적이라고 제시할 수 있었다. 다시 말해서 생산성과 직무만족이 높은 집단의 리더는 대체로 종업원중심적이며, 이에 반해서 직무중심적인 리더는 낮은 생산성과 낮은 직무만족과 밀접한 관계가 있다. 이러한 주장은 다양한 산업을 대상으로 한 폭넓은 연구를 통해서 나타난 결과로서 의미가 있지만, 그럼에도 불구하고 다음과 같은 측면에서 볼 때 긍정적인 지지를 받지는 못하였다.

- 종업원중심적인 리더십도 때로는 낮은 업적을 낳고, 직무중심적인 리더십도 때로는 높은 업적을 나타낸다.
- 종업원에 대한 높은 관심과 직무에 대한 높은 관심은 서로 모순되는 선택의 문제가 아니라 함께 동원할 수 있다.
- 오하이오 대학의 연구와 마찬가지로 상황적 요인을 고려하지 않았기 때문에, 리더의 행동과 결과가 상황에 따라 변화될 수 있다는 사실을 보여주지 못하고 있다.

3.4 리커트의 관리시스템이론

3.4.1 리더십의 유형

미시간 대학의 리커트(R. Likert) 교수는 리더십의 유형을 부하에 대한 신뢰, 존중, 복리후생 등에 관심을 두고 행하는 인간중심적인 리더십(person-centered leadership)과 목표달성을 위한 과업의 정의와 할당, 엄격한 감독, 합법적이고 강제적인 권력에 더 큰 비중을 두고 행하는 직무중심적인 리더십(job-centered leadership)으로 구분하고, 이에 대한 효과를 조사하였다. 또한 리커트는 이러한 리더십의 유효성 조사에 있어 단순한 성과와 같은 양적인 지표뿐만 아니라 부하의 직무만족이나 결근율, 이직률 등과 같은 질적인 성과의 지표도 함께 고려하였다. 연구조사결과, 높은 성과를 올린 리더는 직무보다 부하에 보다 많은 관심을 가지는 인간중심적인 리더인 것으로 나타났다.

그 밖에도 리커트는 리더의 행동 유형에 대한 연구를 통해서 관료적인 기구가 인간의 소질이나 가능성을 잃게 한다고 지적하였다. 그리고 조직의 가장 중요한 자산이 인적자원이라는 점에 주목하고, 인간을 활용할 수 있는 관리시스템(management system)을 제시하였다. 그가 강조한 네 가지 유형의 관리시스템은 리더십과 밀접한 관련이 있으며, 구체적인 내용은 〈표 4-6〉과 같다.

| 표 4-6 | 리커트의 관리시스템

리더십 유형	리더십 내용
시스템 Ⅰ : 독선적 전제형 (exploitive-authoritative)	부하는 공포나 협박, 처벌 등에 의해 동기유발되고, 낮은 욕구수준만을 갖는다는 전제하에 과업지향적 또는 직무중심적인 감독의 형태로서 매우 구조화된 권위주의적 관리방식임
시스템 Ⅱ : 온정적 전제형 (benevolent-authoritative)	부하를 어느 정도 신뢰하고 있으나, 대부분의 의사결정을 리더가 하며 의사소통도 대부분 지시와 하향적으로 진행됨
시스템 Ⅲ : 상담형 (consultative)	부히를 상담할 정도의 신뢰감을 기지고 있으며, 의사소통도 상향적으로 허용되고, 주요 정책은 상위계층에서 이루어지지만 구체적인 실행 관련 의사결정은 하위계층에게 권한을 위양함
시스템 Ⅳ : 집단참가형 (participation group)	부하를 전적으로 신뢰하고, 부하의 아이디어와 의견을 구하기 위해 목표나 계획의 설정과정에 참여시키며, 의사소통이 신뢰 속에 원활히 이루어지도록 노력함

3.4.2 연구결과 및 시사점

리커트(R. Likert)의 실증적 조사결과에 따르면, 조직의 관리방식이 시스템 Ⅳ에 가까울수록 생산성이 높다. 이와 반대로 시스템 Ⅰ에 가까울수록 생산성이 낮음을 알 수 있었다. 따라서 리커트는 시스템 Ⅳ를 적용하는 리더가 가장 건전하고 성공적인 지도자가 될 수 있다고 보고, X론적인 시스템 Ⅰ에서 Y론적인 시스템 Ⅳ로의 전환을 주장하였다. 이것은 종전의 전제적인 직무중심의 리더십에서 인간중심의 리더십으로의 전환을 강조한 것으로, 특히 현대사회의 특징을 고려해 볼 때 바람직한 리더십으로서 의미가 크다. 또한 관리시스템을 적용하는 데 있어서 구성원의 자질과 특성에 대한 환경적인 요소를 고려한 점은 종전의 주장과 이론에 비하여 상당히 발전한 것이라고 평가할 수 있다. 그럼에도 불구하고 구성원의 자질과 특성에 관한 구체적인 내용을 제시하지 못한 점에 대해서는 아쉬움이 있는 것도 사실이다.

3.5 블레이크와 무톤의 관리격자이론

3.5.1 리더십의 유형

블레이크와 무톤(R. Blake & J.S. Mouton)은 오하이오 대학의 리더십 모델을 기초로 리더의 행동 유형을 더욱 구체화하고 발전시켰다. 이들은 생산에 대한 관심과 인간에 대한 관심의 양극적인 리더십 유형을 보다 융통성 있게 조화시킨 다음과 같은 관리격자(managerial grid) 모델을 제시하였다.

이들은 리더가 지향할 수 있는 방향을 [그림 4-4]와 같이 관리격자의 두 가지 차원으로 구분하고, 횡축에는 생산 및 업적에 대한 관심의 정도를, 종축에는 인간에 관한 관심의 정도를 파악할 수 있도록 각각 9등급으로 나누고, 이를 기반으로 리더의 행동을 다섯 가지 유형으로 분류하였다.

- 수평축인 생산에 대한 관심은 리더의 과업(직무)목표 달성과 관련된 행동을 가리키며, 수직축은 구성원에 대한 배려와 관련된 행동을 내포하고 있다.

- 수평축은 미시간 대학 연구의 종업원중심적인 리더십에 해당되며, 수직축은 오하이오 대학 연구의 배려적인 리더십에 해당된다.

따라서 종전의 리더십 유형(오하이오 대학)과의 차이점은 인간에 대한 관심과 생산에 대한 관심을 동일한 비중으로 하는 중용의 리더십 유형을 제시한 점이라고 할 수 있다.

그림 4-4 ▪ 블레이크와 무톤의 관리격자 모델

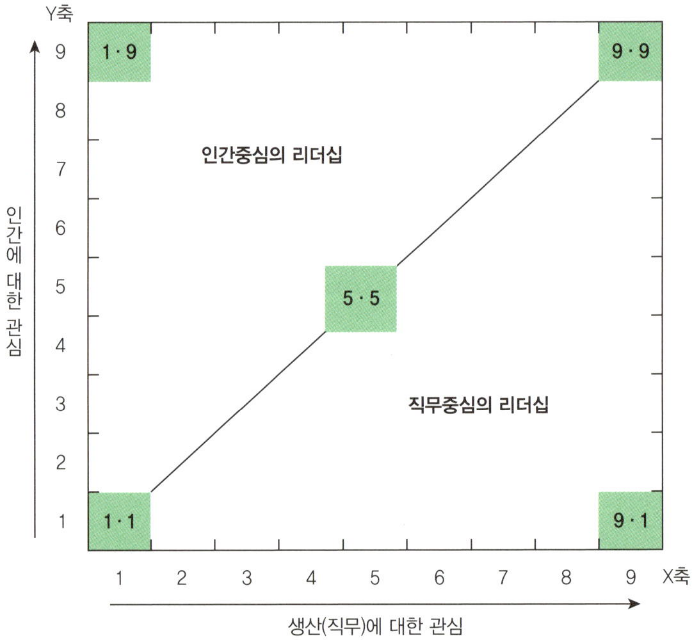

| 표 4-7 | 블레이크와 무톤의 리더십 유형

리더십 유형	리더십 내용
(1 · 1) 무책임 · 방임형	생산과 인간에 대한 관심이 최소의 상태인 무관심형의 리더로서, 리더는 자신의 직분을 유지하는 데 필요한 최소의 노력만으로 마지못해 수행하는 행동 유형임
(9 · 1) 생산지향형	생산에 관한 관심이 대단히 높지만, 인간에 대한 관심은 최소인 과업지향형의 리더로서 리더의 행동은 독재적인 리더십으로 나타남
(1 · 9) 인간중심지향형	인간에 대한 관심이 매우 높지만, 생산에 대한 관심은 매우 낮으며, 구성원의 만족과 친밀한 분위기를 조성하는 데 노력하는 인기형의 행동 유형임
(5 · 5) 중용형	과업의 능률과 인간적인 요소를 절충함으로써 적당한 수준의 성과를 지향하는 타협형의 행동 유형임
(9 · 9) 이상형	인간과 생산 모두 최대의 관심을 가지는 리더십 유형으로서 개인과 조직의 공동목표와 상호의존관계를 강조하고, 상호신뢰적인 팀중심의 행동 유형임

3.5.2 연구결과 및 시사점

블레이크와 무톤(R. Blake & J.S. Mouton)의 실증적 조사결과에 따르면, 생산에 대한 관심과 사람에 대한 관심 모두 긍정적인 결과를 가져오기 때문에, 이들이 동시에 높은 (9 · 9) 이상형의 리더가 가장 효과적이다. 그러나 항상 (9 · 9) 이상형의 리더가 효과적인지에 대해서는 의문이 제기된다. 왜냐하면 조직의 유형과 특징에 따라 적합한 리더십의 유형이 다를 수 있기 때문이다. 실제로 적지 않은 연구결과에서 "어떤 리더십의 유형이 더 효과적인지는 상황에 따라 다르다"라는 사실을 보여주고 있다. 그럼에도 그들이 제시한 관리격자 모델은 리더의 다양한 행동을 체계적으로 파악하고 분류하는 데 도움이 되었으며, 이를 바탕으로 리더의 행동을 개발하고 교육 및 훈련하는 데 유용한 실무적인 모델이 되고 있다.

특성이론과 행동이론의 비교 요약

첫째, 특성이론과 행동이론 간에 가정과 방법 측면에서 중요한 차이를 보이고 있다. 그럼에도 상당부분에서 밀접하고 중복되는 부분도 있다는 사실을 발견할 수 있다. 이와 관련된 내용을 비교 요약하면 다음과 같다.

- 특성이론에 따르면 리더는 타고난 인물이라는 전제하에 "리더의 일반적인 개인특성(자질)이 무엇인가"에 초점을 둔 데 반해, 행동이론은 "학습과 훈련을 통해서 리더가 될 수 있다"라는 전제로 리더의 실제적인 행동에 초점을 두고, 모든 상황에 적합한 유일최선의 리더십의 유형을 찾으려고 노력하였다.
- 특성이론 대부분이 리더와 비 리더를 구분하고자 하는 데 중점을 두었으나, 행동이론은 리더의 행동이 부하들의 업적과 만족에 어떠한 영향을 미치는가를 파악하고자 하는 데에 중점을 두었다.
- 개인의 행동은 개인의 자질과 특성에서 유발된다는 측면에서 특성이론과 행동이론은 밀접한 중복의 관계가 있다. 개인적인 특성과 자질은 단순히 사람들이 소유하고 있는 것이 아니라, 어떤 점에 있어서는 행동에 영향을 주거나 또는 곧바로 행동으로 나타날 수 있기 때문이다.

둘째, 행동이론과 관련된 여러 가지 리더십의 유형들은 거의 같은 내용을 약간 다른 표현과 방법으로 나타내고 있다. 이들 이론의 차이점은 초기의 리더십 유형이 대부분 일(과업, 생산, X이론)지향적인 것과 사람(인간, 종업원, Y이론)지향적인 것이 서로 대칭을 이루는 연속선상의 두 가지 기본적인 유형으로 구분하고 후자를 유용하다고 주장한 반면, 근래에 올수록 '과업'과 '종업원'으로 대표되는 두 개의 축을 중심으로 하는 매트릭스의 유형을 만들어 과업과 종업원에 대한 지향성을 동시에 높이는 리더십의 유형이 바람직한 것으로 제시되었다. 그러나 실증적 조사에 따르면, 어떠한 특정 상황에서 적합한 리더십 행동이 반드시 다른 상황에 적용되지 않는다고 밝혀졌다. 따라서 "그 어떤 유일한 행동 유형도 모든 상황에서 최선의 것일 수 없다"라는 생각으로 상황적응론적인 리더십에 대한 관심이 부각되는 계기가 되었다.

학습 및 토론 주제

1. 행동이론의 등장배경과 연구목적은 무엇인가?
2. 행동이론과 특성이론의 유사점과 차이점은 무엇인가?
3. 리더십 관련 아이오와, 오하이오, 미시간 대학의 연구내용 및 차이점은 무엇인가?
4. 리커트의 리더십 연구내용과 시사점은 무엇인가?
5. 블레이크와 무톤의 리더십 연구내용과 시사점은 무엇인가?

4 리더십의 상황이론

1960년대까지 이루어진 대부분의 리더십 특성과 행동연구는 상황과 여건에 관계없이 항상 유효한 결과를 산출해 낼 수 있는 보편타당한 특성이나 행동을 파악하는 데 집중되었다. 그러나 모든 상황과 여건에 부합하는 유효한 리더십의 특성과 행동 유형을 찾아내지 못했다. 그 대신 연구가 지속될수록 효과적인 리더십은 주어진 여건과 상황과 밀접한 관계가 있다는 사실을 인지하게 되었다. 이러한 배경과 이유로 인해 1960년대 후반부터는 "리더십의 유효성은 상황에 따라 달라진다"라는 전제로, 리더십을 연구하는 사람들의 관심이 리더의 특성이나 행동에서 점차 리더십에 영향을 미치는 상황요인으로 옮겨지게 되었으며, 그 결과 리더십의 상황이론이 나타나게 되었다.

그림 4-5 ▪ 리더십의 상황이론 프레임

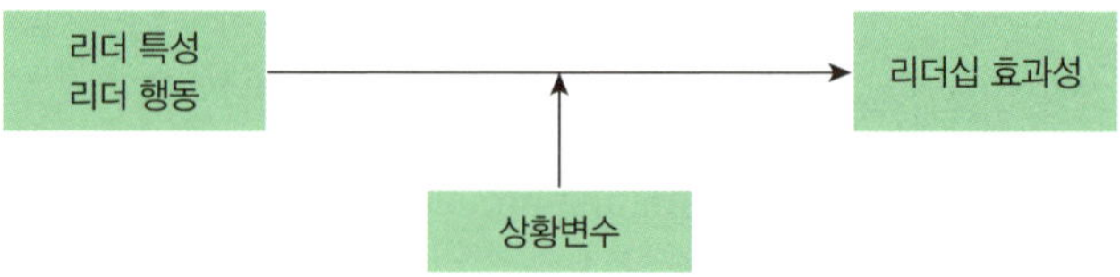

리더십의 상황이론은 [그림 4-5]와 같이 리더의 특성이나 행동에 상황요인을 추가하고, 이들 간의 적합성에 초점을 맞춘 것이다. 다시 말해서 리더십은 주어진 상황의 산물(the product of situation)이며, 리더의 특성과 행동이 특정한 상황에 부응할 때, 효과적인 리더십의 발휘가 가능하다는 원리를 기본으로 하고 있다. 따라서 어떠한 상황에서나 적용되는 유일최선의 보편타당한 리더십 유형은 없으며, 효과적인 리더십은 상황에 따라 결정되어야 한다는 것이 상황이론의 기본적인 가정이다.

이러한 관점에서 상황이론의 대표적인 학자인 탄넨바움(R. Tannenbaum) 등은 "효율적인 리더십은 리더, 부하, 상황 그리고 이들 간의 상호관계에 따라 좌우된다"라고 주장하였다. 그리고 바람직한 리더십을 구사하기 위해서 고려해야 할 중요한 상황적인 요소들과 서로 간의 관계를 [그림 4-6]과 같이 제시하고, 주어진 상황에 적합한 리더의 행동을 강조하였다.

리더십에 대한 이러한 상황적합론적인 접근법은 보다 구체적으로 특성이론에 근거한 상황이론과 행동이론에 근거한 상황이론 두 가지의 형태로 구분할 수 있다. 대표적인 예로서 피들러의 상황적합이론이 특성이론에 근거한 상황이론에 해당되며, 하우스의 경로-목표이론, 허시와 블랜차드의 성숙도이론이 행동이론에 근거한 상황이론이라 할 수 있다. 이에 대한 구체적인 내용을 살펴보면 다음과 같다.

그림 4-6 ▪ 리더십과정의 상황적 요소

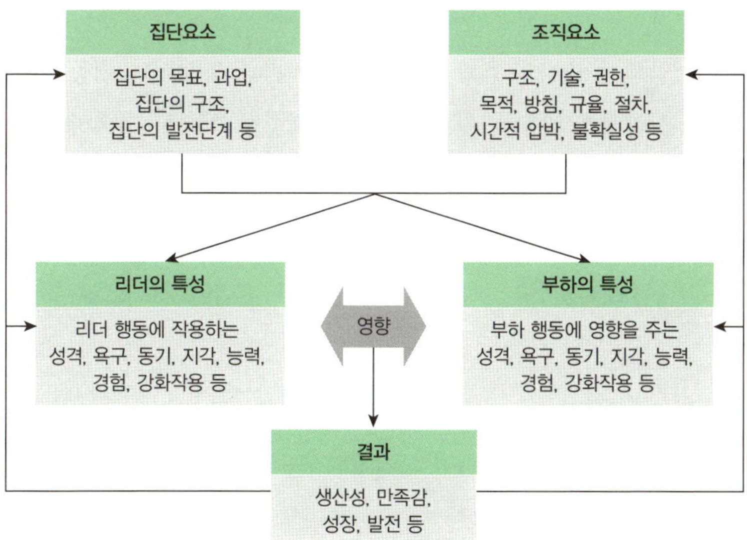

4.1 피들러의 상황적합이론

4.1.1 리더십의 유형

피들러(F.E. Fiedler)는 실증적 연구를 통해서 상황이론의 효시라고 볼 수 있는 '리더십 유효성의 상황적합 모델(contingency model of leadership effectiveness)'을 개발하였다. 그가 주장하는 핵심적인 내용은 리더와 집단구성원의 관계, 과업의 구조화, 리더의 직위권력에 따른 상황과 리더의 특성 간의 적합성 여부에 따라 리더십의 유효성이 결정된다는 것이다. 또한 특성이론의 관점에서 리더의 행동 유형은 사실상 변화하기가 어렵기 때문에, 리더의 행동 유형에 부합되는 상황에 리더를 배치해야 한다고 주장하였다.

다시 말해서 조직의 효과성을 위해서 리더의 특성이나 행동 유형을 상황에 적합하게 바꾸는 것보다 상황에 적합한 리더를 선택하여 배치

그림 4-7 ▪ 피들러의 상황적합 모델

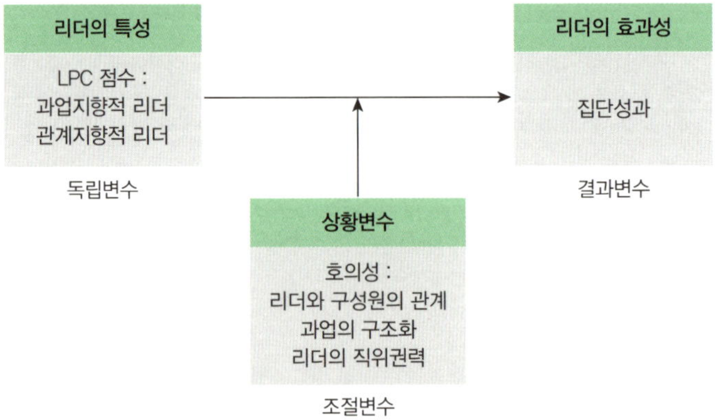

하거나 또는 리더의 특성 및 행동 유형에 맞도록 주어진 상황을 변화시켜야 한다는 것이다. 이러한 사고의 바탕에는 리더의 행동 유형이 선천적인 자질과 특성에 의해 영향을 받아서 결정되는 것이지, 후천적으로 리더의 행동 유형을 변화시키기가 어렵다는 강한 믿음이 있었기 때문이다.

피들러는 리더의 특성을 측정하기 위해서 LPC(Least Preferred Coworker) 척도를 개발하였다. LPC 척도는 과거 또는 현재 '가장 함께 일하기 싫은 동료'에 대해 생각하고 기술하는 내용(LPC 점수)을 통해서 역설적으로 자신이 가장 중요하게 여기는 것들을 알아내고, 이를 기반으로 리더 자신의 특성을 파악하고자 하였다. 이를 위해 설문지를 쾌활한 사람, 친절하고 다정한 사람, 지원적인 사람 등과 관련된 18개 문항에 8점 척도(매우 그러함 : 8점, 매우 그렇지 않음 : 1점)로 구성하고, 각 항목별로 얻은 점수를 합산한 것을 리더의 LPC 점수로 파악하였다. 그리고 낮은 LPC 점수(57점 이하)를 보이는 리더를 과업지향적(task-oriented style) 특성을 지닌 리더로, 높은 LPC 점수(64점 이상)를 보이는 리더를 관계지향적(relationship-oriented style) 특성을 지닌 리더로 분류하였다.

- 관계지향적 리더는 대체적으로 부하들과 잘 어울리는 것을 중요시하고, 부하들에 대해 배려하는 행동을 하며, 지원적인 태도 등을 취한다. 또한 이들은 구성원들과 긴밀한 인간관계를 맺은 다음에 과업목표의 달성에 관심을 갖는다.
- 이에 반해 과업지향적 리더는 과업목표의 달성을 우선시하며, 주로 과업완수를 통해서 만족감을 얻는다. 그리고 부하를 다룰 때에도 과업지향적인 행동이 강하며, 부하들과 좋은 관계를 맺는

것은 주로 집단이 과업을 긍정적으로 수행하거나 과업상의 중대한 문제가 없을 때에만 가능하다.

이후 LPC 점수는 수정 및 보완을 거쳐서 리더의 사회적인 욕구의 충족과 관련된 동기구조를 나타내는 것으로 해석되었다. 즉 높은 LPC 점수를 기록한 리더는 밀접한 대인관계를 맺는 것을 통해서 동기부여가 되며, 대부분 관계개선을 위해서 배려와 지원의 행동을 취한다고 보았다. 이에 대해 낮은 LPC 점수를 기록한 리더는 목표성취를 통해서 동기부여가 되며, 주로 과업달성을 위한 행동을 취한다고 보았다.

4.1.2 리더십의 상황변수

피들러에 따르면 리더의 행동(LPC 점수)의 집단성과에 대한 영향력은 앞서 언급한 세 가지 상황변수(리더와 구성원의 관계, 과업의 구조화, 리더의 직위권력)에 의해 조절되며, 이들 변수들의 조합에 의해서 상황의 호의성(favorableness of the situation)이 결정된다고 주장하였다. 그리고 집단성과를 높이기 위해서는 이러한 상황적인 변수, 즉 "상황이 리더에게 호의적인가 또는 그렇지 않은가"에 대한 호의성에 따라 적합한 리더십의 유형을 선택 및 적용해야 한다고 주장하였다.

피들러는 상황의 호의성을 보다 구체적으로 파악하고 평가하기 위해서 [그림 4-8]과 같이 앞서 제시한 세 가지 상황변수들을 2등분하고, 상황변수의 중요도에 따라 가중치를 부여한 후, 2등분된 각각의 상황을 서로 조합함으로써 세분화된 상황으로 나누었다. 이때 호의성

정도에 영향을 주는 중요도는 리더와 구성원의 관계, 과업의 구조화, 리더의 직위권력 순이며, 가중치는 4:2:1로 설정하였다.

| 표 4-8 | 피들러의 상황적합 모델의 조절변수

조절변수	상황 및 내용
리더와 구성원의 관계 (leader–member relations)	상하 간의 관계가 좋고 나쁨을 의미하는 가장 중요한 상황변수로서 이러한 관계가 좋을수록 상황은 리더에게 호의적이다.
과업의 구조화 (task structure)	작업목표의 명료성, 목표달성 수단의 단순화, 의사결정 결과의 확인가능성, 환경변화에 따른 과업의 비탄력성 등을 의미하는 것으로서 과업이 구조화될수록 상황은 리더에게 호의적이다.
리더의 직위권력 (leader's position situation)	집단구성원들로 하여금 명령을 받아들이도록 하는 능력으로서 이러한 능력이 강할수록 리더에게 유리한 상황이다.

그림 4-8 ▪ 피들러의 상황변수에 대한 호의성 평가

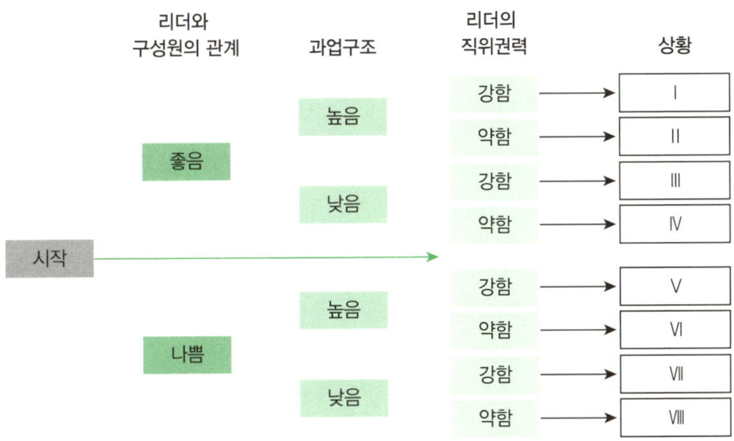

피들러는 이들 세 가지 변수의 결합방법에 따라서 상황이 리더에게 가장 호의적인 경우부터 가장 비호의적인 경우까지 총 여덟 가지의 조합을 제시할 수 있었으며, 이를 다음과 같이 크게 세 가지 상황으로 분류하였다.

- 가장 유리한 상황 : 리더가 처한 환경이 매우 양호한 상황이다(Ⅰ, Ⅱ, Ⅲ).
- 가장 불리한 상황 : 리더가 처한 환경이 매우 좋지 못한 상황이다(Ⅷ).
- 중간 정도의 상황 : 리더가 처한 환경이 중간 정도인 상황이다(Ⅳ, Ⅴ, Ⅵ, Ⅶ).

4.1.3 상황에 따른 리더십의 유효성

피들러의 상황적합이론 및 연구결과에 따르면 상황이 리더에게 매우 유리하거나(Ⅰ, Ⅱ, Ⅲ) 불리할(Ⅷ) 때에는 LPC 점수가 낮은 리더(과업지향적 리더)가 LPC 점수가 높은 리더(관계지향적 리더)보다 성과 측면에서 효과적인 것으로 나타났다. 이에 대해 상황이 리더에게 중간 정도(Ⅳ, Ⅴ, Ⅵ, Ⅶ)일 경우에는 LPC 점수가 높은 리더(관계지향적 리더)가 LPC 점수가 낮은 리더(과업지향적 리더)보다 효과적인 것으로 나타났다.

그림 4-9 ▪ 피들러의 상황적 리더십

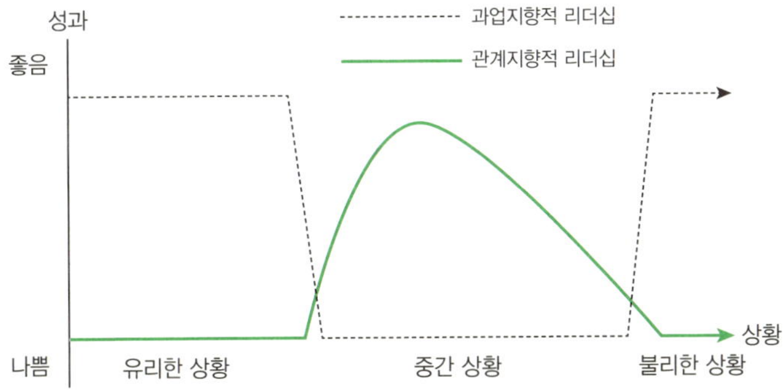

분류	Ⅰ	Ⅱ	Ⅲ	Ⅳ	Ⅴ	Ⅵ	Ⅶ	Ⅷ
구성원과 관계	좋음	좋음	좋음	좋음	나쁨	나쁨	나쁨	나쁨
과업구조	높음	높음	낮음	낮음	높음	높음	낮음	낮음
직위권력	강함	약함	강함	약함	강함	약함	강함	약함

4.1.4 평가 및 시사점

피들러의 상황적합이론 및 이에 근거한 연구결과는 처음으로 상황적인 요소가 리더십의 효과에 영향을 미친다는 사실을 인식하게 함으로써 리더십 연구에 있어 중요한 전환점이 되었다. 또한 리더십의 조절변수이자 리더십의 결과에 영향을 미치는 구체적인 요소들(직위권력, 과업구조, 구성원과의 관계)을 밝혀내었고, 리더십의 유효성을 제고하기 위해서는 이들 요소들과 리더십의 행동 유형의 적합성이 존재해야 한다고 주장하였다.

반면에 LPC 설문지가 리더의 성격이나 특성을 실제로 측정하고 있는지, LPC 점수가 리더의 행동 유형과 연관성을 지니고 있는지 등에 대한 LPC 내용 및 측정방법의 타당성과 신뢰성에 대한 문제가 제기되었다. 특히 리더십의 유형은 타고난 것이고, 고정되어 있으므로 상황에 적합시키기 위해 그것을 바꿀 수 없고 훈련될 수 없다는 주장은 설득력이 부족하며, 그 밖에도 이론이라기보다 LPC 점수가 집단성과에 어떤 방식으로 영향을 미치는가를 설명한 단순한 이론적인 모델에 불과하다는 등의 비판을 받았다.

4.2 하우스의 경로-목표이론

4.2.1 리더십의 유형

경로-목표이론(path-goal theory)은 리더가 조직의 성과를 높이기 위해서는 구성원들의 업무적인 목표와 함께 그들의 개인적인 목표를 달성할 수 있도록 경로를 명확하게 제시하고, 해당 경로를 따라서 원활하게 갈 수 있도록 최대한 지원하며, 목표를 달성하는 데 장애가 되는 요인들을 제거해야 한다는 신념에서 연유된 것이다. 따라서 이 같은 이론은 구성원들의 작업목표와 개인목표에 대한 지각, 구체적으로 리더가 작업목표(업적)와 개인목표(보상) 간의 연결(linking) 및 경로(path)에 대해서 어떻게 영향을 미칠 것인가에 초점을 두고 있다고 말할 수 있다.

다시 말해서 조직구성원들이 개인적으로 기대하는 궁극적인 목표는 보상이라는 점을 전제로, 자신의 노력을 통해서 작업목표(업적)를 달성하게 되면 보상(개인목표)이 이루어진다라는 경로-목표(path to the goal)를 구성원들에게 명확하게 제시하는 것이 리더십의 핵심적인 기능이라고 생각함으로써 브룸(V.H. Vroom)의 기대이론에 기반을 두고 있다고 볼 수 있다.

이처럼 경로–목표이론의 중심에는 '노력–업적(작업목표 달성)–보상(개인목표 달성)'의 연결 및 경로과정에 리더십의 행동이 영향을 미치고, 또한 이를 통해서 구성원들의 작업의욕(동기부여)도 영향을 받는다는 것을 전제로 하고 있다. 이러한 리더십의 행동과 관련해서 하우스(R.J. House) 등은 상황의 특성에 따라 〈표 4–9〉와 같은 네 가지의 리더십 행동 유형을 선택해야 한다고 주장하였다.

| 표 4-9 | 하우스의 리더십 유형

리더십 유형	리더십 내용
지시적 리더십 (directive leadership)	작업목표(업적)에 대한 명확한 기준을 강조하고, 구체적인 업무일정이나 작업지침을 마련하며, 작업성과에 대해 종업원들에게 제공되는 것을 알게 해주는 도구적인 리더십이다. 이러한 리더십은 종업원들의 노력과 업적에 대한 기대를 증대시키기 위해 활용할 수 있다.
지원적 리더십 (supportive leadership)	종업원들의 욕구에 관심을 갖고, 우호적이고 친절하며, 목표달성에 필요한 배려와 지원을 하는 리더십이다. 이는 종업원들의 생활과 복지에 관심을 갖는 관계지향형 또는 배려형의 리더십과 유사하다.
참여적 리더십 (participative leadership)	종업원들을 목표설정 등의 의사결정에 참여시키고, 그들의 의견을 반영하는 리더십이다. 이는 지원적인 행동과 유사한 것으로 크게 보아 종업원지향적인 리더십의 유형에 속한다.
성취지향적 리더십 (achievement oriented leadership)	종업원들에게 도전적인 목표를 설정해 주고, 성과개선을 강조하며, 그들의 능력을 최대한 발휘할 것을 기대하고 업적향상을 도모하는 리더십이다. 이는 종업원들에 대한 높은 신뢰를 갖고, 지속적으로 업적향상을 모색하게 하는 등의 행동유형을 의미한다.

하우스의 경로–목표이론의 특징은 앞서 언급한 바와 같이 동기부여이론의 하나인 브룸의 기대이론에 기반을 두고 있다는 점이다. 이러한 동기부여의 개념 속에는 조직구성원들이 주어진 시점에 직무에 얼마나 많은 노력을 쏟아야 하는지에 대한 개인의 '합리적인 선택적 과정'을 내포하고 있다. 구체적으로 말해서 종업원의 업적과 직무만족에 영향을 주는 동기부여는 [그림 4–10]과 같이 첫째, 노력하면 주어진 과업을 완수할 수 있을 것이라는 기대, 둘째 노력의 결과가 보상으로 이어질 것이라는 도구성, 셋째 과업의 수행결과 얻은 보상이 가치가 있는 것이라는 유의성에 대한 개인적인 지각의 정도에 따라 결정된다는 것이다.

그림 4-10 ▪ 경로–목표이론과 기대이론의 관계

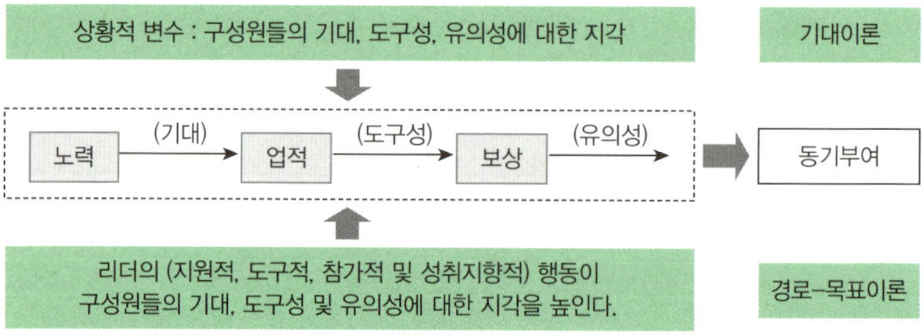

이처럼 경로–목표이론은 동기부여의 영향요인이자 합리적인 선택과정과 관련된 지각(perception)을 상황의 중요한 매개변수로 다루고 있으며, 이러한 구성원들의 지각은 리더의 행동에 의해 좌우된다고 보고 있다. 또한 리더가 적절한 행동을 통해서 기대, 도구성 및 유의성에 대한 구성원들의 지각을 높이고 이를 통해서 동기부여를 한다

면, 그들은 보다 더 큰 노력으로 직무에 집중하며 결과적으로 이것은 높은 직무만족과 과업성과를 가져올 것이라고 믿고 있다.

이러한 관점에서 볼 때, 리더의 주요 행동이자 역할은 구성원들의 과업수행과 그에 따른 보상을 받게 되는 과정이나 경로를 명확히 해주는 것에 있다. 구체적으로 이것은 리더가 기대하는 수준만큼 구성원들의 업적을 올리도록 동기부여를 하는 것인데, 이를 위해서는 "그들이 원하는 요구와 제공하는 보상이 목표달성과 어떻게 관련이 되어 있는지"에 대해 이해시키고 지각하도록 돕는다. 경로-목표이론으로 불리는 이유도 이처럼 리더가 바라는 목표(목표달성에 따른 보상)를 분명히 하고, 이를 달성하기 위한 경로에 대한 지각에 초점을 두고 구성원들을 돕고 이끌어 가기 때문이다.

4.2.2 리더십의 상황변수

하우스(R.J. House)의 경로-목표이론에 따르면 이상에서 언급한 동기부여와 관련된 지각의 매개변수와 함께 리더십의 효과는 리더의 행동과 상황요인의 상호작용의 함수로 나타난다. 이때 리더십의 과정에 작용하는 상황요인은 부하의 특성과 과업환경적인 특성에 관련된 두 가지 유형의 변수가 개입되어 있다. 구체적으로 말하자면 부하의 특성과 관련된 변수로서 능력, 통제성향, 욕구 및 동기 등이 이에 해당되며, 과업환경적인 특성에는 부하의 과업, 공식적 권한체계, 작업집단의 성격 등이 이에 포함된다.

따라서 리더가 우선적으로 해야 할 일은 이러한 상황요인들을 정확하게 분석하고, 이에 적합한 리더십의 유형을 선택하는 것이다. 뿐만

그림 4-11 ▪ 하우스의 경로-목표이론

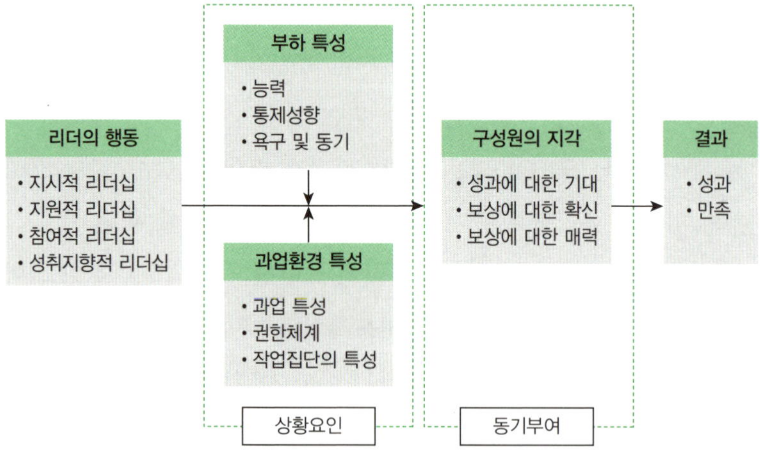

아니라 업무과정상의 장애물을 제거하는 등 구성원들을 지원하고 도와주어야 하며, 특히 기대이론 및 경로-목표이론에 입각하여 구성원의 개인적인 지각을 강화하는 동시에 동기부여를 통한 조직의 긍정적인 성과를 실현하는 것이 중요하다.

4.2.3 상황에 따른 리더십의 유효성

경로-목표이론은 구성원의 특성과 과업환경의 특성을 종합해서 나타날 수 있는 상황의 경우의 수가 무수히 많기 때문에, 바람직한 리더십 행동을 체계적으로 제시하기보다 다음과 같이 몇 가지 예상되는 상황변수에 대해서 어떠한 리더십이 적절한지를 제시하는 데 그치고 있다.

(1) 지시적 리더십

외적인 통제의 위치를 갖고 있거나 과업능력이 부족한 구성원들에게 지시적 행동을 하면, 그들의 만족도는 높아진다. 또한 과업이 구조화되지 않았거나 공식화의 정도가 낮고, 구성원의 과업수행 경험이 적은 경우이거나 역할의 모호성이 있는 상황에서 지시적 행동은 구성원의 노력이나 만족을 증대시킬 수 있다.

(2) 지원적 리더십

스트레스가 많고 단조롭고 구조화되어 불만스러운 과업을 수행하는 구성원들에게 지원적 행동을 하면, 그들은 작업환경의 부정적인 측면을 감수하고 할 만한 일이라고 지각을 하게 되며, 이는 결과적으로 과업수행의 노력을 증가시킨다. 일반적으로 친화적인 욕구가 강한 구성원들은 대체로 리더의 지원적 행동을 더욱 선호한다.

(3) 참여적 리더십

참여적 행동은 과업이 구조화되어 있지 않은 모호한 상황에서 구성원들을 의사결정에 참여하게 함으로써 그들의 노력을 증대시킬 수 있다. 또한 자율성에 대한 욕구와 성취욕구가 크고, 내적인 통제의 위치를 지니고 있는 구성원들에게 참여적 행동을 하면 만족도가 높아지고 더 많은 노력을 기울이게 된다.

(4) 성취지향적 리더십

과업이 반복적이지 않거나 또는 애매모호하고 비구조화된 과업을 수행하는 상황에서 구성원들에게 도전할 만한 목표를 제시하고, 그들이 목표를 달성할 것이라는 확신을 갖게 하는 성취지향적 행동은 구성원들로 하여금 자신의 목표를 달성하고자 하는 의욕과 자신감을 갖게 한다. 특히 도전의식과 주도적인 특성이 강한 구성원들에게 성취지향적 행동을 하면, 직무만족과 성과에 긍정적인 효과를 기대할 수 있다.

| 표 4-10 | 경로-목표이론에 따른 바람직한 리더십 사례

상황	바람직한 리더 행동	부하에 대한 영향	결과
직무가 모호한 상태 →	지시적 행동 →	보상에 이르는 경로에 대한 명확한 이해	노력, 만족도, 성과 향상
부하의 자신감 결여	지원적 행동	목표달성을 위한 자신감 증가	
부적절한 보상	참여적 행동	부하의 욕구에 맞게 보상 재설계	
도전적이지 않은 직무	성취지향적 행동	높은 목표설정	

4.2.4 평가 및 시사점

이상에서 살펴본 바와 같이 경로-목표이론은 기대이론과 리더십을 통합함으로써 리더가 조직에 대한 관심과 종업원에 대한 관심을 함께 가져야 한다는 점에서 시사하는 바가 크다. 또한 구성원들의 지각을 매개변수로 도입하고, 상황요인으로 부하의 특성과 과업환경의 특성을 고려한 참여적 · 성취지향적 리더십 등 구체적이고 다양한 리더십 행동을 제시하였다는 측면에서 리더십의 이론을 한층 발전시켰다고 볼 수 있다. 그러나 리더에 의한 구성원들의 동기유발 측면을 지나치게 강조한 나머지 구성원들의 교육, 조정, 조직화 등의 조직개발 및 관리적인 행위에 대해 소홀히 하는 결과를 낳았다는 부정적인 시각도 있다.

4.3 허시와 블랜차드의 성숙도이론

4.3.1 리더십의 유형

허시와 블랜차드(H. Hersey & K.H. Blanchard)의 주장에 따르면 리더는 개인적인 특성에 따라서 행동을 보이는 것이 아니라, 상황에 따라 의도적으로 얼마든지 다양한 행동을 할 수 있다. 리더십의 유형은 앞서 언급된 과업지향적 행동(직무중심적, 구조주의)과 관계지향적 행동(종업원중심적, 배려)의 개념과 유사하게 과업행동(task behavior)과 관계행동(relationship behavior)의 두 가지 차원을 축으로 지시형, 설득 및 코치형, 참여 및 지원형, 위임형의 네 가지 유형으로 구분하였다.

특히 모든 상황에 적용되는 유일최선의 리더십의 유형은 존재하지 않으며, 최선의 리더십의 유형은 그것이 영향력을 행사하는 상황에 따라 다르다는 전제를 기반으로, "따르는 사람 없이는 리더십도 없다"라는 관점에서 부하(follower)를 결정적 환경요소로 강조하였다. 즉 "리더가 무엇을 어떻게 하는가"에 따른 리더십의 성과는 궁극적으로 부하의 상황 및 행동에 달렸다는 것이다.

| 표 4-11 | 허시와 블랜차드의 리더십 유형

리더십 유형	리더십 내용
지시형(telling) 리더십	높은 과업행동과 낮은 관계행동의 리더로서 일방적인 커뮤니케이션과 대부분의 의사결정을 본인이 하는 리더
설득(selling) 및 코치형 리더십	높은 과업과 관계행동의 리더로서 쌍방의 커뮤니케이션과 리더의 설명 및 코칭을 통해서 부하의 행동을 도와주는 리더
참여(participating) 및 지원형 리더십	낮은 과업행동과 높은 관계행동의 리더로서 쌍방의 커뮤니케이션과 오픈 마인드를 통해서 의사결정을 부하와 공유하는 리더
위임형(delegating) 리더십	낮은 과업행동과 낮은 관계행동의 리더로서 부하의 자율적인 행동과 자기통제에 의존하는 리더

4.3.2 리더십의 상황변수

허시와 블랜차드는 리더십의 효과성에 영향을 주는 변수로서 부하의 성숙도를 설정하고, 이에 적합한 리더십의 유형을 사용해야 한다고 주장하였다. 이들이 말하는 성숙도란 주어진 특정 과업을 수행하는 부하의 능력과 그것을 수행하려는 의지를 뜻하는 것으로, 〈표 4-12〉와 같이 성숙도의 상태 및 정도에 따라 4단계로 구분하였다. 첫 번째 단계는 성숙도가 가장 낮은 단계(M1)로서 부하의 능력과 의지 모두 낮은 상태이며, 다음 단계(M2)는 능력은 낮지만 의지는 강한 상태이다. 세 번째 단계(M3)는 부하의 능력은 뛰어나지만 의지가 약한 상태이며, 마지막으로 가장 높은 단계(M4)는 부하의 능력도 뛰어나고 의지도 강한 상태이다.

허시와 블랜차드는 부하의 성숙도를 나타내는 과업수행능력을 파악하기 위해서 직무경험, 직무지식 그리고 직무요구에 대한 이해 정도를 측정지표로 활용하였으며, 과업수행의 의지는 책임의식과 성취 동기 그리고 직무에 대한 전념 정도를 측정지표로 이용하였다.

| 표 4-12 | 부하의 성숙도 및 상황 분류

<table>
<tr><th>구분</th><th colspan="8">상황 분류</th></tr>
<tr><td>상황변수</td><td>능력</td><td>의지</td><td>능력</td><td>의지</td><td>능력</td><td>의지</td><td>능력</td><td>의지</td></tr>
<tr><td>수준</td><td>높음</td><td>높음</td><td>높음</td><td>낮음</td><td>낮음</td><td>높음</td><td>낮음</td><td>낮음</td></tr>
<tr><td>성숙도</td><td colspan="2">M4</td><td colspan="2">M3</td><td colspan="2">M2</td><td colspan="2">M1</td></tr>
</table>

| 표 4-13 | 부하의 성숙도 측정

<table>
<tr><th colspan="2" rowspan="3">성숙도</th><th colspan="2">높음</th><th colspan="4">중간</th><th colspan="2">낮음</th></tr>
<tr><th>8</th><th>7</th><th>6</th><th>5</th><th>4</th><th>3</th><th>2</th><th>1</th></tr>
<tr><th colspan="2">M4</th><th colspan="2">M3</th><th colspan="2">M2</th><th colspan="2">M1</th></tr>
<tr><td rowspan="6">능력 척도</td><td rowspan="2">직무경험</td><td colspan="6">직무에 적절한 경험을 가지고 있음</td><td colspan="2">가지고 있지 않음</td></tr>
<tr><td>8</td><td>7</td><td>6</td><td>5</td><td>4</td><td>3</td><td>2</td><td>1</td></tr>
<tr><td rowspan="2">직무지식</td><td colspan="6">필요한 직무지식을 가지고 있음</td><td colspan="2">가지고 있지 않음</td></tr>
<tr><td>8</td><td>7</td><td>6</td><td>5</td><td>4</td><td>3</td><td>2</td><td>1</td></tr>
<tr><td rowspan="2">직무요구</td><td colspan="6">어떤 요구가 이행되어야 하는지 이해함</td><td colspan="2">이해 못함</td></tr>
<tr><td>8</td><td>7</td><td>6</td><td>5</td><td>4</td><td>3</td><td>2</td><td>1</td></tr>
<tr><td rowspan="6">의지 척도</td><td rowspan="2">책임의식</td><td colspan="6">매우 갈망함</td><td colspan="2">매우 꺼림</td></tr>
<tr><td>8</td><td>7</td><td>6</td><td>5</td><td>4</td><td>3</td><td>2</td><td>1</td></tr>
<tr><td rowspan="2">성취동기</td><td colspan="6">성취 욕망이 높음</td><td colspan="2">성취 욕망이 낮음</td></tr>
<tr><td>8</td><td>7</td><td>6</td><td>5</td><td>4</td><td>3</td><td>2</td><td>1</td></tr>
<tr><td rowspan="2">직무전념도</td><td colspan="6">매우 헌신적임</td><td colspan="2">헌신적이지 않음</td></tr>
<tr><td>8</td><td>7</td><td>6</td><td>5</td><td>4</td><td>3</td><td>2</td><td>1</td></tr>
</table>

4.3.3 상황에 따른 리더십의 유효성

허시와 블랜차드에 따르면 유능한 리더는 부하의 성숙도를 정확히 파악하고, 그에 따라 리더의 행동을 맞추어 나가는 사람이라고 보았다. 이것은 부하의 성숙도에 따라 리더의 과업행동과 관계행동의 양을 변화하여야 한다는 것을 의미한다. 실증적 연구결과에 의하면 리더십의 유형과 부하들의 성숙도 사이에 이상적인 결합은 [그림 4-12]와 같다.

그림 4-12 ▪ 허시와 블랜차드의 성숙도이론

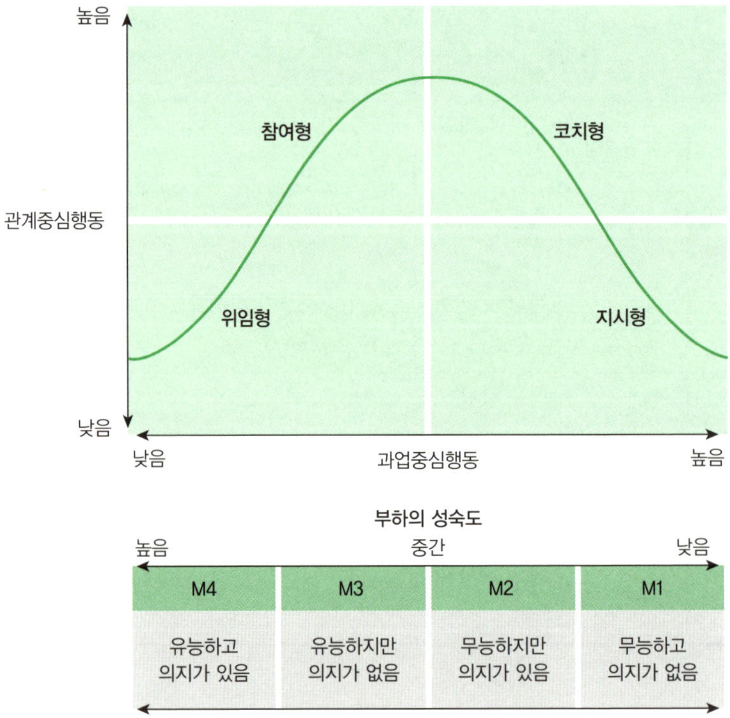

4.3.4 평가 및 시사점

허시와 블랜차드의 성숙도이론에 따르면 리더의 융통성과 환경적응적인 행동이 강조되고, 특히 부하의 성숙도수준에 따라서 리더의 행동이 서로 다르게 다루어져야 한다. 또한 "따르는 사람 없이는 리더십도 없다"라는 관점에서 리더십의 성과 및 결정요소로서 무엇보다 부하가 강조되고, 그들의 역량과 자신감을 키워 줄 수 있는 기회와 방안을 지속적으로 모색해야 한다는 점은 긍정적으로 평가된다. 반면에 리더의 행동의 범주나 부하의 성숙도에 대한 개념이 지나치게 개괄적으로 정의되었으며, 무엇보다 상황변수를 부하의 성숙도라는 한 가지 변수로 단순화시켰다는 점은 이들 이론이 갖는 약점으로 볼 수 있다.

상황이론의 비교 요약

상황이론에 의하면 리더의 그 어떤 특성이나 행동이라 할지라도 모든 상황에 효과적이고 최선일 수 없다. 다시 말해서 "최선의 리더십은 상황에 따라 다르며 상황의 요구에 적합해야 한다"라는 전제를 두고 있다. 또한 이상에서 언급한 상황이론들은 상황변수를 서로 달리하고, 리더십에 관한 연구를 상이한 관점에서 접근하고 있으나, 그럼에도 성공적이고 효과적인 리더가 되기 위해서는 상황의 요구에 적합하도록 리더십의 유형을 보여야 한다는 결론에 도달하였다.
학자들이 제시한 대표적인 상황이론에 대해서 비교 요약하면 〈표 4-14〉와 같다.

| 표 4-14 | 리더십의 상황이론 비교 종합

상황이론	리더십 스타일	상황적 요소	연구 초점
피들러의 상황적합 이론	• 과업지향적 • 관계지향적 (단일 연속선 개념)	• 리더와 부하의 관계 • 과업구조 • 리더의 지위권력	유리 또는 불리한 상황에 따른 효과적인 리더십 행동 유형
하우스의 경로-목표 이론	• 지시적 • 지원적 • 참가적 • 성취지향적 (복수 개념)	• 부하특성 : 능력, 통제성향, 욕구 • 과업환경 : 과업구조, 작업집단, 조직 제요소	• 동기유발행동과 관련된 상황의 인지과정 • 유의성, 기대감 등을 높이기 위한 적절한 리더의 행동
허시와 블랜차드의 성숙도이론	• 과업행동 • 관계행동 (복수 개념)	부하의 성숙도	• 부하의 성숙도수준에 적합한 리더십 행동 유형

학습 및 토론 주제

1. 리더십 상황이론의 배경과 관심의 초점은 무엇인가?
2. 피들러의 상황적합이론의 내용과 시사점은 무엇인가?
3. 하우스의 경로-목표이론의 내용과 시사점은 무엇인가?
4. 경로-목표이론과 기대이론과의 관계는 어떠한가?
5. 허시와 블랜차드의 성숙도이론의 내용과 시사점은 무엇인가?
6. 상황적합이론, 경로-목표이론, 성숙도이론의 핵심명제와 차이점은 무엇인가?

5 리더십의 신조류

1980년대 접어들면서 다양한 이름으로 전통적인 리더십이론(특성이론, 행동이론, 상황이론)에서 다루지 않았던 리더십에 대한 새로운 이론들이 등장하였다. 이러한 리더십의 신조류는 사회적인 변화의 결과라고 볼 수 있으며, 대표적인 이론으로서 카리스마 리더십, 변혁적 리더십, 서번트 리더십, 임파워먼트 리더십 등이 이에 해당된다. 이러한 이론들은 강조하는 점에 있어 다소간의 차이를 보이지만, 기본적으로 환경에 대한 민첩한 대응과 대처, 조직의 혁신, 비전설정 및 변화추진, 몰입과 능동적인 자세와 노력, 구성원의 잠재력 개발과 내재적 동기부여, 상대방에 대한 존중과 배려 등이 강조되고 있다.

5.1 카리스마 리더십

5.1.1 카리스마의 개념

카리스마 리더십의 이론은 리더의 카리스마적인 특성이나 행동, 이로 인한 효과 등에 초점을 맞추고 있다. 카리스마 개념을 최초로 도입한 베버(M. Weber)는 지시에 대한 복종(obedience)의 가능성을 지배(domination)라 하고, 권한(authority)을 지배의 핵심적인 원천으로 보았다. 그는 이러한 권한이 합법화되는 원천으로서 첫째, 관습이나 역사적 또는 문화적 유산에 근거한 전통적 권한(traditional authority)과 둘째, 법, 제도, 계약 등 공식적인 규범에 따른 법적 · 합리적 권한(legal-rational authority) 그리고 셋째, 개인의 비범하고 초인간적인 힘, 소위 '하늘이 내려 준 재능'에 근거한 카리스마적 권한(charismatic authority)을 제시하였다. 그리고 전통적 권한과 법적·합리적 권한을 사회에 대한 강한 지배력이자 인간의 자유의지와 창의성, 감성 등을 억제하는 주 원천으로 인식하는 반면에, 카리스마적 권한을 이에 대항하는 다른 형태의 권한이자 변화를 주도하는 잠재적인 힘으로 보았다. 베버는 특히 리더십과 관련하여 카리스마적 권한을 리더의 신성하고 영웅적인 재능으로 간주하고, 이러한 리더의 카리스마가 구성원들을 복종하게 한다고 주장하였다.

이에 대해 에치오니(A.W. Etzioni)는 카리스마를 "구성원들의 규범적 지향에 대해 넓고 깊은 영향력을 행사할 수 있는 리더의 능력"으로 정의하고, 이러한 카리스마가 사람들을 순응하게 만든다고 하였다. 또한 그는 카리스마에 대한 연구를 규범적 조직에서의 순응(compliance), 즉 "왜 사람들은 자발적으로 누군가에 순응하는가"에 대한 의

| 표 4-15 | 카리스마에 대한 베버와 에치오니 비교

구분	베버	에치오니
부하의 반응	복종	순응
카리스마의 원천 및 특성	신이 부여한 재능, 신비적 능력	지혜, 능력, 지식, 전문적 기술, 조직관리기술 등에 대한 신뢰
카리스마의 출현	위기상황	위기상황
카리스마의 관점	리더의 특성	리더와 부하 간의 관계(신뢰)
카리스마의 위치	사회(조직)체계의 상층부	상층부를 포함한 여러 직위와 계층

문으로부터 시작하여 카리스마의 관계적인 현상, 즉 "카리스마는 리더의 특성 그 자체에 있는 것이 아니라, 리더와 부하 간의 관계에서 리더에 대한 부하의 반응에 의해 결정된다"라는 결론에 도달하였다. 따라서 부하를 순응하도록 하기 위해서는 리더와 부하 간에 신뢰가 조성될 수 있도록 리더가 지혜, 능력, 전문적 기술, 조직관리기술 등을 지니고 있어야 한다고 주장하였다.

5.1.2 카리스마 리더십의 특성과 구성요소

하우스(R.J. House)는 카리스마를 하늘이 부여한 신비한 재능이라는 일반론적이고 포괄적인 개념에서 벗어나, 관찰이 가능한 특성과 행동을 중심으로 설명하였다. 또한 그는 카리스마 리더십의 이론을 통해서 종속변수인 카리스마적 효과를 산출하는 리더의 특성과 행동뿐만 아니라, 카리스마적인 효과에 영향을 미치는 상황적 요인을 제시하였다. 그가 제시한 카리스마적인 리더의 특성은 우월감을 가지고 지배적이며, 자신감에 차 있고, 다른 사람에게 영향을 미치려는 강한 욕구를 가지고 있으며, 자신의 신념이 도덕적으로 옳다는 강한 믿음을 가지고 있다는 것이다.

이러한 리더는 카리스마의 효과를 창출하기 위해서 ① 구성원들이 매진해야 할 가치관과 신념을 전달하는 역할모델링(role modeling), ② 리더 자신이 능력 있고 성공을 거둘 수 있는 사람이라는 이미지 구축(image building), ③ 미래에 대한 비전을 제시하고, 구성원들이 수행해야 할 과업에 대한 의미를 부여하는 등 목표의 명료화(goal articulation), ④ 구성원들에 대한 높은 기대와 기대에 부응하는 등

그림 4-13 ▪ 하우스의 카리스마 리더십 연구모델

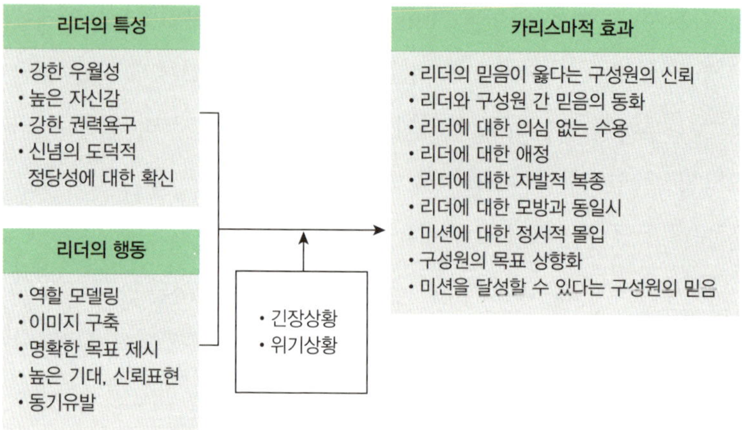

그들의 능력에 대한 신뢰와 자신감 표현(exhibiting high expectation and showing confidence), ⑤ 구성원들의 마음속에 내재되어 있는 협력, 권력, 자존감 등 과업 관련 동기요인을 자극하는 행동(motivation arousal leader behavior)을 해야 한다고 주장하였다.

이로써 카리스마의 효과가 창출되기 위해서는 리더가 선천적으로 이러한 카리스마적인 특성과 자질을 지니고 태어나거나 또는 후천적으로 카리스마적인 행동을 학습하고 실제로 리더십의 행동으로 보이는 것이 중요하다. 그 밖에도 하우스는 긴장이 심하거나 또는 위기상황이 닥쳤을 경우에 카리스마에 의한 리더십의 효과가 더욱 커진다고 보았다.

이에 대해 바스(B.M. Bass)는 부하로 하여금 직무에 몰입하도록 만들고, 조직에 충성심을 갖도록 하며, 모든 부하들로부터 존경을 받고, 조직에 정말로 중요한 것이 무엇인가를 파악할 수 있는 재능과 조직에 대한 사명감을 가지고 있는 사람을 카리스마적인 리더라고 정의하였다. 비슷한 관점에서 카리스마적인 리더를 자신감, 충성심, 목적의식이 강하며, 목표와 이상을 확실하게 표명할 수 있는 능력과 자질을 갖춘 재능 있고 존경받는 인물로 설명하는 학자들도 있다.

한편 휴즈(E.F. Huse) 등은 카리스마 리더십과 관련된 그동안 진행된 연구들을 종합하여 [그림 4-14]와 같이 카리스마 리더십은 리더의 특성이나 행동이라기보다는 리더, 부하 및 상황과의 연계성이라는 관점에서 다음과 같은 세 가지 변수의 상호작용으로 설명하였다. 이와 같은 리더의 특성과 행동에 초점을 둔 카리스마 리더십은 앞서 살펴본 리더십의 상황이론과 동일한 사고를 기반으로 '리더십의 효과 = f(리더, 부하, 상황)'라는 전제를 하고 있으며, 리더십의 행동 유형이 부하와 상황에 적합할 경우에 높은 성과와 부하의 만족에 긍정적인 상관관계가 있다는 것을 보여주고 있다.

그림 4-14 ▪ 카리스마 리더십의 구성요소

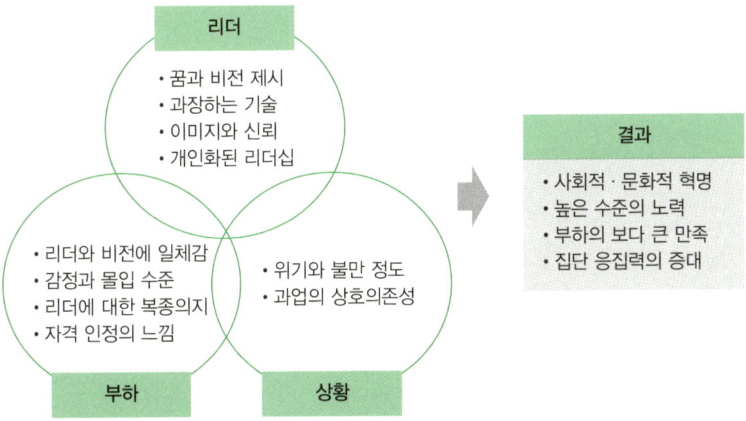

5.1.3 카리스마 리더십의 평가 및 시사점

카리스마 리더십은 구성원들의 리더와 비전에 대한 일체감, 감정적 믿음과 동화, 정서적 몰입과 신뢰, 순응 등 조직에 대한 긍정적인 영향을 창출할 수 있지만, 경우에 따라서는 예상치 않은 문제를 야기하기도 한다.

예를 들어 리더가 카리스마로 인해 개인화된 권력지향성을 가지는 경우에는 자아도취에 빠질 위험이 높으며, 타인의 욕구와 배려에 대한 진정한 관심이 부족할 수 있다. 특히 카리스마에 의한 충동적이고 비관습적인 행동이나 또는 조직에서 차지하는 비중이 높고 없어서는 안 될 존재라는 인상을 심어주려는 노력 등에 대해 부정적인 시각을 지닌 구성원들에게는 오히려 해가 되거나 반감을 줄 수 있다. 그 밖에도 큰 그림에 집중한 나머지 세부적인 사항들을 경시하는 경향이나 지나친 낙관주의와 자신감, 잠재적인 리더를 육성하는 측면 등에 있어서도 문제가 발생할 가능성이 있다.

학습 및 토론 주제

1. 리더십의 신조류 배경 및 이들의 공통적인 내용은 무엇인가?
2. 카리스마의 개념과 관련 학자들의 관점은 무엇인가?
3. 카리스마와 권한의 관계는 어떠한가?

4. 카리스마를 지닌 리더의 특성과 행동은 무엇인가?
5. 카리스마 리더십의 구성요소와 매개변수는 무엇인가?
6. 카리스마 리더십의 성공요건은 무엇인가?

5.2 변혁적 리더십

오늘날과 같이 복잡하고 급변하는 환경은 리더로 하여금 부하 자신이 개인의 이해관계를 넘어서 집단 및 조직의 목표를 추구하도록 한층 더 높은 수준의 욕구를 자극하고, 이에 호소하는 변혁적 리더십(transformational leadership)을 통해서 부하를 개발하고 동기부여할 것을 요구하고 있다. 이러한 변혁적 리더십의 개념은 번스(J.M. Burns)에 의해 정치적 리더십의 개념으로 제시되었고, 이후 바스(B.M. Bass)에 의해 정교화되면서 더욱 확장되고 발전되어 왔다. 번스는 정치적 리더십의 과정을 다음과 같이 거래적 리더십과 변혁적 리더십으로 구분하고 한 차원의 양극단에 있는 것으로 개념화하였다. 여기서 거래적 리더십이란 교환관계에 기초를 둔 것으로 리더는 부하가 바라는 것을 제공해 줌으로써 부하의 행동을 유도하는 방법이다. 이러한 리더십은 리더와 부하의 상호 간의 욕구가 거래 및 교환관계를 통해서 만족되는 한 지속적으로 유지된다.

이에 대해 변혁적 리더십은 부하의 현재의 욕구수준을 중심으로 한 교환관계에 의한 것이 아니라, 한층 더 높은 수준의 욕구, 예를 들어 자유, 정의, 평등, 평화, 인도주의 등에 호소하는 것이다. 그리고 이것을 통해서 부하들로 하여금 개인의 이익보다 조직의 이익을 위해 공헌하도록 동기부여하는 것이다. 바스는 번스의 이러한 정치적 리더십 개념을 일반적인 조직에 적용하였고, 거래적 리더십과 변혁적 리더십을 상호배타적인 것이 아닌 상호독립적이면서도 보완적인 관계에 있는 것으로 보았다. 이에 대한 구체적인 내용을 살펴보면 다음과 같다.

5.2.1 거래적 리더십

거래적 리더십의 핵심은 리더가 상황에 따른 보상을 기초로 부하들에게 영향력을 행사하는 것이다. 바스(B.M. Bass)는 거래적 리더십을 교환 및 협상된 노력을 발휘하도록 동기부여를 하는 과정으로 정의하고, 이러한 과정은 리더와 부하 간의 거래관계(exchange relationship)에 기초한다고 보았다. 여기서 교환 또는 거래관계란 리더가 원하는 것을 얻기 위해서 부하들이 원하는 것을 제공한다는 뜻이다. 그리고 이러한 거래적 리더십이 성공하기 위해서는 브룸(V.H. Vroom)의 기대이론을 기반으로 부하들이 원하는 것을 정확히 파악하고, 파악한 욕구를 부하의 노력과 성과에 대한 교환의 조건으로 연결해야 하며, 특히 부하가 노력하면 해당되는 성과를 낼 수 있다는 자신감을 제공하는 것이 중요하다고 주장하였다.

그 밖에도 바스(B.M. Bass)는 리더와 부하 간의 관계를 업무수행의 과정에서 복종과 보상을 주고받는 거래관계라는 관점에 입각하여, 거래적 리더십을 구성하는 행동요소로서 상황적 보상과 예외에 의한 관

그림 4-15 ▪ 거래적 리더십의 연구모델

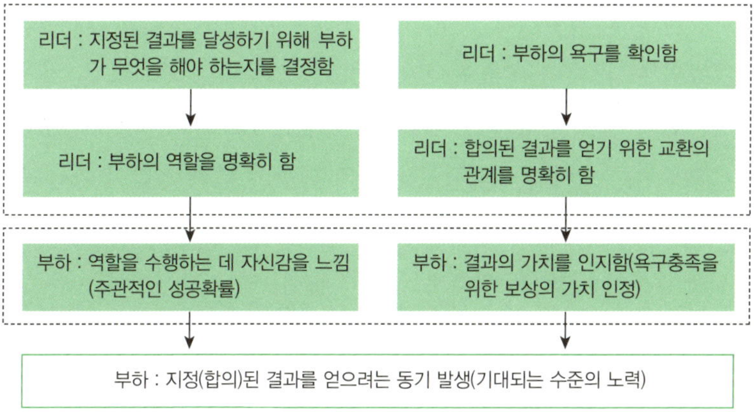

리를 제시하였다. 여기서 상황적 보상이란 성과기준에 부합되는 경우 이에 대한 인센티브나 보상을 강조하는 적극적인 행동인 데 반해, 예외에 의한 관리는 성과기준에 부합하지 않는 경우에만 수정의 조치를 취하는 소극적인 행동을 의미한다. 이외에도 이들 상호 간에는 다음과 같은 특징과 차이점이 있다.

- 상황적 보상은 부하가 리더 자신이 설정한 수준에 부합한 성과를 달성했을 때, 동기부여하기 위해서 인센티브를 제공하는 조건적인 보상을 기반으로 부하들에게 영향력을 행사하는 과정이다. 이러한 보상은 아이디어 창출을 위해서라기보다 주로 효율적인 관리과정에 초점을 두고 있다. 그리고 보다 큰 효과를 발휘하기 위해서는 리더가 많은 권한을 보유하고 있어야 하고, 부하가 보상을 얻기 위해서 리더에게 의존해야 하며, 부하의 노력과 능력에 의해서 약속한 성과가 달성될 수 있어야 하며, 성과를 정확하게 측정할 수 있어야 한다.

- 예외에 의한 관리는 리더가 예외적인 사건, 즉 성과기준에 부합하지 않는 경우에만 처벌, 훈련, 대체 등의 조치를 취하는 행동을 말한다. 따라서 상황적 보상이 긍정적인 피드백인 반면, 예외에 의한 관리는 부정적인 피드백에 해당된다. 이러한 관리가 성공적으로 이루어지기 위해서는 비판의 대상이 부하 개인이 아닌 관련된 업무에 대한 것이어야 하고, 부하의 잘못된 점을 명확히 진단할 수 있는 능력을 갖추고 있어야 하며, 리더 자신이 무엇을 느꼈는지 그리고 잘못된 것이 구체적으로 무엇인가를 정확하게 알려주어야 한다. 이후 예외에 의한 관리는 하터와 바스(J.J. Hater & B.M. Bass)에 의해 적극적 예외에 의한 관리와 소극적 예외에 의한 관리로 구체화되었다. 전자는 리더가 문제가 발생하지 않도록 사전에 점검하고 효율적으로 과업을 수행하도록 시정조치를 취하는 행동이라면, 후자는 문제가 심각해진 후에 리더가 개입하여 처벌과 같은 교정조치를 취하는 행동을 의미한다.

상황적 보상과 예외에 의한 관리, 즉 거래적 리더십의 효과를 높이기 위해서는 이들 서로를 보완적인 개념으로 이해할 필요가 있다. 또한 상황적 보상과 예외에 의한 관리가 적절한 보상과 지적을 통해서 부하들에게 영향력을 행사하거나 복종을 유도하기 때문에, 반복적이고 기대성과의 수준에 대한 측정이 가능할 때 효과적이다. 그러나 부하들로 하여금 진정한 열정과 헌신을 기대하기가 사실상 어려울 수도 있다.

이상에서 살펴본 바와 같이 거래적 리더십은 한마디로 부하의 욕구를 자극함으로써 동기부여를 하는 것이다. 이것은 리더와 부하 간의 교환관계로 리더십을 다룬 것으로써 경로–목표이론과 밀접한 관련이 있다. 왜냐하면 리더는 본인이 기대하는 수준만큼의 업적을 올리도록 부하들을 동기부여하는데, 이를 위해서는 그들이 과업에 대한 책임을 인정하고 목표를 정확하게 알며 바라는 바의 업적수준을 달성할 수 있는 자신감을 갖고, 특히 그들이 원하는 욕구와 보상이 목표달성과 어떻게 관련되어 있는지를 다루고 있기 때문이다.

한편 거래적 리더십과 관련해 자주 거론되는 자유방임적 리더십은 리더가 "손을 떼고 일이 돌아가는 대로 두고 본다" 식의 별다른 노력을 기울이지 않는 것을 의미한다. 아볼리오(B. Avolio) 등은 이러한 리더십이 소극적인 예외에 의한 관리와 개념적 · 이론적으로 중첩되는 부분이 있기 때문에, 이 두 가지를 합쳐서 비 리더십(non-leadership) 또는 소극적 리더십(passive leadership)이라고 하였다. 이러한 리더의 행동은 마치 리더십이 없는 상태와 같기 때문에 조직의 효과성과 만족도 측면에서 대체로 부정적인 결과를 나타낸다.

5.2.2 변혁적 리더십

(1) 변혁적 리더십의 개념

변혁적 리더십(transformational leadership)은 부하들의 질적인 변화를 추구하기 위한 리더십의 새로운 패러다임이다. 바스(B.M. Bass)는 변혁적 리더십을 부하들로 하여금 개인적인 이해관계를 넘어선 기대 이상의 성과를 달성하도록 동기부여를 하는 과정으로 정의하고 있다. 다시 말해서, 개인의 이해관계를 넘어 집단 및 조직의 목표를 추구하도록 한층 더 높은 수준의 욕구를 자극하고 동기부여하는 것을 의미한다.

이러한 변혁적 리더십은 기업, 교육기관, 군대, 정부 등 현대사회 거의 모든 조직에서 중요한 리더십의 개념으로 부각되고 있다. 특히 변혁적 리더십이 기업들의 관심대상이 되는 이유는 대부분의 기업들이 복잡하고 급변하는 환경에 직면하게 됨으로써 조직은 물론 조직구성원들의 변화에 대한 필요성을 느끼고 있기 때문이다. 또한 종래의 리더십들 대부분이 이러한 리더의 변혁적인 역할과 비중, 특히 리더의 통찰력(insight of leader)에 대해 소홀히 다루었기 때문이다. 그 밖에도 변혁적 리더십이 중요시되는 이유는 거래적 리더십에 비교해 볼 때, 다음과 같은 기능과 역할을 수행할 수 있기 때문이다.

- 변혁적 리더십은 거래적 리더십처럼 리더가 원하는 것(성과와 업적)과 부하가 원하는 것(보상과 인센티브) 간의 교환이나 거래라기보다 리더 자신의 개인적인 표준(가치관)을 제시하고 부하의 신념과 가치관을 변화시키는 데 초점을 두고 있다. 따라서 변혁적 리더는 리더와 부하 서로를 한층 더 높은 수준의 동기부여와 도덕성으로 끌어 올리는 방식으로 상호작용하며 개인, 집단, 조직의 변화를 조장하고 주도하는 핵심적인 인물로서 기업의 성공과 발전에 결정적인 역할을 한다.
- 변혁적 리더십은 직접적으로 부하들의 자신감을 유도할 뿐만 아니라, 조직문화를 변화시키고 부하들의 의식과 욕구수준을 높이는 등 부하들이 보다 많은 노력을 기울이도록 만들고, 이를 통해서 최초에 기대했던 것 이상의 성과를 내도록 동기부여를 한다.

그림 4-16 ▪ 변혁적 리더십과 거래적 리더십의 보완적인 관계

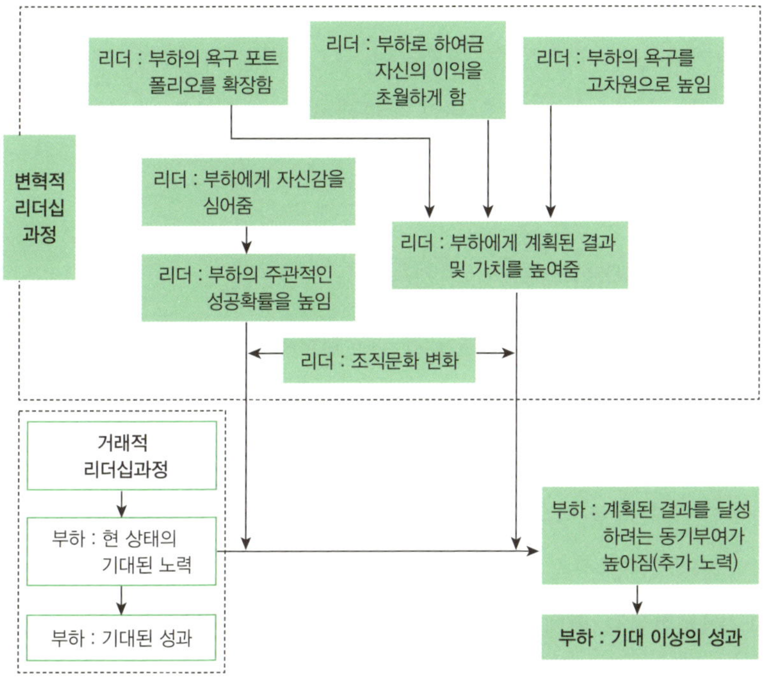

이처럼 변혁적 리더십은 부하들로 하여금 자신들의 이해관계를 넘어서 집단이나 조직의 목적을 이해하고 달성하도록 유도하고, 보다 높은 수준의 욕구를 촉진시키며, 업무성과의 중요성과 가치를 인식시킴으로써 부하들을 동기부여하는 데 주안점을 두고 있다. 바스는 이러한 변혁적 리더십이 보다 효과적이기 위해서는 리더와 부하 간의 관계를 발전시키는 데 도움을 줄 수 있는 거래적 리더십이 함께 수반되어야 한다고 주장하였다. 그는 거래적 리더십 없이 변혁적 리더십만으로는 오히려 혼란과 모호성을 가져올 수 있기 때문에, 변혁적 리

더십은 거래적 리더십의 대체용이 아니라 추가적인 효과를 높이기 위한 보완용으로 보았다. 그 밖에도 변혁적 리더십은 안정적인 상황보다 위기나 급변하는 상황, 기계적인 구조보다는 유기적인 구조를 지닌 조직, 비 구조화된 과업 등의 상황에서 더욱 효과를 발휘할 가능성이 높다고 주장하였다.

(2) 변혁적 리더십의 특성 및 행동요소

변혁적 리더십의 특징은 특성이론과 행동이론에 의존하고 있다는 점이다. 다시 말해서 변혁적 리더십을 보이는 리더는 다른 사람들과 다른 개인적인 특성과 행동을 지니고 있다. 셔머혼(J.R. Schermerhorn)은 이러한 변혁적 리더의 특성 및 행동요소로서 카리스마, 비전, 자격부여, 언행일치, 지적 자극 등을 제시하였다. 이에 대해 바스(B.M. Bass)는 변혁적 리더십을 구성하는 요소로서 카리스마, 개별적 배려, 지적 자극을 제시하였으며, 이후 영감적 동기부여라고 불리는 새로운 요소를 추가하였다. 이들 요소들은 구성원의 태도와 성과에 영향을 미치는 선행변수로서 구체적인 내용을 살펴보면 다음과 같다.

1) 카리스마

리더는 카리스마 또는 이념적 영향력(idealized influence)을 활용하여 부하들의 성과창출에 영향력을 행사할 수 있다. 카리스마는 부하들로 하여금 리더를 따르도록 만드는 특별한 능력을 말한다. 또한 부하들로 하여금 리더에 대한 신뢰와 자부심을 가지게 하며, 리더와 동일시하려는 강한 감정적인 유대감을 형성한다. 카리스마 있는 리더는 비전을 만들고 명료화하며, 집합적인 행동이 일어나도록 동기부여하고, 강한 자신감과 신념을 가지며, 관습에 얽매이지 않고, 개인적인 위험을 감수하는 행동을 보여주며, 부하들에게 영향력을 행사한다. 리더의 이러한 카리스마적인 행동은 부하들에게 강력한 역할모델이 되며, 이를 통해 부하들은 리더를 신뢰하고 존경하며, 리더의 가치관과 비전을 수용하고, 전체를 위해 자신을 희생하도록 만들 수 있다.

그러나 카리스마가 변혁적 리더십의 필수요소는 되지만, 이것만으로 변혁적 리더십을 대변할 수 없다. 왜냐하면 변혁적 리더십은 부하들에게 강한 감정적 유대감을 형성함으로써 영향력을 행사할 뿐만 아니라 코치, 교사, 멘토로서 부하들을 발전적으로 변화시키고 부하들을 임파워먼트시키는 데 반해, 카리스마를 기반으로 한 리더십은 부하들을 약하고 의존적으로 만들며 직무에 대한 몰입보다 개인적인 충성심을 불러일으킬 가능성이 높기 때문이다.

2) 영감적 동기부여

영감적 동기부여란 부하들에게 비전을 제시하고, 열정을 불러일으키며, 격려를 통해서 에너지를 북돋우고, 업무에 매진하도록 만드는 행동을 말한다. 영감적 동기를 부여하는 리더는 바람직한 목표를 제시하고, 이를 달성할 수 있는 수단과 방법을 제공함으로써 부하들이 스스로 능력을 가지고 있다고 느끼도록 한다. 따라서 영감적 동기부여(inspirational motivation)와 카리스마는 내용적으로 유사하며 서로 밀접한 관계에 있다고 볼 수 있다. 그러나 바스(B.M. Bass)는 영감적 동기부여를 카리스마의 하위요인으로, 카리스마와는 별개로 영감적 동기부여가 발생할 수 있다고 보았다. 예를 들어 리더가 자신의 역할모델 때문이 아니라, 바람직한 목표와 이를 달성하는 방법을 제시함으로써 부하들이 열정을 갖게 된다면, 이는 카리스마가 아닌 영감적 동기부여의 결과로 볼 수 있기 때문이다. 최근 연구에서도 영감적 동기부여와 카리스마를 별개의 차원으로 다루는 경우가 점차 증가하고 있는 추세이다.

3) 개별적 배려

개별적 배려란 리더가 부하의 개인적인 욕구에 관심을 기울이고 이를 파악하여 만족시키는 것뿐만 아니라, 개인적으로 멘토링이나 코칭 등을 통해서 부하의 욕구를 자극하고 높임으로써 부하를 성장하고 발전하도록 하는 노력과 행동을 뜻한다. 변혁적 리더는 이러한 개별화된 배려를 통해서 부하들에게 성장의 욕구를 자극 및 충족시키고, 멘토나 코치로서 학습기회를 제공하며, 소외된 구성원에게 개별적인 관심과 함께 필요한 조원과 지원을 해준다. 부하들에게 친근하고 인격적으로 1:1관계에 기초한 이러한 개별적인 배려행동은 부하들로 하여금 리더에 대한 만족과 함께, 부하들의 생산성 향상에 기여하는 중요한 요인으로 작용한다.

4) 지적 자극

지적 자극(intellectual stimulation)이란 부하들로 하여금 기존의 업무수행방식에 대해 의문을 제기하고 새로운 방식을 사용하도록 도와주며 부하의 가치관, 신념, 기대 등에 대해서 뿐만 아니라 리더나 조직의 가치관, 신념, 기대 등에 대해서도 끊임없이 의문을 제기하도록 지원해 주는 활동을 의미한다. 지적 자극을 중요시하는 리더는 부분적인 문제해결에 만족하지 않으며, 현재의 상태를 받아들이지 않고 새로운 방법과 변화를 모색하며, 높은 위험에도 불구하고 도전정신으로 기회를 최대한 이용하려는 경향이 강하다. 뿐만 아니라 능동적이고 창의적이며, 급진적인 사고와 행동을 취하는 경향이 강하다. 이러한 성향을 지닌 리더는 대체적으로 조직의 안정보다 조직의 혁신과 변화를 추구하는 것을 선호한다. 부하들은 이러한 지적 자극을 통해서 기존의 방법에 의문을 제기하고 새로운 방법으로 접근하며 어려움을 극복할 수 있는 능력을 개발하게 된다. 그 밖에도 지적 자극을 도모하는 변혁적 리더십은 부하들의 업무수행능력에 대한 자신감은 물론, 추가적인 노력과 기대 이상의 긍정적인 성과를 끌어낼 수 있다.

(3) 변혁적 리더십의 연구모델 및 결과

변혁적 리더십에 관한 연구는 크게 변혁적 리더십과 결과변수 간의 관계 및 효과성에 관한 연구, 변혁적 리더십이 결과변수에 영향을 미치는 과정과 매개변수에 관한 연구, 변혁적 리더십의 선행변수로서 변혁적 리더십의 특성 및 행동에 관한 연구 등으로 나누어 볼 수 있다. 이와 관련하여 그동안 진행된 변혁적 리더십의 연구모델 및 결과에 대한 내용을 요약하면 [그림 4-17]과 같이 나타낼 수 있다.

변혁적 리더십의 실증적 연구결과에 따르면, 대체적으로 변혁적 리더십의 요인이 높은 것으로 파악되는 리더는 조직의 유효성에서 높은 평가를 받았으며, 부하는 이러한 리더에 대해서 거래적 리더십에 보

그림 4-17 ▪ 변혁적 리더십의 연구모델

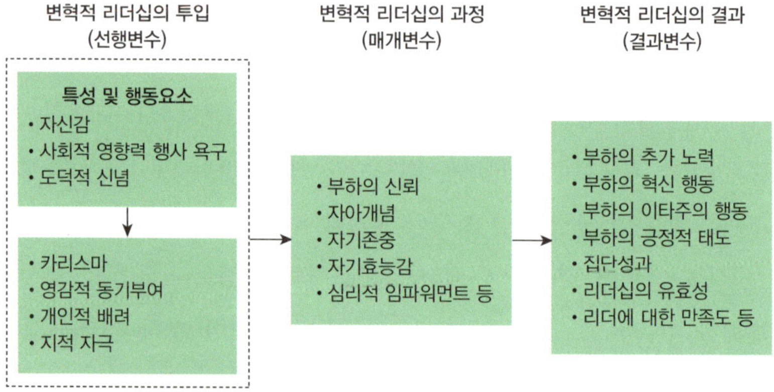

다 높은 만족감을 보였다. 또한 변혁적 리더십과 다양한 결과변수 간의 긍정적인 관계가 입증되면서 매개변수에 대한 관심도 증가하였으며, 특히 부하의 신뢰, 자아개념, 자기존중, 자기효능감, 심리적 임파워먼트 등이 변혁적 리더십에 긍정적인 영향을 미치는 요소로 밝혀졌다. 그 밖에도 변혁적 리더십의 선행변수로서 자신감, 사회적 영향력 행사에 대한 욕구, 도덕적 신념 등과 관련된 변혁적 리더십의 특성을 확인하고자 하는 다양한 연구를 촉진한 측면에서 리더십의 연구에 시사하는 바가 크다고 할 수 있다. 그럼에도 불구하고 변혁적 리더십이 리더와 부하의 특성과 상호 간의 관계에 한정된 논리에 따른 불가피한 한계와 그에 따른 문제점은 피할 수 없다.

5.2.3 평가 및 시사점

변혁적 리더들은 전반적으로 다른 사람들과 더불어 효과적으로 일하는 사람들이라고 할 수 있다. 그들은 변화를 이룩해 가기 위해 스스로가 부하들에게 강력한 역할모델이 되며, 고도의 윤리적 · 도덕적 가치를 개발 및 준수하고, 자기주관적인 정체성을 지니고 있다. 또한 자신감에 차 있고 유능하며 논리정연할 뿐만 아니라 명확한 이상과 목표를 설득력 있는 말로 표현하고 공감을 불러일으키며, 부하들의 말에 귀 기울이고 반대의견에 대해서도 개방적이다. 그 밖에도 부하들에게 용기를 불어넣고, 그들의 업적과 성취에 대해 적절한 보상을 통해서 격려하고 동기부여한다. 변혁적 리더의 이러한 행동들은 부하들로 하여금 스스로 행복을 느끼게 하고, 보다 큰 가치를 위해 노력하고 헌신하도록 영향력을 행사한다.

한편 변혁적 리더십은 리더들에게 무엇을 하라고 말해 주는 구체적인 이론적 모델이라기보다, 변혁을 하거나 변혁이 요구되는 상황에서 업무를 수행하는 리더들의 전형적인 특성이 무엇인가에 대한 일반화된 내용을 제시한 것이라고 말할 수 있다. 특히 변혁적 리더십은 상황적합이론이나 상황적 리더십과 같은 리더십의 다른 접근법들과 달리, 성공하기 위해서 리더들이 특정한 상황에서 어떻게 해야 하는가에 대한 구체적이고 명확한 내용들을 제시하지 못하고 있다. 또한 변혁적 리더십의 접근법은 기본적으로 조직의 고위계층의 직위에 있는 리더들로부터 수집된 정성적 자료에 의존하기 때문에, 반드시 조직 내의 모든 계층의 리더십에 적용된다고는 말할 수 없다.

그 밖에도 변혁적 리더십은 사람들의 가치관을 변화시키고 새로운 비전으로 그들을 이끌어 가는 것과 관련되어 있기 때문에 부정적인 남용가능성이 존재한다. 만약 부하들에게 가르치려는 가치관이 더 좋은 가치관이 아니라면 또는 일련의 가치관이 종전의 가치관을 보완할 수 있는 것이 아니라면, 이러한 리더십은 문제가 될 수 있다. 특히 변혁적 리더십의 카리스마적 성질은 조직에 심각한 위험을 가져올 가능성도 충분히 존재한다. 왜냐하면 맹목적이고 파괴적인 목적에 사용될 수 있기 때문이다.

변혁적 리더십과 카리스마 리더십의 비교

변혁적 리더십과 카리스마 리더십은 서로 비슷한 점을 지니고 있지만 명확히 구별된다. 먼저 유사성으로서는 두 이론 모두가 카리스마에 기초하고 있으며, 특히 변혁적 리더십의 핵심을 이루고 있는 요소가 카리스마이기 때문이다. 그 밖에도 이들의 공통점은 다음과 같은 영향적인 측면에서 발견할 수 있다.

- 변혁적 리더와 카리스마 리더 모두는 조직 및 구성원들의 성과와 변화를 촉진한다.
- 리더의 카리스마적인 자질과 행동의 결과는 구성원들로 하여금 리더와 동일시하게 만들고, 리더가 추구하는 가치와 성과기준을 잘 받아들이게 한다.
- 변혁과 성과를 위해서는 리더가 신뢰할 만한 모델이 되고 행동규칙을 대표해야 한다.
- 구성원들의 신념체계와 태도를 바꾸기 위해서 비전을 만드는 것과 함께, 리더와 구성원 간의 정서적인 유대관계를 강화해야 한다.

반면에 변혁적 리더십과 카리스마 리더십의 차이점은 변혁적 리더십이 카리스마 이외에 개별화된 배려, 지적 자극 등 다른 요소를 포함하고 있다는 것이다. 또한 변혁적 리더십은 카리스마 리더십과 달리 구성원들을 감성과 창의성을 지닌 사람들로 간주하고, 리더의 멘토와 코치 역할을 강조하는 것은 물론 구성원들이 제안하는 변화에 대해 개방적인 것이라는 점이다. 이외에도 카리스마의 경우 조직보다 자신에 대한 구성원들의 충성을 추구할 가능성이 높지만, 개별화된 배려와 지적 자극은 구성원들로 하여금 리더에 대한 단순한 복종보다 스스로 자신감을 가지고 리더가 바라는 방향으로 업무를 성공적으로 하도록 만드는 데 기여한다는 측면에서 차이점이 있다.

유클(G. Yukl)의 주장에 따르면 카리스마 리더십의 본질은 구성원들에게 특출한 사람으로 비춰짐으로써 구성원들이 리더로부터 영감을 얻고 지도받으며 리더에 의존하게 하는 반면, 변혁적 리디십의 본질은 리더가 제시한 새로운 비전과 가치관에 구성원들이 몰입하도록 하며 구성원들의 자신감을 배양시켜 조직 내 변화를 유도하는 데 있다.

트라이스와 베이어(H.M. Trice & J.M. Beyer)는 변혁적 리더십과 카리스마 리더십이 혁신과 관련된 공통점이 있지만, 그 방법에 있어 차이가 있다고 지적하였다. 다시 말해서 카리스마적인 리더는 일반적으로 새로운 조직을 창조하고 그에 따라 새로운 조직문화를 형성하는 것과 관련이 있지만, 변혁적 리더는 기존의 조직과 조직문화를 변화 · 발전시키는 것과 관련이 있다고 보았다. 그 밖에도 변혁적 리더는 기존의 조직문화를 변화시켜서 새로운 문화로 바꾸어 감으로써 카리스마 리더와 같이 사회운동 지도자와 같은 선동적인 이미지를 풍기지는 않는 차이점이 있다.

학습 및 토론 주제

1. 거래적 리더십의 주요 내용과 한계는 무엇인가?
2. 거래적 리더십(상황적 보상과 예외에 의한 관리)의 성공요건은 무엇인가?
3. 거래적 리더십의 구성 및 행동요소는 무엇인가?
4. 거래적 리더십과 브룸의 기대이론과의 관계는 어떠한가?
5. 변혁적 리더십의 필요성과 내용은 무엇인가?

6. 변혁적 리더십의 특성과 영향요소는 무엇인가?

7. 변혁적 리더십과 거래적 리더십의 차이점은 무엇인가?

8. 변혁적 리더십과 카리스마 리더십의 공통점과 차이점은 무엇인가?

5.3 서번트 리더십

5.3.1 서번트 리더십의 유래와 내용

서번트 리더십은 그린리프(R.K. Greenleaf)가 헤르만 헤세(Herman Hesse)의 소설 '동방여행(*Journey to the East*)'을 읽고 저술한 '*The Servant as Leader*'라는 에세이에 처음으로 제시되었다. 그는 소설의 주인공 레오(Leo)가 리더임에도 불구하고 낮은 자세로 순례자들을 위로하고, 그들의 불만을 경청하고 해결하는 헌신적인 봉사를 실행함으로써 순례여행을 하는 데 있어 아무런 문제가 발생하지 않았다는 사실을 깨닫고, 다른 사람을 우선적으로 섬기는 서번트가 진정한 리더라고 주장하였다. 그가 언급한 서번트 리더십은 직역하면 '하인의 리더십'이지만 국내에서는 '섬기는 리더십'으로 알려져 있으며, "다른 사람의 요구에 귀를 기울이는 하인의 자세가 결국 모두를 이끌 수 있는 리더가 된다"라는 것이 내용의 핵심이다.

다시 말해서 서번트 리더십이란 타인을 위한 봉사에 초점을 두며 종업원, 고객 및 커뮤니티를 먼저 생각하고, 그들의 욕구를 만족시키기 위해 헌신하는 태도와 행동을 보이는 것이다. 이로써 "리더가 부하보다 우월한 위치에서 부하를 이끌어 간다"라는 전통적인 리더십의 프레임에서 벗어나 인간의 존엄과 가치를 중요시하며, 리더의 권력은 부하로부터 기인한다는 민주주의적인 사고를 바탕으로 다른 사람을 먼저 섬기려는 서번트 우선의 사고를 실천하는 사람을 진정한 리더라고 보았다.

5.3.2 서번트 리더십의 특징과 구성요소

서번트 리더십의 개념을 구체화하기 위해서 그 구성요소와 특징을 탐색하려는 시도가 여러 학자들에 의해 이루어졌다. 그린리프(R.K. Greenleaf)는 섬기는 자로서 리더의 존중, 봉사, 정의, 정직, 공동체 윤리에 대한 가치를 강조하였다. 특히 그린리프 연구센터(Greenleaf Center for Servant Leadership)의 센터장인 스피어스(L.C. Spears)는 〈표 4-16〉과 같이 서번트 리더의 특성을 제시하였는데, 이는 오늘날 서번트 리더십을 이해하기 위한 기본적인 사고의 틀이 되고 있다.

이러한 주장 외에도 서번트 리더십의 특징을 나타내는 구성요소에 대하여 학자들의 다양한 의견이 있으며, 이들의 주장에는 공통적인 요소들도 있지만 다소간의 차이도 보였다. 서번트 리더십의 특징 및 구성요소에 대한 학자들의 대표적인 주장을 요약하여 정리하면 〈표 4-17〉과 같다.

| 표 4-16 | 서번트 리더의 특징

특징	주요 내용
경청	부하에 대한 존중과 수용적인 태도로 의견을 주의 깊게 잘 듣는 태도
공감	부하의 입장에서 상황과 견해를 이해하려고 노력하는 행위
치유	부하의 정서적 감정과 업무적 스트레스를 경감시켜 주는 행위
설득	권위, 지시, 통제보다 쌍방향의 대화나 설득으로 영향력을 행사하는 행위
개념화	비진을 제시하고, 비전을 분명한 목표와 연결시켜 나아갈 방향을 설정하는 행위
스튜어드십	의사결정 및 행동을 할 때, 결과가 부하들에게 미치는 영향을 먼저 고려하는 태도와 행위
성장에 대한 몰입	부하들이 능동적으로 일할 수 있도록 지원하며, 잠재력을 발휘하고 성장할 수 있는 기회를 제공하는 행위
공동체 구축	부하들이 서로 존중하며 봉사하는 진정한 의미의 공동체를 만들어 가도록 활발한 의사소통과 협력을 장려하는 행위
자각	다른 사람들보다 전체적인 상황과 영향요소들을 정확하게 판단하는 능력
통찰	경험과 직관을 가지고 현재를 정확히 파악하고 미래를 예측할 수 있는 능력

이상에서 살펴본 바와 같이 용어는 서로 다르게 사용하고 있지만, 그럼에도 불구하고 이타적 소명, 구성원 우선, 감성적 치유, 구성원의 성장에 대한 몰입, 공동체 구축 등은 거의 모든 학자들이 제시하는 서번트 리더십의 공통적인 내용이라고 볼 수 있다. 서번트 리더십에 대한 이러한 특징과 구성요소는 특히 개인주의, 스트레스 등 현대사회가 가지고 있는 문제점 및 이를 해결하기 위한 리더가 갖추어야 할 바람직한 자세와 행동이라고 말할 수 있다. 그 밖에도 리더 스스로 얼마

| 표 4-17 | 서번트 리더십의 특징 및 구성요소

학자	주요 내용
A.J. Laub	사람존중, 개발, 공동체 구축, 진정성 실천, 구성원 이익 우선, 공익을 위한 권력과 자원 공유
S. Adjibolosoo	• 개인 차원 : 정직, 겸손, 섬김 • 관계 차원 : 다른 사람을 돌봄, 임파워링, 개발 • 과업 차원 : 비전제시, 목표설정, 학습 • 과정 차원 : 모델링, 협력(팀 형성), 의사결정 공유
B.N. Smith et al.	• 사람존중 : 사람에 대한 믿음, 타인욕구 우선, 수용적 비판단적 경청 • 사람개발 : 학습과 성장기회 제공, 적합한 행동 모델링, 격려와 긍정 • 공동체 구축 : 강한 개인적 관계, 협력, 상대방의 다른 점 존중 • 진정성 : 타인에 대한 개방성과 책임성, 타인으로부터 학습의지, 성실과 신뢰 유지 • 리더십 제공 : 비전제시, 솔선수범, 목표의 명료화 • 리더십 공유 : 공유비전 촉진, 권력 공유 및 자율권 제공, 지위의 공유 및 타인의 승진 인정
J.E. Barbuto & D.W. Wheeler	• 이타적 소명 : 섬김의 욕구와 타인을 위해 자신을 희생하려는 의지 • 감성적 치유 : 정신적인 회복을 위한 감정이입적인 몰입과 능력 • 지혜 : 주변상황이나 환경에 대한 자각과 결과 예측에 대한 역량 • 설득적 매핑 : 이슈를 매핑하고 개념화하며, 확실한 가능성과 논리 제공 • 조직 스튜어드십 : 공동체 정신 개발 및 조직의 사회적인 역할 기여
R.C. Liden et al.	감성적 치유, 공동체를 위한 가치창조, 개념적 능력, 임파워링, 구성원의 성장과 성공 돕기, 구성원 우선, 윤리적 행동

만큼 이러한 요소에 대해 평소에 인식하고 행동하는지에 대한 객관적인 평가를 하는 것도 중요하다. 그리고 필요한 경우 효과적인 개선방안을 모색하고 실천하는 일은 개인적인 성장과 발전뿐만 아니라, 조직의 성과제고 측면에서 긍정적인 영향을 미칠 수 있다는 사실을 간과해서는 안 된다.

5.3.3 서번트 리더십의 연구모형 및 결과

서번트 리더십을 연구한 학자들의 연구결과를 기초로 노스하우스(P.G. Northouse)는 [그림 4-18]과 같이 '섬김의 리더십 모형(a servant leadership model)'을 제시하였다. 이 모형은 세 가지 주된 요소, 즉 선행조건(antecedent condition), 섬김의 리더행동(servant leader behavior), 그리고 리더십의 성과(leadership outcomes)로 구성되어 있다. 이 모형은 섬김의 리더십 현상과 과정을 명백히 함으로써 내용의 복잡성을 이해하기 위한 사고의 틀을 제시하였다는 측면에서 의미가 있다.

그림 4-18 ▪ 서번트 리더십 연구모형

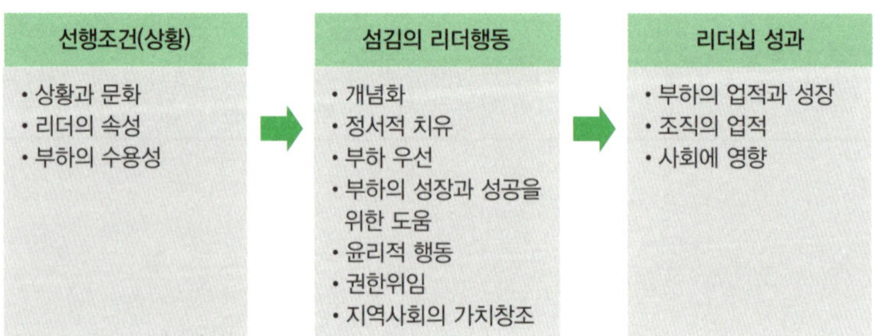

이 모형의 핵심은 [그림 4-18]에서처럼 섬김의 리더십을 촉진하는 일곱 가지 리더의 행동에 있다. 개념화(conceptualizing), 정서적 치유(emotional healing), 부하 우선(putting followers first), 부하의 성장과 성공을 위한 도움(helping followers grow and succeed), 윤리적 행동(behaving ethically), 권한위임(empowerment), 지역사회의 가치창조(creating values for the community) 등이다. 이 같은 리더의 행동들은 상황과 문화(context and culture), 리더의 속성

| 표 4-18 | 서번트 리더십의 행동

섬김의 행동	내용
개념화	조직에 대한 완벽한 이해, 즉 조직의 사명, 목표, 복잡성 등에 대한 이해 : 문제를 다각적인 시각에서 접근하고 해결방안 제시
정서적 치유	부하들에 대한 개인적인 관심사와 복지에 대한 민감성 : 부하들의 문제를 정확히 인식하고 해결하려는 적극적인 노력과 의지
부하 우선	부하들의 관심과 성공이 리더 자신보다 선행한다는 것을 분명하게 시현 : 최우선적으로 부하들의 관심과 문제가 해결되도록 일 처리
부하의 성장과 성공을 위한 도움	부하들의 개인적 목표와 전문직업인으로서의 목표가 무엇인지를 파악해서 그들의 목표 및 열망을 성취하는 데 도움과 지원 제공 : 부하들이 스스로의 노력을 통해서 잠재능력의 개발 및 자기실현을 할 수 있도록 적극적으로 지원
윤리적 행동	올바른 일을 올바르게 실행 : 윤리기준(규범)을 따르고 공개적이며 정직하며 공정한 행동을 보임
권한위임	부하들에게 권한부여, 즉 자신들의 자율적인 의사결정 및 자율자치 허용 : 부하들에게 권한 및 통제권을 위임함으로써 그들과 권력(영향력) 공유
지역사회의 가치창조	지역사회활동 및 봉사에 참여토록 부하들에 대한 지원 : 조직의 목표를 보다 폭넓게 지역사회의 목표와 연결시킴

(leader's attributes), 섬김의 리더십에 대한 부하의 수용성(the follower's receptivity to servant leadership) 등에 의해 영향을 받는다. 그리고 리더가 섬김의 리더십을 발휘할 때 개인수준, 조직수준 및 사회적 수준의 성과를 개선시킬 수 있다. 즉 그린리프(R.K. Greenleaf)가 강조한 바와 같이 섬김의 리더십의 기본적인 목표는 건강한 조직을 만드는 데 있으며, 건강한 조직은 개인을 양육하여 성장하도록 하고 조직의 업적을 증대시켜 결과적으로 사회에 긍정적인 영향을 미친다고 볼 수 있다.

5.3.4 서번트 리더십의 평가 및 시사점

이상에서 살펴본 바와 같이 서번트 리더십은 다른 리더십에 비교해 다음과 같은 몇 가지 강점을 지니고 있다. 첫째, 그것이 독특하다는 점이다. 즉, 이타주의 내지는 봉사와 섬김의 태도는 리더십과정의 주된 요소이다. 둘째, 리더가 통제력이나 지배력을 추구하지 않고 오히려 포기함으로써 종래의 전통적인 '리더십 = 영향력 행사'의 개념에 도전적이라는 점이다. 셋째, 서번트 리더십이 만병통치약과 같이 어떤 상황에서나 효과적인 최선의 리더십이라고 주장하지 않고, 오히려 섬김의 리더십이 선호되지 않는 상황(부하들의 수용성이 낮은 상황)에서는 비효과적이라는 것을 밝히고 있다.

그러나 서번트 리더십에도 몇 가지 취약점이 있다. 첫째, 서번트 리더십이란 명칭이 의미상 혼란을 가져와 리더 및 리더십과 관련된 잠재적인 가치를 떨어뜨리게 할 수 있다. 왜냐하면 리더십은 영향을 미친다는 의미이고, 하인 또는 섬김이란 말은 그 반대의 의미를 지니고 있기 때문이다. 둘째, 서번트 리더십의 이론적 틀에 대한 공통된 합의가 이루어지지 않고 있다는 점이다. 즉 앞서 제시된 노스하우스(P.G. Northouse)의 모형에 제시된 구성요소 및 이들의 관계에 대한 이견이 존재할 수 있다. 셋째, 서번트 리더십은 전통적인 리더십 접근법들과 대립되는 “훌륭한 리더는 다른 사람들(부하)을 우선시한다”는 규범적 논조를 띤 유토피아적 이상주의라는 것이다. 이유는 현장에서 서번트 리더십은 개인의 자율적인 선택과 지휘, 생산에 관한 관심, 목표설정, 비전 설정과 같은 리더십 원칙들과 대립(충돌)될 수 있기 때문이다. 마지막으로 개념화의 기술이 왜 서번트 리더십의 행동특성이 될 수 있느냐는 것이다.

이와 같은 제약점에도 불구하고 서번트 리더십은 계속에서 매력적이고 유망한 리더십 접근법이 될 것이다. 특히 학자들이 제시한 서번트 리더십에 대한 행동특성 및 구성요소는 현대사회의 리더로서 갖추어야 하는 바람직한 자세와 행동에 대해 시사하는 바가 크다. 또한 리더 스스로 부하, 과업, 조직에 대한 전반적인 측면에서 얼마만큼이나 이러한 요소를 지각 및 인식하고 행동으로 보이는지에 대한 객관적인 평가와 그에 따른 개선방안을 모색하는 것은 조직의 성과제고와 발전에 긍정적인 영향력으로 작용할 것이다.

서번트 리더십과 변혁적 리더십의 비교

서번트 리더십과 변혁적 리더십은 서로 유사하거나 공통된 점이 있지만, 분명히 구별되는 다른 측면도 있다. 먼저 이들의 유사한 점으로 번스(J.M. Burns)는 부하들의 도덕적인 가치나 고차원적인 욕구를 개발함으로써 궁극적으로 부하 자신들의 성장과 발전에 도움을 주는 경우를 변혁적이라고 보았다. 바스(B.M. Bass)는 부하들의 고차원적 동기를 유발시켜서 그들이 헌신적으로 일하게 만드는 것이라면 모두 변혁적인 것으로 간주하고, 변혁적 리더십이 서번트 리더십을 포괄하는 개념으로 보았다. 이에 대해 그레이엄(J.W. Graham)은 서번트 리더십은 변혁적 리더십에 도덕적인 차원이 추가 · 강조된 것으로 보았다.

반면에 서번트 리더십과 변혁적 리더십이 구별되는 점은 서번트 리더가 다른 사람들을 섬기고 스스로 책임감을 갖기 위해서 주변사람들의 지적 개발과 도덕적 개발을 강화하지만, 변혁적 리더는 구성원들과 조직의 도덕적 발달이나 윤리의식보다 구성원을 동기부여시켜서 궁극적으로 조직의 성과에 관심을 둔다는 것이다. 이와 유사한 관점에서 스톤(A.G. Stone) 등은 변혁적 리더십이 단적으로 조직의 목표에 집중하는 반면, 서번트 리더십은 사람 또는 구성원들에 집중한다고 주장하였다. 다시 말해서 서번트 리더십은 변혁적 리더십에 비해서 도덕적 가치를 더욱 강조하며, 조직의 성과보다는 구성원들의 성장과 발전에 더욱 많은 관심을 가지고 있다는 것이다. 이외에도 다음과 같은 측면에서 서번트 리더십과 변혁적 리더십의 개념적인 차이를 발견할 수 있다.

| 표 4-19 | 서번트 리더십과 변혁적 리더십 비교

구분	서번트 리더십	변혁적 리더십
행동 및 구성요소	구성원 존중과 개발, 공동체 구축, 진정성, 리더십 제공 및 공유 등	카리스마, 영감적 동기부여, 지적 자극, 개인적 배려 등
리더의 역할	구성원을 섬김	조직목표 추구를 위해 구성원들을 영감적으로 고취시킴

부하의 역할		더 현명하고 자유롭고 자율적이 됨	조직의 목표를 추구하게 됨
도덕적 요소		명시됨	명시되지 않음
기대되는 결과		구성원들의 만족, 개발, 몰입, 사회적 개선	목표 일치, 노력 증대, 만족, 생산성 제고, 조직의 이익
리더 행동	개인수준	섬기려는 욕망	이끌려는 욕망
	대인 간 수준	리더가 부하를 섬김	리더가 부하를 고무시킴
	집단수준	구성원의 욕구를 충족시키기 위해 집단을 섬김	집단목표를 추구하기 위해 집단을 결합함
	조직수준	조직이 공동체를 섬기도록 준비시킴	조직목표를 추구하기 위해 구성원들을 고취시킴
	사회수준	리더는 사회의 개선을 위해 긍정적 유산을 남김	명확한 목표를 추구하도록 국가나 사회를 고취시킴

학습 및 토론 주제

1. 서번트 리더십의 유래와 핵심내용은 무엇인가?
2. 기존 리더십과 차별화되는 서번트 리더십의 특성 및 구성요소는 무엇인가?
3. 학자들이 주장하는 서번트 리더십의 특성 및 구성요소는 무엇인가?
4. 서번트 리더십의 성공요인과 한계는 무엇인가?
5. 서번트 리더십과 변혁적 리더십의 공통점과 차이점은 무엇인가?

5.4 임파워먼트 리더십

5.4.1 파워와 임파워먼트

콘거와 카눈고(J.A. Conger & R.N. Kanungo)에 따르면 조직에서 권력(power)은 크게 타인에 대한 권력과 업무에 대한 권력 두 가지 형태로 구분할 수 있다. 일반적으로 다른 사람에 대한 권력은 권력의 원천에 따라 직위권력(position power)과 개인권력(personal power)으로 구분하고, 권력의 기반 및 행위에 따라 합법적 권력, 전문적 권력, 준거적 권력, 보상 및 강압적 권력 등으로 구분할 수 있다. 이에 대해 업무와 관련된 권력은 본인의 행동선택권을 나타내는 자기결정성(self-determination)이나 본인의 과업수행능력에 대한 자신감을 나타내는 자기효능감(self-efficacy)을 의미하는 것으로, 이것이 강하면 권력감을 가지고 반대로 약하면 무력감이 증가한다.

한편 임파워먼트(empowerment)란 이러한 권력을 제공한다는 것을 의미하는 것으로, 구체적으로 전자의 개념(타인에 대한 권력)은 리더가 관계적인 차원에서 부하에게 직위와 관련된 권력 또는 권한을 위임(delegation)하는 것을 뜻하며, 후자의 개념(업무에 대한 권력)은 리더가 동기부여 차원에서 부하에게 자율권이나 결정권, 자신감 등을 제공하는 것을 뜻한다. 그러나 리더십과 연관된 임파워먼트는 단순히 권한이나 자원의 공유 또는 위임을 의미하는 관계적인 관점의 임파워먼트가 아니라 개인의 효능감을 개발함으로써 과업성취를 위한 동기부여적인 관점에서 인에이블링(enabling)을 의미한다.

다시 말해서 임파워먼트란 단순히 권한을 위임하거나 또는 의사결정에 참여시키는 것이 아니라, 구성원들의 능력이나 잠재력을 신뢰하고 이를 바탕으로 자율성과 자신감을 강조하고, 자신들의 과업을 스스로 관리할 수 있는 기회를 제공하는 개념으로 이해할 필요가 있다.

5.4.2 심리적 임파워먼트

리더의 관점에서 권력의 공유나 위임을 위한 참여적 리더십과 부하의 관점에서 부하가 느끼는 임파워먼트는 다르다. 앞서 언급한 바와 같이 오늘날 임파워먼트의 개념은 리더의 입장에서 단순히 구성원들에게 권한을 위임하거나 또는 그들을 의사결정에 참여시키는 의미보다 그들 스스로가 임파워먼트되었다고 느끼는 소위 '심리적 임파워먼트(psychological empowerment)'를 강조하고 있다. 따라서 임파워먼트 리더십 역시 전통적 리더십에서 주로 언급되는 구성원들의 참여나 권력의 공유 및 위임을 뜻하는 것이 아니라, 업무수행과 관련하여 구성원들의 심리적인 임파워먼트에 영향을 주는 과정을 의미한다. 이러한 심리적 임파워먼트에 대해 스프라이처(G.M. Spreitzer)는 실증적 연구를 통해서 다음과 같은 네 가지 인지적 구성요소에 대해 검증하였다. 그는 이들 요소 중에 어느 하나가 부족하다고 심리적 임파워먼트가 완전히 없어지는 것이 아니라, 그에 상응하는 정도로 감소한다고 주장하였다.

| 표 4-20 | 심리적 임파워먼트의 구성요소

구성요소	주요 내용
의미감	개인 이상이나 기준과 관련하여 판단되는 업무목표(목적)에 대한 가치 정도
유능감	자기효능감과 유사한 개념으로 특정한 직무에서 높은 성과를 낼 수 있다는 자신의 능력에 대한 믿음 정도
자기결정력	행동을 주도하고 규제하는 데 있어 자신이 선택권을 가지고 있다는 인식 정도
영향력	직무의 전략적, 관리적 또는 운영적 결과에 영향을 행사함으로써 차이를 만들어 낼 수 있다는 믿음 정도

이러한 심리적 임파워먼트는 조직에 긍정적인 결과를 제공하며, 특히 규칙과 절차에 의해서 구조화하기 어려운 관리상황에서 효과적인 것으로 나타났다. 그 밖에도 상황 및 여건에 따라서 정도의 차이는 있지만, 일반적으로 심리적 임파워먼트를 통해서 조직의 혁신과 효과성 측면에서 다음과 같은 긍정적인 영향을 기대할 수 있는 것으로 밝혀졌다.

- 업무에 대한 집중력과 성과의 향상
- 역할과 책임을 수행하는 주도성의 증대
- 현상의 유지보다는 변화와 혁신 추구
- 장애와 일시적인 방해에도 불구하고 집중력과 끈기 증대
- 조직에 대한 몰입의 증대와 직무만족 향상
- 조직에 대한 소속감 및 연대감 강화
- 고객지향적인 행동이나 대 고객서비스 향상

5.4.3 임파워먼트 리더십의 유형

심리적 임파워먼트는 동기부여적인 측면에서 부하의 인지요소를 강조하고 있다. 이러한 심리적 임파워먼트는 단일 차원, 즉 자기효능감을 중심으로 보는 단일 차원의 관점과 보다 구체적으로 내재적 과업동기와 관련된 다차원을 중심으로 보는 관점으로 구분할 수 있다.

(1) 자기효능감 중심의 임파워먼트 리더십

심리적 임파워먼트는 리더가 아닌 부하의 관점에서 경험하고 느끼는 것에 초점을 맞추고 있다. 콘거와 카눈고(J.A. Conger & R.N. Kanungo)에 따르면 심리적 임파워먼트는 부하들의 자기효능감(self-efficacy)을 증진시키는 것으로 이해하고 있다. 이러한 자기효능감은 스프라이처(G.M. Spreitzer)가 언급한 유능감과 유사한 개념으로 자신의 과업수행능력에 대한 자신감을 의미한다. 그리고 이러한 자신의 능력에 대한 강한 자신감은 개인의 행동과 성과에 영향을 주는 내적인 통제의 기본적인 메커니즘으로 작용한다. 반두라(A. Bandura)는 자기효능감을 자기통제의 가장 중심적인 인지요소의 하나이자 동기부여의 핵심요소로서 목표설정의 수준과 목표에 대한 몰입, 노력의 정도와 어려움을 극복하려는 의지 등과 긍정적인 관계가 있다고 보았다. 또한 부하들의 자기효능감을 높이기 위해서 다음과 같은 네 가지 영향요소를 주장하였으며, 이러한 요소는 임파워먼트 리더십을 실행하는 과정뿐만 아니라 그 결과에 있어 매우 중요한 의미를 제공한다고 주장하였다.

- **직접적인 성공경험** : 직접적인 성공경험은 가장 영향력 있는 자기효능감의 원천이다. 일반적으로 개인의 성공경험은 자기효능감을 증가시키고, 반복적인 실패는 그것을 낮춘다. 따라서 리더는 부하들에게 성공경험을 할 수 있도록 적절한 기술이나 능력의 배양, 격려와 지도 등에 대한 적극적인 노력과 지원이 필요하다.
- **관찰을 통한 대리경험** : 자신과 비슷한 사람이 성공적으로 과업을 수행하는 모습을 보고 자신도 성공적으로 해낼 수 있는 능력을 가졌다고 하게 하는 믿음을 강화함으로써 자기효능감을 높일 수 있다. 따라서 리더 스스로 업무수행에 필요한 효과적인 전략이나 기술 또는 능력을 전달하는 모델 역할을 하거나, 부하 중에서 성공적으로 과업을 수행하는 비교대상을 설정하게 함으로써 자기효능감을 증가시킬 수 있도록 하는 것이 필요하다.
- **격려 등을 통한 사회적 설득** : "너는 할 수 있다" 또는 "너는 충분한 능력을 가지고 있다"라는 식의 격려와 같은 사회적 설득을 통해서 자기효능감을 높일 수 있다. 따라서 리더는 아낌없는 격려와 칭찬, 성과에 대한 피드백, 성공이나 실패 관련 정보제공 등 다양한 사회적 설득방법을 통해서 부하의 자기효능감을 높이는 데에 집중할 필요가 있다.
- **정서적 지원** : 사람은 같은 상황이라 할지라도 스트레스, 두려움, 긴장, 의기소침 등 자신이 처한 정서적인 상태에 따라 자기효능감이 영향을 받게 된다. 따라서 리더는 부하에 대한 정서적 지원을 해주거나 또는 지원적이고 신뢰하는 분위기를 조성함으로써 부하의 부정적인 감정을 감소시키는 동시에 자기효능감을 높이도록 하는 것이 필요하다.

이처럼 자기효능감의 개념에 기초한 임파워먼트 리더십은 부하로 하여금 과업수행능력에 대한 믿음 또는 자신감을 갖도록 하며, 이것은 부하의 업무성과와 조직에 대한 몰입을 향상시키는 등의 긍정적인 효과를 제공한다. 따라서 리더는 부하가 자기효능감을 갖도록 개인적인 성공경험과 대리경험을 위한 여건조성 및 기회의 제공, 용기와 자신감을 위한 격려와 칭찬, 정서적인 지원과 신뢰 등의 심리적인 임파워먼트와 관련된 행동을 보여주는 것이 중요하다. 특히 이러한 리더의 행동은 누구보다 자신감이 결여되어 있거나 상대적으로 능력이 부족한 부하들에게 요구되는 사안이다.

그림 4-19 ▪ 자기효능감 중심의 임파워먼트 리더십

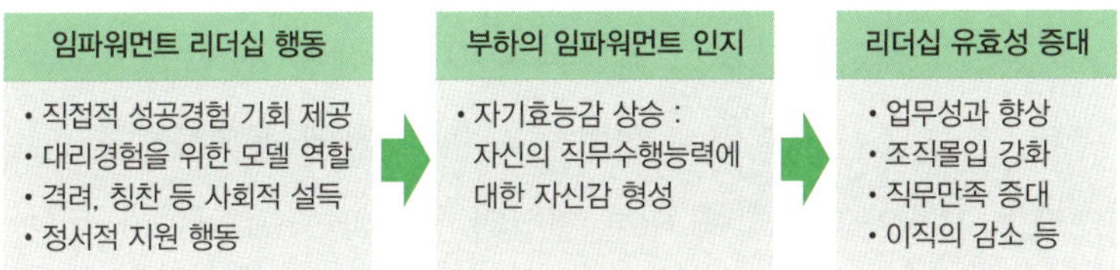

(2) 내재적 과업동기 중심의 임파워먼트 리더십

구성원들에게 심리적 임파워먼트를 경험하고 느끼도록 하는 리더십은 자기효능감 제고 차원에서뿐만 아니라, 내재적 과업동기를 강화하기 위한 다양한 방법으로 접근이 가능하다. 이와 관련된 임파워먼트 리더십 행동에 대한 학자들의 주장과 연구결과를 살펴보면 〈표 4-21〉과 같다.

| 표 4-21 | 임파워먼트 리더십의 행동지침

학자	행동지침
L.J. Konczak et al.	권한위임, 책임부여, 자기지향적 의사결정 권장, 정보공유, 능력개발, 혁신적 성과를 위한 코칭
J.A. Arnold et al.	솔선수범, 코칭, 참여적 의사결정, 정보제공, 상호작용
D. Bowen & E. Lawler	정보의 공유, 필요한 지식 및 기술의 습득, 권한위임, 성과에 기초한 보상, 구성원과 공유

그 밖에도 이들 학자들의 연구를 종합해 볼 때, 임파워먼트 리더십의 유효성을 위해서는 목표의 명확화와 공유, 정보제공 및 공유, 역량개발과 코칭, 참여와 권한위임, 역할모델 및 솔선수범 등이 공통적으로 중요한 요소라는 점을 알 수 있다.

- **목표의 명확화와 공유** : 리더는 구성원들에게 조직의 비전과 목표, 전략 등을 정확하게 설명하고, 서로 간에 공유하게 함으로써 그들 개개인의 역할에 대한 인식의 제고와 함께 나아가야 할 방향을 알려주어야 한다.
- **정보제공 및 공유** : 리더는 업무수행과 관련된 정보를 제공함으로써 구성원 간에 발생할 수 있는 불필요한 오해와 갈등을 방지하고, 그들의 능력을 조화롭게 통합하여 조직의 발전과 목표달성에 이바지하도록 해야 한다. 또한 구성원 본인 스스로가 필요한 역량을 파악하고 개발하도록 적극적으로 지원할 필요가 있다.
- **역량개발과 코칭** : 리더는 구성원들의 심리적 임파워먼트를 증대하기 위하여 그들이 현재 무엇을 할 수 있으며, 무엇을 할 수 있어야 하는지를 정확히 파악하고, 구성원들 간의 차이를 줄일 수

있도록 도와주어야 한다. 또한 기존의 사고방식을 뛰어넘는 새로운 것을 시도하고, 더 높은 성과를 창출하도록 역량개발을 지원하고 코칭하는 역할도 필요하다.

- **참여기회 제공과 권한위임** : 구성원들에게 의사결정의 참여기회를 제공하고, 권한을 위임하는 것은 권력과 자원을 구성원들과 공유하는 것이다. 이것은 그들 스스로가 존중받고 자율성을 가지고 자신의 행동을 주도하며 업무환경에 영향을 미칠 수 있다는 것을 인식하도록 하는 것이다.
- **역할모델 및 솔선수범** : 구성원을 성공적으로 임파워먼트시키기 위해서는 리더 스스로가 임파워먼트 모델이 되어야 한다. 이것을 통해 구성원들이 임파워먼트의 정확한 의미를 이해하고 자율적으로 노력할 수 있게 하고, 그들의 자유재량의 확실한 범위와 한계를 제시할 필요가 있다.

이상에서 살펴본 바와 같이 임파워먼트 리더십은 비록 상황에 따라 차이는 있겠지만, 연구결과에 따르면 대체적으로 조직의 효과성과 혁신성에 긍정적인 영향을 미친다고 나타났다. 특히 규칙과 절차에 의해서 구조화되기 어려운 상황에서 심리적 임파워먼트 리더십의 효과는 더욱 명확하게 나타났다. 그럼에도 불구하고 참여적 리더십이나 권한위임과 같은 리더의 임파워먼트 행동이 반드시 구성원들의 무력감을 감소시키거나, 그들이 수행하는 업무에 대한 권력감을 가지도록 만들지 않을 수 있다. 예를 들어, 과업을 성공적으로 수행하는 데 필요한 기술과 지식이 부족하고 자신감이 없는 구성원들에게 중요한 업무를 부여하고 권한을 위임하는 것은 그들을 임파워먼트시키지 못할 가능성이 높다. 즉 임파워먼트 리더십의 효과성은 구성원들의 상황 및 입장 등을 고려하여 실시할 때, 비로소 그 영향력이 긍정적으로 발휘될 수 있다는 점을 유념할 필요가 있다. 또한 권력의 격차와 같은 국가의 문화적인 특성에 따라서 임파워먼트 리더십의 효과가 달라질 수 있다는 점도 간과해서는 안 된다.

5.4.4 평가 및 시사점

현대사회 환경변화에 따라 권력과 직위를 이용하여 부하에게 지시하고 복종을 요구하는 과거의 통제중심적인 리더십에 비해, 부하를 심리적으로 임파워먼트시키는 리더십은 기대 이상의 효과를 낼 수 있는 것으로 그 중요성이 점차 강조되고 있다. 이러한 임파워먼트는 단순한 리더십의 도구나 기법이라기보다 부하들 자신이 수행하는 일에 대한 스스로의 의사결정권을 통해 강한 업무의욕을 가지게 하는 것으로, 과거의 지시와 통제적 리더십에 대한 도전적인 개념적 틀로 이해할 수 있다. 따라서 임파워먼트란 단순히 권한을 분배한다는 의미보다 부하들의 역량을 키우고 활성화하는 내재적 동기부여 차원의 의미가 강하다. 다시 말해서 임파워먼트를 통해 부하들이 자신의 직무에 대한 자신감은 물론, 자신들의 직무수행이 조직의 성패를 좌우한다는 사명감을 가지게 함으로써 결과적으로 업무를 수행하는 개개인의 기량 및 성과를 높이는 데 초점을 두고 있다.

한편 부하들이 임파워먼트되기 위해서는 그들 자신의 능력과 권력에 대한 심리적인 확신과 믿음이 있을 때에만 가능하다. 따라서 임파워먼트로 인해서 기대하는 효과를 얻기 위해서는 리더가 아닌 부하의 입장에서 느끼고 인식하는 리더의 실제적인 역할이 무엇보다 중요하다. 이와 함께 부하들 중에는 임파워먼트가 개인적인 부담이나 스트레스로 작용할 가능성도 있다는 점을 유념할 필요가 있다. 이러한 경우 임파워먼트로 인한 긍정적인 효과보다 오히려 부정적인 결과를 초래할 수 있다. 그 밖에도 임파워먼트 리더십을 실시하기 위한 구체적인 상황이나 전제조건이 무엇이며, 임파워먼트의 대상이나 정도를 어떻게 결정할 것인가 등에 대한 명확한 해답이 없는 것도 현실적인 어려움이다. 나아가 개별적인 배려 차원에서 진행되는 임파워먼트로 인해서 부하들 간의 불필요한 오해와 갈등이 발생할 위험도 없지 않는 점은 임파워먼트 리더십이 지니고 있는 한계와 문제점으로 지적된다.

임파워먼트 리더십과 변혁적 리더십의 비교

임파워먼트 리더십은 업무수행과 관련하여 구성원의 심리적 임파워먼트에 영향을 주는 과정으로서 리더의 다양한 행동이나 스타일을 포함하는 새로운 개념적인 틀로 볼 수 있다. 이러한 맥락에서 변혁적 리더십도 임파워먼트 리더십이라는 개념의 틀 내에서 설명할 수 있다. 다시 말해서 변혁적 리더십이란 구성원 스스로가 리드하는 자기통제나 자기주도성, 그리고 자신이 갖고 있는 높은 수준의 욕구 인식 및 기대에 대한 내재적 동기부여 등을 통해서 그들의 심리적 임파워먼트를 증진시키는 데 초점을 맞추고 있다. 따라서 변혁적 리더십은 임파워먼트 리더십의 개념과 일맥상통한다고 볼 수 있다.

학습 및 토론 주제

1. 파워와 임파워먼트의 개념적인 내용과 형태는 무엇인가?
2. 심리적 임파워먼트의 주요 내용과 구성요소는 무엇인가?
3. 자기효능감 강화를 위한 임파워먼트 리더십의 행동요소는 무엇인가?
4. 내재적 과업동기 강화를 위한 임파워먼트 리더십의 행동요소는 무엇인가?
5. 임파워먼트 리더십의 유효성 제고를 위한 행동지침은 무엇인가?
6. 임파워먼트 리더십과 변혁적 리더십의 공통점과 차이점은 무엇인가?

5.5 감성 리더십

5.5.1 감성과 감성지능

감성의 사전적 의미는 “자극이나 자극의 변화에 대해 느끼는 성질”, 또는 심리학적으로는 감수성, 즉 인간의 오감이 외부로부터 자극을 받고 그에 반응하는 정보나 강도로 정의되고 있다. 다시 말해서, 감성이란 인간이 감각기관을 통해서 어떠한 대상에 대해 느끼고 이해하며 반응하는 성질을 말한다. 이와 같은 감성(感性)은 감정(感情)과 대비되는 것으로 인간의 감각기관에 의한 지각현상 속에 내포되어 있는 참된 지식을 의미한다. 여기서 ‘정(情)’은 대상에 감촉되어 일어나는 마음의 작용으로 매우 다양한 양상을 띠는 데 반해서, '성(性)'은 근원적인 마음속의 진리로 여겨진다. 영어로는 감성을 'emotion'으로 표현하는데, 이는 라틴어 'emovere'에 어원을 두고 있으며, "움직이다"의 'movere'와 '밖으로'란 뜻의 접두사 'e'가 붙어서 "이탈하다, 또는 외부로 행동을 표출하다"라는 의미를 내포하고 있다. 이러한 어원과 의미를 고려해 볼 때, 감성이란 사람이 그가 속한 사회나 환경과의 상호작용관계에서 나타나는 것으로 어떠한 대상에 대한 가치판단과 평가, 생리학적인 관계, 표현, 의도와 자발적인 동기, 그리고 주관적인 감각상태 등을 내포하고 있다.

한편, 메이어와 셀로비(J.D. Mayer & P. Salovey)는 감성과 관련된 지능, 즉 감성지능(emotional intelligence)에 대해 "감정을 정확히 지각하고 인식하여 표현하는 능력, 감정을 생성하거나 이용하여 사고를 촉진시키는 능력, 감정과 감정지식을 이해하는 능력, 감정발달과 지적 발달을 촉진시키기 위해 감정을 조절하는 능력"으로 정의하였다. 이에 대해 골만(D. Goleman)은 감성지능을 "좌절상황에서도 자신을 동기화시키고, 자신을 지켜낼 수 있게 하고, 충동의 통제를 가능하게 하며, 기분상태나 스트레스로 인해 합리적인 사고를 억누르지 않게 하고, 타인에 대해 공감할 수 있으며, 희망을 버리지 않는 능력"이라고 정의하였다. 웡과 로우(C.S. Wong & K.S. Law)는 "개인이 자신의 감성에 대해 실체와 원인을 인식하고, 타인의 감성을 이해하고 공감하며, 상황에 적합한 감성으로 조절하여, 문제해결과 성과달성을 위해 조절된 감성을 행동으로 표출하고 활용하는 능력"으로 감성능력을 정의하였고, 이는 심리적 좌절로부터 빠르게 정상으로 회복할 수 있는 것을 의미한다고 하였다.

이들 학자들의 개념정의를 살펴볼 때, 감성지능이란 마음의 질에 대한 것으로서 자신의 감정조절, 동기부여, 타인의 감정인식, 원만한 대인관계 등과 같은 능력이며, 성공적인 조직생활을 위해 매우 중요한 요소라고 말할 수 있다. 특히 진정한 리더가 되기 위해서는 집단과 조직구성원들의 감성을 좌우할 수 있는 영향력을 가지고 있어야 하기 때문에 리더는 비교적 높은 감성지능을 갖추고 있어야 한다.

5.5.2 감성 리더십의 개념

현대사회에서 조직의 구성원들이 다양해지고, 그들의 욕구와 가치관이 빠르게 변화하면서, 일상생활은 물론 조직생활에서 느끼는 그들의 감성을 이해하고, 그들과 긍정적인 관계를 유지하는 감성 리더십의 중요성이 부각되고 있다. 메이어와 셀로비(J.D. Mayer & P. Salovey)는 감성 리더십에 대해 "구성원들의 감정을 인식 및 관리하고, 공감을 통한 긍정적인 관계를 형성하여 조직에 영향력을 발휘하는 행위"라 하였으며, 골만(D. Goleman) 등은 "리더 스스로 자신의 내면을 이해하고, 구성원들의 감성 및 필요를 배려함과 동시에 조직의 구성원들과의 관계를 자연스럽게 형성하여 조직의 감성역량을 높이는 능력"이라고 하였다. 따라서 감성 리더십은 자신과 상대의 감성에 대한 이해를 바탕으로 한 관계형성 및 유지를 통해서 상대로부터 공감을 얻어내고, 공감을 받은 자들이 최선을 다해서 직무에 몰입하며 높은 성과창출을 가능하게 하는 것으로 이해할 수 있다. 즉 자신의 감정과 타인의 감정을 이해하고, 이러한 감정을 긍정적인 방향으로 적절하게 조절하고 활용하는 리더가 발휘하는 리더십이 곧 감성 리더십이다. 그 밖에도 감성 리더십이란 조직의 목표를 효율적으로 달성하기 위해 구성원들을 심리적으로 자극하고 적합한 동기를 부여하는 리더의 기능이자, 동시에 집단을 하나의 총체로 종합할 수 있는 능력

| 표 4-22 | 감성 리더십을 위한 감성지능과 역량

학자	감성지능과 역량
Mayer & Salovey(1990)	• 감성의 평가와 표현 : 자신의 감성과 타인의 감성 평가를 효과적으로 표현할 수 있는 능력 • 감성의 조절 : 자신과 타인의 감성을 효과적으로 억제하고 조절할 수 있는 능력 • 감성의 활용 : 자신의 삶을 계획하고 성취하기 위해 감성을 잘 활용할 수 있는 능력
Mayer & Salovey(1997)	• 감성을 정확하게 인지하고, 평가하고, 표현하는 능력 • 감성과 감성적 지식을 이해하는 능력 • 감성을 이용해서 사고를 촉진시키는 능력 • 감성을 일으키는 능력 • 감성의 성장과 지적인 성장을 향상시키기 위해 감성을 조절하는 능력
Goleman, Boyatzis & McKee(2002)	• 개인 차원의 능력 – 자기인식능력 : 자신의 감성을 명확하게 이해하는 능력 – 자기관리능력 : 자신의 감성을 효과적으로 관리하는 능력 • 사회적 차원의 역량 – 사회적 인식능력 : 다른 사람의 감성을 명확하게 이해하는 능력 – 관계관리능력 : 다른 사람의 감성을 효과적으로 관리하는 능력
Wong & Law(2002)	• 자신의 감성이해 : 자신의 감성을 정확하게 이해하고 표현하는 능력 • 타인의 감성이해 : 자기주위의 다른 사람들의 감성을 인식하고 이해하는 능력 • 감성의 활용 : 개인이 지닌 감성정보를 개인의 성과와 건설적인 활동에 활용할 수 있는 능력 • 감성의 조절 : 개인의 감성을 주어진 상황에 따라 적합한 행동으로 나타내는 능력

으로 이해할 수 있다.

이와 같은 감성 리더십이 효과적으로 발휘되기 위해서는 전문적인 지식과 함께, 무엇보다 리더 스스로 감성지능을 갖추고 사람들의 감성을 긍정적으로 이끌 수 있는 능력과 역량을 갖추고 있어야 한다. 역사적으로 훌륭한 리더들은 기술적 · 인지적 능력과는 다른 이러한 감성지능의 능력을 지니고 있다. 다시 말해서, 그들이 보여준 목표를 성취하기 위한 강한 추진력, 일을 주도적으로 끌어나가는 진취력, 협동과 팀워크를 끌어내는 능력 등은 무엇보다도 감성지능에 기초한 리더십의 능력이라고 할 수 있다. 〈표 4-22〉는 감성 리더십과 관련하여 학자들이 언급하고 있는 대표적인 감성지능 및 역량을 요약한 내용이다. 이러한 능력 및 역량은 감성 리더십의 성공여부를 결정하는 매우 중요한 요소인 동시에, 감성 리더십을 실행하기 위한 도구이자 절차에 해당된다.

5.5.3 감성 리더십의 구성요소

골만(D. Goleman)은 감성지능 자체만으로는 직무성과를 충분히 예측 및 설명하지 못한다고 보고, 감성역량이란 새로운 개념을 제시하였다. 그는 감성역량을 감성지능에 기반을 두고 학습할 수 있는 능력이며 뛰어난 직무성과를 달성하는 데 필요한 개인적 · 사회적인 기술로 정의하였다. 그리고 감성 리더십과 관련된 하위변인으로서 〈표 4-23〉과 같이 5개의 감성지능요소를 25개 감성역량요소로 분류하였다.

이에 대해 쿠퍼와 사와프(R.K. Cooper & A. Sawaf)는 감성 리더십과 연관된 감성지능의 구성요소를 〈표 4-24〉와 같이 제시하였다.

그 밖에도 심리학자인 바온과 파커(R. Bar-On & J. Parker)는 감성 리더십의 하위변인으로서 감성지능을 다섯 가지 차원(개인 내, 개인 간, 적응성, 스트레스관리, 일반적 기분)으로 구분하였다. 이들 학자들이 제시한 요소들은 감성 리더십을 구사하고 실현하는 데 있어 리더의 사고와 행동에 대한 바람직한 방향과 영역을 제시해 준다.

| 표 4-23 | 골만의 감성지능요소와 감성역량요소

감성지능요소	내용	감성역량요소
자기인식	자신의 기분, 감정, 충동과 이것이 타인에 미치는 영향을 인식하고 이해하는 능력	감성인식, 자기확신, 정확한 자기평가
자기조절	혼란스러운 기분을 통제하고, 새로운 방향으로 바꿀 수 있는 능력과 행동하기 전에 생각하고 판단을 보류하는 능력	자기통제, 신뢰감, 성실성, 적응력, 혁신성
자기동기화	직위상승을 위한 업무에 대한 열정과 정력과 끈기로 목표를 달성하는 능력	성취를 향한 추진력, 조직몰입, 주도성, 낙관주의
공감	타인의 감정구조를 이해하는 능력과 타인의 감정반응에 따라 그들을 다루는 기술	타인의 이해, 타인의 개발, 서비스 지향, 다양성의 균형조절, 정치적인 인식
사회적 기술	인간관계와 인적 네트워크관리에 공통의 관심사를 발견하고, 조화로운 관계를 구축하는 능력	영향력, 의사소통, 갈등관리, 리더십, 변화의 촉매 역할, 연대감 구축, 협조와 협력, 팀능력

| 표 4-24 | 쿠퍼와 사와프의 감성지능요소

감성지능요소	내용
감성의 인지	• 자신의 감성을 알아차리는 것을 의미한다. • 자신의 감성에 솔직하고, 감성의 에너지와 피드백에 민감하며, 실질적인 직관을 잘 활용하는 것과 관계가 있다.
감성의 적합성	• 리더 개인의 진실성, 신뢰, 건설적 불만, 회복력 및 재생력에 관한 것을 의미한다. • 감성이 적합한 사람은 다른 사람을 신뢰하고, 건설적인 불만을 표출하며, 실패를 하더라도 이를 극복할 수 있다.
감성의 깊이	• 리더의 감성적 몰입의 정도를 의미한다. • 감성적 깊이가 깊을수록 숨겨진 잠재력이 겉으로 나오게 되며, 몰입이 강화되고, 조직통합, 영향력이 강화된다.
감성의 상승효과	• 감성의 인지, 감성의 적합성, 감성의 깊이의 결과물을 의미한다. • 조직에 다가오는 기회를 감지하고, 미래를 창조하며 직관적인 몰입 등을 가능하게 한다.

5.5.4 감성 리더십의 역량구축과 실행방안

일반적으로 감성 리더십은 [그림 4-20]과 같은 단계를 거쳐서 구축 및 실행되며, 결과적으로 조직구성원들의 협력을 끌어내고 새로운 방식의 문제해결을 촉진함으로써 창조적인 조직성과를 창출하는 데 기여할 수 있다.

그림 4-20 ▪ 감성 리더십의 역량구축 및 실행단계

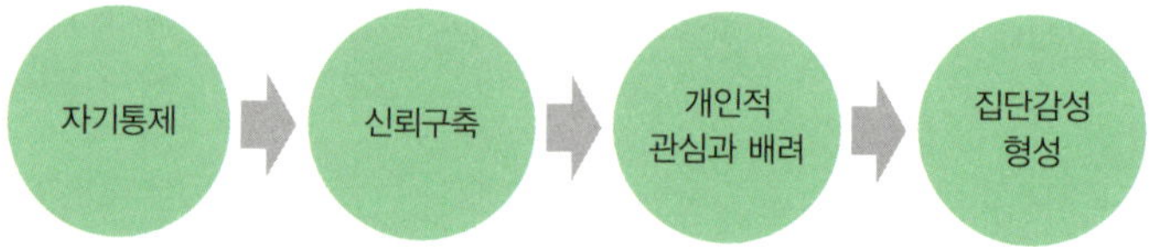

첫째는 자기통제 단계로서, 리더는 자신의 감정표현이 조직전체에 미치는 영향을 정확하게 인식하고 부정적인 감정을 스스로 조절할 수 있어야 한다. 일반적으로 같은 집단에서 일하는 사람들 간에는 불안, 시기, 행복 등의 감성이 쉽게 전이되며, 이는 조직의 성과나 분위기에 적지 않은 영향을 미친다. 연구결과에 따르면 구성원들 간에는 부정적인 감정이 대부분 긍정적인 감정보다 전염성이 높은 것으로 나타났다. 더욱이 우리나라와 같이 근무시간이 길고 관계지향적인 문화가 강한 환경에서는 상대방의 감정에 더 많이 노출되면서 감정이 쉽게 전염될 수 있는 구조이다. 특히 리더의 경우, 성과에 대한 압박으로 스트레스가 크고 부정적인 감정에 쉽게 노출되는 편이다. 또한 자신의 부정적인 감정을 쉽게 표현할 수 있는 위치에 있기 때문에, 리더로 인한 감정의 전염은 조직에 직접적인 영향을 미칠 수 있다. 따라서 리더는 자신과 다른 사람의 감정을 충분히 이해하고 조절할 줄 아는 감성역량을 키울 필요가 있다.

둘째는 조직 내에서 신뢰를 구축하는 단계로서, 리더가 구성원들을 대상으로 마음에서 우러난 신뢰와 존중을 표현함으로써 감성 리더십의 기반을 마련하는 과정이다. 이를 위해서는 리더는 구성원들과 정기적으로 티타임, 온라인 대화, 개별 및 단체면담 등 공식적 · 비공식인 소통채널을 통해서 상호 간에 공감과 이해를 촉진할 수 있도록 다양한 접촉기회를 갖는 것이 필요하다.

셋째는 조직구성원에 대한 개별적인 관심과 배려를 가지는 단계로서, 구성원들 개개인에게 맞춤형의 배려를 제공함으로써 개인적인 감동과 만족을 줄 수 있어야 한다.

마지막 단계는 긍정적인 집단감성을 형성하는 단계로서, 리더와 구성원들 간의 개별적인 관계를 넘어서 조직전체의 우호적이고 협조적인 관계를 구축하는 것이 필요하다.

한편 앞서 언급한 바와 같이 골만(D. Goleman) 등은 감성 리더십을 제대로 발휘하기 위해서 [그림 4-21]과 같이 리더의 역량과 관련하여 무엇보다 자기인식(self-awareness)능력, 자기관리(self-management)능력, 사회적 인식(social-awareness)능력, 관계관리(relationship-management)능력의 네 가지 차원 및 영역을 제시하였다. 그리고 지혜롭고 감동적인 리더는 화음형의 지도자로서 이러한 영역에 대해 전반적으로 감성의 균형과 조화를 이루어야 하며, 특히 상위층에 위치해 있는 뛰어난 사회적 능력(사회적 인식능력과 관계관리능력)을 갖춘 감성 리더가 되려면 우선적으로 하부에 자리하고 있는 개인적 능력(자기인식능력과 자기관리능력)을 확실히 갖추어야 한다는 점을 강조하였다.

그림 4-21 ▪ 감성 리더십의 차원 및 영역

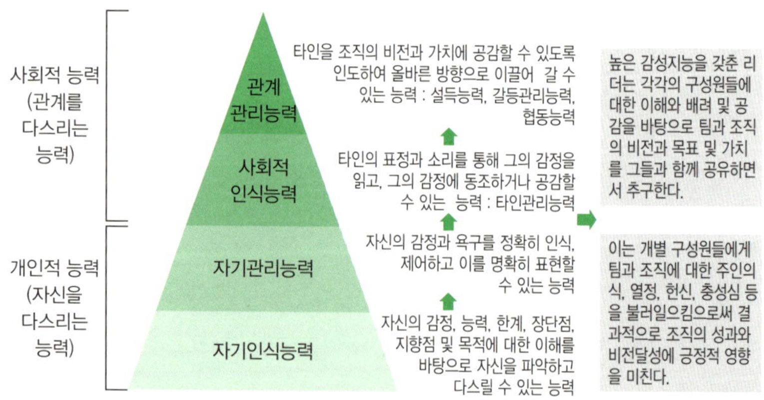

5.5.5 평가 및 시사점

감성 리더십은 [그림 4-21]에서처럼 리더 자신이 자신의 내면을 깊이 성찰하는 단계로부터 시작된다. 자신의 내면을 깊이 성찰하고 난 이후에는 부하들의 감성 및 욕구를 이해하고 배려하는 속에서 공동의 목표를 달성하는 것이 감성 리더십의 핵심내용이라고 말할 수 있다. 따라서 감성 리더십은 개인적인 측면에서 조직구성원들이 열정을 다해 업무에 몰입하게 함으로써 높은 성과를 창출하게 하는 것이며, 조직적인 측면에서는 신명나게 일할 수 있는 조직문화를 형성할 수 있는 기반을 제공해 준다. 반면에 개인적인 감성이나 조직의 분위기를 지나치게 고려한 나머지 시급히 처리해야 하는 의사결정을 미루거나, 형식적인 타협을 통해서 합리적인 의사결정을 내리지 못하는 경우도 발생할 수 있다. 심지어는 지나친 감성과 분위기에 치우쳐 공사를 구분하지 못하는 위험성이 존재한다는 점은 주의할 사항이다.

학습 및 토론 주제

1. 감성과 감성지능의 내용과 의미는 무엇인가?
2. 감성 리더십의 내용과 생성배경 및 필요성은 무엇인가?
3. 감성 리더십의 구성요소는 무엇인가?
4. 감성 리더십의 역량구축 및 실행방안은 무엇인가?
5. 감성 리더십의 평가 및 시사점은 무엇인가?

5.6 윤리적 리더십

기업은 경제성장을 이룩하는 데 주도적인 역할뿐만 아니라 일자리 및 소득의 기회 제공, 삶의 질 향상 등 사회적인 공헌을 하고 있으나, 비윤리적인 행동을 자행함으로써 국민들의 비판과 지탄을 받는 것도 사실이다. 사회적으로도 정치인과 측근비리, 기업총수의 갑질과 공금 불법 유용, 하물며 스포츠계의 승부조작 등 우리 사회전반에 걸친 도덕불감증 및 비윤리적인 행동을 어렵지 않게 접할 수 있다. 이러한 상황에서 사회지도층의 윤리적 행동과 리더들의 도덕적 의사결정은 매우 중요한 의미를 지니며, 이와 관련된 윤리적 리더십에 대한 필요성이 부각된다.

특히 기업경영 차원에서 비윤리적인 경영 관행과 리더십은 소비자의 신뢰를 떨어뜨리고 종업원의 사기를 저하시키며 사회의 불신을 증대시킨다는 점을 고려해 볼 때, 기업의 윤리적인 사고와 행동은 현대사회에서 무엇보다 중요한 사안이라고 말할 수 있다. 국내는 물론 세계무대에서 경영활동을 원활히 수행하고 지속가능한 발전과 신뢰를 구축하기 위해서는 경영윤리 및 윤리적 리더십의 실천은 선택이 아닌 필수적인 사안이 되었다.

5.6.1 윤리경영과 윤리적 리더십

(1) 윤리와 도덕

윤리(ethics)의 어원은 그리스어로 풍습 또는 성품이라는 뜻의 에토스(ēthos)에서 유래되었다. 윤리(倫理)라는 한자어의 윤(倫)은 사람 인(人)과 윤(侖)을 합해서 된 글자로서 인간집단의 무리, 질서 등을 가리키는 글자이다. 그리고 리(理)는 석리(石理), 목리(木理) 또는 도리(道理)라는 말에서 알 수 있듯이 결 또는 길을 가리키는 한자이다. 따라서 윤리라는 말의 기본뜻은 '인간 사회의 결 또는 길'이라고 풀이할 수 있다. 또한 리(理)는 원래 "옥(玉)을 다듬는다"는 뜻을 지니고 있었는데, 나중에 이치, 이법, 도리를 뜻하게 되었다. 그러므로 물리(物理)가 사물의 이치를 다루는 것처럼 윤리는 인간관계의 이법, 즉 "인간사회의 도리를 다룬다"라고 말할 수 있다. 영어사전에 따르면 윤리란 "선과 악, 도덕적 책임과 의무에 관계되는 규율"이라고 정의되어 있으며, 통상적으로 선한 행동이나 악한 행동을 정의하는 규칙이나 원칙으로 이해할 수 있다.

이처럼 윤리는 사람이 지켜야 할 도덕적 행동의 교리이고 규범인데 반해, 도덕은 사람이 마땅히 지켜야 할 바른 행동을 뜻한다. 도덕(道德)이라는 한자어에서 도(道)는 길 또는 사람이 마땅히 행해야 할 도리를 뜻하며, 덕(德)은 얻음(得)이라는 뜻과 함께 윤리적 이상을 실현해 나가는 인격적 능력을 말한다. 따라서 도덕이라는 말의 뜻은 "인간이 마땅히 행할 바 도리를 깨달아 그것을 실천할 수 있는 능력"이라 할 수 있으며, 윤리는 '도덕적 행위에 대한 지침'으로 이해할 수 있다.

이러한 윤리에는 두 가지 불변의 의무가 있다. 첫째는 타인에게 해가 되는 일을 하지 않는다. 즉 자신이 당하기 싫어하는 것을 타인에게 강요해서는 안 된다는 것이다. 둘째는 타인에게 도움이 되는 일을 해야 한다는 것이다. 즉 자신에게 유익한 일을 타인에게 많이 할수록 좋다는 것이다. 그러므로 윤리나 도덕은 더불어 살아가는 조직과 사회에서 필요한 규범체계임을 부인할 사람은 없을 것이다.

(2) 윤리경영

일반적으로 윤리란 특정한 상황에서 무엇이 옳고 그르며 또한 무엇이 좋고 나쁜가에 관하여 의사결정을 하는 지침이 되는 법칙과 원칙의 체계를 의미한다. 리더는 윤리적 문제의 결정에 있어 묵시적 · 명시적으로 도덕성과 윤리성을 고려하여 판단하게 됨으로써 리더십과 관련하여 윤리는 리더가 "어떻게 행동하고 의사결정하는가"와 관련되어 있다. 따라서 리더의 윤리경영(moral management)을 요약하면 경영활동의 규범적 기준을 사회의 도덕적 · 윤리적 가치체계에 두는 경영방식으로 이해할 수 있다. 이는 기업이 수행하는 모든 경영활동이 적법성 여부만이 아니라 입법의 취지, 사회의 통념까지 감안하여 기업윤리를 추구하는 경영방식을 의미한다. 물론 윤리경영의 궁극적인 목표 역시 기업의 이윤추구를 벗어나지 않아야 한다. 또한 기업이 막연히 도덕적이어야 한다는 개념이라기보다 비윤리적이고 잘못된 관행이나 업무구조를 윤리적인 기준에 맞도록 바로잡아 기업의 경쟁력을 향상시키고 경제적 부가가치를 극대화하자는 맥락에서 받아들이는 것이 바람직하다. 이에 대해 윤리경영과 유사한 개념인 초윤리경영

| 표 4-25 | 윤리경영별 경영방식 비교

기준	비윤리경영	초윤리경영	윤리경영
기업의 목표	수단을 가리지 않고 이윤추구	법기준 내의 이윤추구	법과 윤리기준 내의 이윤추구
기업의 책임	경제적 책임	경제적 책임 + 법적 책임	경제적 책임 + 법적 책임 + 윤리적 책임
법률규범	경영목표달성의 장애물	기업활동의 제약조건	최소한의 기준
윤리규범	경영의사결정 및 행동은 윤리와 별개	경영의사결정 및 행동은 윤리와 대립	경영의사결정 및 행동은 윤리와 일치

(amoral management)은 경영과 윤리를 별개의 영역으로 인식하고, 합법적인 테두리 안에서는 어떠한 행동을 해도 좋다는 입장을 취하는 경영방식이다.

사회가 발전할수록 기업에 대한 윤리경영의 중요성을 강조하지만, 현장에서 윤리경영을 실천하는 일은 기대에 못 미치는 것이 현실이다. 예컨대 국내 유명기업의 분식회계를 비롯하여 환경오염, 내부자거래 등 각종 비윤리적인 경영행태들은 여전히 끊이지 않고 있다. 이러한 문제점을 해결하고 윤리경영이 제대로 실현되기 위해서는 무엇보다 경영자의 도덕적 양심과 의지, 그리고 구체적인 실천이 뒤따라야 한다. 윤리경영을 실천하기 위해서는 많은 노력이 필요하다. 우선 윤리경영의 실천여부를 모니터링할 수 있는 성과평가시스템이 필요하고, 평가기준으로 단기적인 목표 및 성과가 아닌 보다 장기적인 관점의 질적인 평가지표를 만들어야 한다. 또한 소비자의 기업에 대한 평판, 지역사회에 대한 기업의 공헌 정도, 종업원의 경영에 대한 만족도 등 윤리경영에 관한 지표들을 설정할 필요가 있다. 그 밖에도 윤리경영의 중요성에 대한 구성원들의 인식, 윤리경영의 조직문화 정착, 윤리경영 전담부서 설치, 나아가 사회적 차원에서의 윤리인프라 구축 등은 윤리경영을 실천하기 위한 중요한 요소로 지적된다.

(3) 윤리적 리더십

기업의 사회적 책임과 윤리경영이 강조되면서 기업경영을 책임지는 최고경영자와 리더에 대해서도 윤리적인 행동과 책임의식이 크게 요구되고 있다. 또한 경영자의 지역사회와 이해관계자를 고려하지 않은 일방적인 기업이익의 추구는 소비자로부터 외면받을 수 있다. 뿐만 아니라 기업과 경영자 자신의 윤리적 이미지를 제고하는 것이 기업의 성과에 긍정적인 영향을 미친다는 사실을 인식하고 이에 대한 적극적인 자세를 가져야 한다. 기업경영의 세계적인 추세 또한 효율성 추구에서 윤리성, 신뢰성, 투명성, 사회적 책임성 등으로 강조점이 변화하고 있다. 그럼에도 불구하고 기업입사 시점부터 윤리서약서를 작성하고 업무와 관련한 비리요소가 어떤 것인지를 상세히 교육하며 부패신고를 권장하며 관리자로 갈수록 조직경영과 사회전반에 대한 높은 윤리의식과 도덕성을 요구하는 선진국과 달리, 우리나라 경우는 조직구성원이나 리더에 대해 윤리적 관리능력이나 도덕성은 크게 중요시하지 않는 것이 현실이다. 나와 내 조직에 이익이 된다면 사회적으로 문제가 되는 행동도 불가피한 상황이라고 합리화하는 경우를 흔치 않게 볼 수 있다. 이러한 상황을 고려해 볼 때 윤리적 리더십에 대한 필요성이 부각된다.

브라운(M.E. Brown)에 따르면 윤리적 리더십은 "리더의 행동과 대인관계를 통하여 규범적으로 적합한 행동의 모범을 보이며, 의사소통을 강화하고, 의사결정을 통하여 부하로 하여금 적합한 행동을 하도록 촉진하는 것"이라고 이해할 수 있다. 즉 윤리적 리더는 구성원들에게 정직성, 공정성, 배려와 같은 윤리적 행동을 실천하는 모델로서의 역할을 수행하며, 대화를 통해서 구성원들에게 적합한 윤리적 기준과 절차를 제시하고, 그에 따른 보상과 규제를 행사하여 조직전체가 원칙에 부합하는 도덕적인 선택을 하도록 유도하는 역할을 한다.

이에 대해 트레비노(L.M. Trevino)는 윤리적 리더십이라는 용어가 리더의 가장 가까운 관찰자들에게 무엇을 의미하는지를 조사한 결과 특성, 행위, 동기 등과 같은 개인적인 특성이 윤리적 리더십과 관련되어 있다는 사실을 밝혔다. 나아가 리더가 의사소통을 통해서 윤리를 조직에서 중요하고 명확한 의제로 만드는 것, 보상시스템을 통해서 윤리적 행동을 독려하는 것, 의도적으로 윤리적 역할모델을 설정하여 부하들이 모방하도록 하는 행위 역시 윤리적 리더십을 의미하는 것으로 설명하였다.

| 표 4-26 | 윤리적 리더십에 대한 학자들의 정의

학자	윤리적 리더십 정의
A. Gini (1998)	윤리적 리더십은 리더의 의사결정, 관여하는 행동, 타인에게 영향을 끼치는 방식에 있어 리더가 사회적 권력을 어떻게 사용하는지에 초점을 두고 있는 것이다.
J.B. Ciulla (2004)	윤리적 리더십이란 타인의 권리와 존엄성을 존중하는 태도로 이끄는 것이다.
W. Zhu et. al. (2004)	윤리적 리더십은 타인의 윤리적 행위를 촉진하는 것 이상의 의미를 가지는 것이다.

이들 학자들의 주장 및 의견을 고려해 볼 때, 윤리적 리더십이란 리더가 기업경영에 대한 윤리적 비전과 목표를 제시하고 경영과정에서 윤리적 합리성을 추구하는 것으로 이해할 수 있다. 그리고 윤리적 리더는 윤리적 가치에 대한 구성원과의 공유와 상호작용, 투명성에 대한 일관된 경향 등을 통해서 도덕적인 조직을 창출해 가는 사람이라고 할 수 있다. 이러한 배경에 대해 학자들은 윤리적 리더십의 특징으로 정직함, 결단력, 공정함, 솔직함, 겸손함, 인내심, 열의, 용기, 책임감 등을 들고 있다.

5.6.2 윤리적 리더십의 이론적 고찰

윤리적 리더십과 관련된 이론은 크게 리더의 행동에 관한 이론과 리더의 품성에 관한 이론의 두 가지 범주로 분류할 수 있다.

(1) 리더의 행동 윤리이론

영국의 철학자 브로드(C.D. Broad)는 윤리이론들을 크게 목적론적 이론과 의무론적 이론으로 구분하였다. 따라서 리더의 행동을 다루는 윤리이론, 즉 윤리적 행위이론도 리더의 행동결과에 초점을 두는 목적이론(teleological theory)과 리더의 행동의무(규칙)를 강조하는 의무이론(deontological theory)으로 구분할 수 있다.

1) 목적이론

결과주의이론이라고도 알려진 목적이론의 윤리적 접근에 의하면 행동의 도덕성은 개인의 의도가 아닌 결과나 성과로 결정된다고 한다. 따라서 행동의 결과가 좋다면 올바른 행위이고 결과가 나쁘면 행위는 잘못되었다는 관점에 입각하여 행동결과를 평가하기 위한 도덕적 행동의 기준으로 이타주의(Altruism), 윤리적 이기주의(Ethical Egoism), 공리주의(Utilitarianism)의 세 가지 접근방법이 가능하다.

첫째, 이타주의는 어떤 개인이 다른 사람의 최선의 이익을 위해 관심을 두는 행동을 의미한다. 예를 들면 리더는 자신의 이익보다 조직을 먼저 생각하고 타인을 위해 봉사하고 행동하는 것이다. 또한 실용주의와 관련성이 있는 접근법이며 이기주의와는 반대인 이론적 배경과 영역이 이타주의이다. 이는 행위의 목적이 타인의 최대의 목적을 위할 때 해당 행위는 윤리적이라고 정의한다.

둘째, 윤리적 이기주의는 조직이나 조직구성원이 타인을 배려하지 않고 단편적인 경영 측면에서 자신의 이익을 우선적으로 극대화하기 위해 의사결정을 하는 경우이다. 예를 들면 기업의 경영자가 이익극대화를 성취하기 위해 의사결정을 하는 경우를 일컫는다.

셋째, 공리주의에 따르면 우리의 행동이 모든 사람들에게 나쁨, 고통 또는 불편함을 주기보다는 최고의 균형을 이룬 좋음, 행복 또는 편안함을 가져다주는 행동을 취하라는 것이다. 다시 말해서 공리주의에 의하면 인간 도덕성의 주요 원칙은 최대한의 사람들의 행복을 최소의 불편함으로 극대화시키는 것이다. 이는 "결과가 수단을 정당화시킨다"라고 내재적으로 받아들이며, 그 어떠한 수단(행위)으로 결과(성과)를 이룬다면 도덕적으로 받아들일 수 있다는 것이다. 따라서 그 어떠한 행동에도 반대가 있을 수 없고 오히려 '좋은' 결과가 원하는 만큼 안 나왔을 때 반대가 있을 수 있다.

2) 의무이론

의무이론의 윤리적 접근에 따르면 어떤 종류의 행동이 언제나 어떤 종류의 환경에서 그 행동의 결과와 상관없이 옳거나 혹은 그르다고 주장한다. 즉 우리가 추구해야 할 어떤 궁극적인 목적보다 언제 어디서나 지켜야 할 행위의 근본원칙에 주목하는 윤리이다. 예를 들어 행복과 의무가 충돌할 경우, 목적론자는 행복 쪽을 선택한다면 의무론자는 의무 쪽을 선택한다고 볼 수 있다. 여기서 목적론과 의무론이 각기 서로 다른 세계관에 입각한 윤리임을 짐작할 수 있다.

전자가 행복한 삶, 감각적인 경험에 대한 신뢰, 목적의 성취, 일의 효율성 등에 관심을 가진다면, 후자는 의로운 삶, 합리적 이성에 대한 신뢰, 공정한 절차, 정당한 원칙 등을 중시한다고 할 수 있다. 즉 의무이론은 리더가 올바른 행동을 해야 할 리더의 행동의무와 책임에 초점을 두고 있다.

(2) 리더의 품성 윤리이론

품성이론은 덕성이론(virtue-based theory)이라고도 불리는 이론으로서 "리더가 어떠한 사람인가"에 초점을 두고 있다. 인간의 품성 및 덕성은 개인의 마음이나 기질에서 나온다. 그리고 덕성은 행동에서 나오는 것이고 행동은 덕성을 표출하는 것이다. 이에 대해 덕행은 도덕적으로 적합한 방식으로 반응하는 개인적인 습성으로 이해할 수 있다. 이러한 덕성과 도덕적 능력은 타고나는 것이 아니라, 관행을 통해서 학습되고 획득되는 것이다. 즉 사람은 가족이나 사회공동체에 의해 도덕적으로 적합한 인간으로 학습되고 교육받게 된다는 것이다. 특히 품성이론과 관련하여 감성적 안정 그리고 성숙, 개인적 성실, 이 두 가지 특징은 도덕적인 측면을 지니고 있다.

먼저 아리스토텔레스(Aristotle)와 같은 덕행 관련 학자들의 주장에 따르면 도덕성은 적합한 행동뿐만 아니라 적합한 감정과 연루되어 있다. 즉 감성적으로 성숙한 리더들은 그들이 직면한 다양한 상황에 있어 올바른 감정을 가진다는 것이다. 두 번째로 도덕은 개인적 성실에 대한 명확한 구성요소이다. 이와 관련된 유클(G. Yukl)의 주장에 의하면 "성실성을 나타내는 중요한 척도는 한 사람이 거짓스럽다기보다는 얼마나 정직하고 진실한가"에 대한 문제이다. 실제로 사람들은 사실대로 말함으로써 정직하고 진실해지고, 가난한 사람에게 베풂으로써 자비로워지며, 다른 사람들을 공정하게 대우함으로써 정의로워진다. 그 밖에도 정직하고 진실한 것과 함께 성실성의 또 다른 척도는 '약속을 지키는 것'이라고 할 수 있다.

5.6.3 윤리적 리더십의 구성요소 및 행동특성

헤이지스(R. Hages) 등은 윤리적 리더십의 구성요소와 관련하여 〈표 4-27〉과 같이 신의성실, 윤리적 인식, 공동체 및 인간중시, 동기부여, 권한위임, 윤리적 기준제시 등을 언급하고 있다.

윤리적 리더십을 발휘하기 위해서는 가치의 소중함을 인식하고 공

| 표 4-27 | 윤리적 리더십의 구성요소

구성요소	내용
신의성실	• 리더의 가장 근본적인 요소로서 도덕적인 정의에 기반을 둔 믿음이다. • 리더의 의사결정과 행동을 결정하는 중요한 요소이다.
윤리적 인식	• 리더의 도덕적 판단의 역량이 된다. • 개인보다 조직의 이익에 관심을 가지고, 수단과 결과 모두를 중시하며, 단기보다 장기적인 시각을 가지며, 다양한 이해관계자의 이해를 고려하는 데 중요한 영향을 미친다.
공동체 및 인간중시	• 더 나은 선(good)을 위해 봉사하는 것에 초점을 두고 개인적인 이익보다 조직의 이익을 중시한다. • 이타주의에 바탕을 둔 인간중시의 경영을 한다.
동기부여	• 조직목표를 달성하기 위한 행동유발을 위해 정서적 유대감을 바탕으로 동기부여를 강화한다. • 조직목표달성을 위하는 것이 곧 개인목표의 실현으로 이어질 수 있도록 동기부여를 강화한다.
권한위임	• 추종자 스스로 자신감과 자기만족감을 가질 수 있도록 자율적인 판단과 의사를 존중하는 데 적극적이어야 한다. • 자율경영, 창조경영, 능동적 경영이 이루어지게 함으로써 동기부여와 시너지효과를 가져오게 한다.
윤리적 기준제시	• 윤리기준을 수립함으로써 모든 구성원들이 윤리적 행동이 이루어지도록 유인하고, 이러한 행동이 정착되도록 한다.

유하며 공감과 협력을 끌어낼 수 있어야 한다. 또한 리더 스스로 원칙의 중요성을 이해하고 실천하며 모범을 보여야 하고 감동과 신뢰가 바탕이 될 때 윤리적 리더십이 제대로 발휘될 수 있다. 윤리적 리더십의 행동특성에 있어 대표적인 요소로서 리더는 무엇보다 타인을 배려하며 존중하고 섬길 줄 알아야 한다. 또한 매사에 공정하고 정직해야 하며 나아가 공동체의 윤리를 구축해야 한다.

ㅣ표 4-28ㅣ 윤리적 리더의 행동특성

타인존중	• 존경심 자체가 다른 사람을 대하는 목적이어야 하고, 어떠한 목적을 위한 수단이 되어서는 안 된다는 칸트의 개념이다. • 리더가 부하들의 말을 경청하고 감정이입을 하며 다양한 관점과 의견을 최대한 수용한다. • 자신과 반대되는 견해도 관대하게 받아들이는 경향을 가진다.
봉사	• 타인을 먼저 생각하고 따뜻한 마음에서 나오는 이타주의(Altruism)이다. • 소외된 자와 어려운 이웃을 보살피며 타인을 섬길 줄 알아야 한다는 그린리프의 개념이다. • 구성원들의 복지와 이익에 관심을 가지며 조직의 비전을 명확히 하고 구성원을 설득한다.
공정성	• 공정성과 정당성은 윤리적인 판단을 하는 중요한 기준이 된다. • 특별한 상황요건을 제외하고 조직에서 누구도 특별한 대우나 배려를 받아서는 안 된다. • 구성원들을 동등하게 대하는 것을 중요한 임무로 여겨야 한다.
정직성	• 다른 사람에게 마음의 문을 열고 진실을 있는 그대로 표현하는 솔직함 또는 정직과 상호믿음으로 연결된 신뢰는 모든 덕목의 기반이며, 구성원들의 상이한 의견을 조절하는 조화는 모든 존재의 공존원리가 된다. • 명확한 규칙을 확립하고 그 규칙과 규정에 의해 처리하며, 지킬 수 없는 약속을 하지 않고, 상황을 왜곡해서 전달하지 않으며, 숨기거나 변명을 하지 않으며 책임을 회피하지 않는다.
공동체 윤리구축	• 타인의 의사를 존중하며 양립할 수 있는 유익한 목표를 탐색하고 제시해야 한다. • 조직의 목표와 개인의 목표는 공동의 선과 이익의 테두리 안에서 추구한다. • 나아가 조직구성원뿐만 아니라 조직의 이해관계자, 지역사회의 이해와 목적에도 관심을 가지고 이해관계를 원만히 조정하는 것이 필요하다.

5.6.4 윤리적 리더십에 대한 학자들의 견해

(1) 주희(朱熹)의 윤리적 리더십

자신이 아랫사람의 위치에 있을 때 윗사람에게서 본 싫어하는 모습으로 아랫사람을 부리지 말며, 아랫사람에게서 본 싫어하는 모습으로 윗사람을 섬기지 말라. 그리고 자신이 뒷사람의 위치에 있을 때 앞사람에게서 본 싫어하는 모습으로 뒷사람에게 먼저 하도록 시키지 말며, 자신이 앞사람의 위치에 있을 때 뒷사람에게서 본 싫어하는 모습으로 앞사람을 따르지 말라. 또한 자신이 왼쪽에 있을 때 오른쪽에게서 본 싫어하는 모습으로 왼쪽과 사귀지 말며, 자신이 오른쪽에 있을 때 왼쪽에게서 본 싫어하는 모습으로 오른쪽과 사귀지 말라. 이것이 '자신의 마음으로 미루어서 헤아려 보는 도'의 의미이다. 이와 같은 주희의 주장에서 윤리적 리더십의 내용과 행동을 파악할 수 있다.

(2) 그린리프(R.K. Greenleaf)의 윤리적 리더십

그린리프가 헤르만 헤세(Herman Hesse)의 '동방여행'이라는 소설에서 영감을 받고 주장한 '섬김의 리더십'은 타인을 먼저 배려하는 이타적이고 윤리적인 가치관을 가지고 추종자들의 입장을 먼저 생각하고 그들의 언행을 주목한다. 또한 부하들이 처한 환경에서 먼저 인지하고 생각하며 그들과 감정을 나누며 따뜻하게 보살펴야 한다는 것이 주요 내용이다. 그린리프는 이와 같이 본성적으로 남을 섬기려는(봉사) 사람에게 부여되는 것이 리더십이라고 주장하였다. 즉 한 개인이 리더가 되기 위한 중요한 덕목은 "봉사자(섬기는 자)가 되어야 한다"

는 것이며, 이는 곧 윤리적 리더십과 밀접한 관계가 있다. 물론 바람직한 리더가 되기 위해서 이러한 섬기는 일(봉사) 이외에도 역지사지(易地思之)의 관점에서 소외된 자들에게 관심을 갖고 그들을 조직생활에서 다른 이해관계자들과 동일하게 인식해야 할 의무가 있으며, 나아가 조직 내 불평등과 불공정을 제거해야 하는 윤리적이고 도덕적인 책임을 가지는 것이 중요하다.

(3) 하이페츠(R.A. Heifetz)의 윤리적 리더십

심리학자인 하이페츠는 존슨 대통령, 간디 등의 리더들을 분석한 결과를 기초로 윤리적 리더십에 대한 독특한 접근법을 체계화하였다. 그의 주장 및 이론의 핵심은 "리더가 어떻게 추종자들을 도와서 그들로 하여금 갈등에 대처하게 하고, 갈등으로부터 새로운 변화를 끌어내는 데 영향을 미치는가"에 초점을 맞추고 있다. 또한 그는 권한을 이용하여 추종자들로 하여금 빠르게 변화하는 작업환경과 사회문화 속에서 나타나는 상충되는 가치들에 대해 적절히 대응해 가도록 도움을 주는 존재를 리더라고 보았다.

즉 리더의 역할은 조직에서 구성원들이 갈등하지 않고 협력적인 가치와 아이디어, 그리고 환경변화에 빠르게 적응하도록 도와주는 것이다. 이처럼 리더가 구성원들의 갈등과 가치에 대해 직접적으로 언급하고 영향을 미친다는 점에서 볼 때 윤리적인 관점과 관계가 있다고 볼 수 있다. 특히 리더는 당면한 이슈들에 대해 상충되는 관점들을 조화시키고 의사결정을 촉진하며 추종자들을 도와 변화에 적응시키며 자기성장을 위해 노력해 갈 수 있도록 한다는 측면에서 윤리적이고 도덕적인 가치관과 행동이 부각된다.

(4) 번스(J.M. Burns)의 윤리적 리더십

번스의 변혁적 리더십은 추종자들의 욕구와 가치, 그리고 도덕성을 매우 강조하고 있다. 특히 추종자들이 더 높은 수준의 도덕적인 책임감을 갖도록 하는 리더의 노력을 강조하고 있다. 그는 리더의 역할에 대해 부하들의 개인적인 동기유발과 도덕성의 개발에 유의하는 것을 강조하면서 부하들을 도와 자신들의 가치와 욕구를 평가하게 해주고 더 높은 수준의 가치인 자유, 정의, 평등 등과 같은 가치들을 강조하는 수준에 이르도록 도와주는 것을 리더의 책임과 의무라고 하였다. 또한 윤리를 "리더십이 의미하는 바가 무엇이며", "리더십은 어떻게 수행되어야 하는가?"에 대한 논의의 최전면에 부각시키고 있다는 점에서 윤리가 리더십의 과정과 내용의 중심이 되는 것을 보여주고 있다.

이상에서 제시된 학자들의 견해에 따르면 한마디로 리더와 추종자의 관계가 윤리적 리더십의 핵심이라는 사실을 알 수 있다. 또한 리더가 추종자들의 욕구에 깊은 관심을 기울이는 것이 매우 중요하다고 강조되고 있다. 그 밖에도 이들이 제시한 주장은 "개인적인 관계가 윤리의 출발점이 되어야 한다"는 길리건(C. Gilligan)이 주장한 '보살피는 윤리(ethic of caring)'와 일맥상통하는 개념으로 이해할 수 있다.

5.6.5 윤리적 리더십의 조건 및 실행방안

윤리적 리더십이 조직 내에 형성되고 정착하기 위해서는 윤리강령을 제정하고 윤리교육을 실시하는 일과성의 행사로 그치지 않고 성공 가능한 모든 제도를 지속적으로 실시하지 않으면 안 된다. 즉 윤리적 의사결정으로부터 윤리적 행동의 지휘, 그리고 윤리적 행동의 평가에 이르기까지 모든 윤리경영의 개선활동이 기업의 이익추구활동과 동일한 수준에서 관리되도록 윤리경영의 관리체계가 제도화되어야 한다. 그 밖에도 다음과 같은 조건 및 실행방안을 마련하는 것이 필요하다.

(1) 최고경영진의 의지

기업경영의 도덕적 수준을 결정하는 가장 중요하고 강력한 기반은 최고경영자의 윤리적 경영 의지와 책임의식에 있다. 리더는 구성원들의 중요한 역할모델이 되기 때문에, 특히 최고경영자의 윤리적 가치관과 행동원칙이 조직문화에 잘 스며들 수 있도록 윤리적 기준을 제시하고 행동으로 실천하는 것이 중요하다. 또한 조직의 최고경영자가 기업윤리의 중요성을 제대로 인식하고 이를 실천하려는 의지를 대내외적으로 천명하는 것이 필요하다. 최고경영자는 기업의 최고의사결정권자이자 대외적으로는 기업의 방침을 대변하고 다양한 이해관계자를 접하기 때문에 윤리적 요소를 강조하는 것은 곧 기업경영에서 윤리가 중요한 고려대상임을 밝히는 것이다. 그 밖에도 "기업의 미래는 기업의 명성에 달려있다"는 점과 모든 구성원들이 기업의 명성에 윤리적 책임이 있다는 것을 인식시키고, 이에 대한 문제점을 발견하고 해결책을 찾는 일 또한 지속적으로 강구되어야 한다.

(2) 효율적 커뮤니케이션

윤리적 리더십이 전달되기 위해서는 조직 내 의사소통이 원활하게 이루어지도록 하는 것이 중요하다. 조직 내에 개방적이고 허심탄회하게 의사소통을 하는 경로가 마련되어 있어야 윤리적 이슈에 대한 논의와 실천도 확산될 수 있기 때문이다. 따라서 리더는 윤리에 대해 구성원들과 자주 의사소통하고 메시지를 명백히 함으로써 윤리에 대한 관심을 집중시킬 필요가 있다.

(3) 윤리경영시스템 구축

윤리적 리더십은 그것을 뒷받침할 수 있는 별도의 제도적 장치와 시스템을 필요로 한다. 즉 윤리경영 전담부서 또는 전담인력을 선임하여 윤리경영 실천시스템의 운영, 교육, 홍보, 내부윤리감사 및 평가 등을 수행해야 한다. 이를 위해서 경영자는 윤리경영제도의 설계에 관심을 가지고 전담부서의 직원을 독려하는 것이 필요하다. 관리부서로는 윤리경영팀, 클린경영팀 등을 들 수 있다.

(4) 구체적인 윤리경영 목표설정

윤리적 리더는 이상적이고 추상적인 윤리관만을 제시해서는 안 된다. 윤리적 리더는 직원들이 준수해야 할 정확한 윤리기준과 목표를 정립하고 리더 스스로 이러한 기준을 따라야 한다. 또한 다양한 상황에서 비윤리적 행동과 윤리적 규칙을 어겼을 때 어떠한 문제와 처벌이 따르는지에 대해서 명확히 밝히는 것이 필요하다.

(5) 윤리적 의사결정

윤리적 리더는 실무직원에서부터 중간관리자에 이르기까지 실제로 경영의사결정과정에서 비윤리적 요소가 없는지 검토하는 단계를 거치도록 강조할 필요가 있다. 또한 신규사업진출이나 환경문제, 소비자권리, 근로자권리와 관련된 이슈가 발생했을 때, 객관적이고 보편타당한 관점에서 특별히 윤리적인 측면에서 문제가 발생하지 않도록 올바른 판단을 내려야 한다.

(6) 윤리 행동강령

윤리 행동강령이란 조직의 윤리적 정체성을 인지적, 감정적, 행동양식적 측면에서 천명한 것이다. 기업은 윤리적 책임을 다하기 위해 이러한 행동강령을 제정하여 운영하는 것이 필요하다. 일반적으로 윤리 행동강령은 기업윤리에 대한 기본방침을 체계적으로 정리한 것으로 '윤리강령–행동강령–실천강령'의 체계로 구조화된다. 윤리 행동강령에 포함되는 내용으로서는 기업의 윤리철학, 윤리경영제도와 관리절차, 각 이해관계집단에 대한 바람직한 관계와 행동기준, 회사기밀과 고객정보의 보호, 환경오염방지를 위한 의무사항, 뇌물, 금품수수, 부당한 혜택 제공의 예시 등 일반적인 요소와 업종이나 특수성에 맞는 세부적인 요소를 포함할 수 있다.

(7) 윤리 위반자의 징계

윤리적 리더는 윤리적 기업문화를 형성하기 위해 경영자의 역할을 명확하게 인식하고 비윤리적인 행동은 개인과 조직 모두에게 불이익을 초래한다는 의식을 확산시키며 이를 예방할 수 있는 제반조치를 강구해 나가야 한다. 이와 관련하여 윤리적 리더십을 통한 윤리경영이 실행되기 위해서는 비윤리적인 행위와 부패행위를 했을 때 과실의 고의성, 중요성, 파급효과 등을 고려한 적절한 징계규정을 정해두고 적용하는 것이 필요하다. 징계의 범위는 주의, 감봉, 정직, 강등, 파면, 형사고소 등 조직의 상황에 맞게 처벌규정을 수립할 수 있다.

(8) 내부신고장치의 마련

대규모 조직의 다양한 영역에서 은밀히 이루어지는 비리행위에 대해 경영자나 윤리경영부서가 모두 파악할 수 없는 경우가 많다. 따라서 조직내부에서 일어나는 관리자를 포함한 직원들의 부패행위에 대해 적극적으로 신고하도록 하는 장치가 필요하다. 예컨대 내부자고발제도는 조직 또는 내부구성원의 불법적이고 비윤리적인 행위에 대해 내부임직원이 윤리경영전담부서 혹은 전담자에게 신고 · 고발하도록 하는 제도를 도입할 수 있다. 그러나 이러한 제도가 있다 하더라도 보복이나 불이익에 대한 우려 때문에 내부구성원이 쉽게 의사를 표현하기가 어렵다. 따라서 내부고발을 유도하고 보호하기 위한 무기명 핫라인의 설치가 필요하다. 운영에 있어서도 신고접수와 처리절차가 투명해야 하며 신고를 활성화하기 위해 일정한 포상을 실시하는 것도 바람직하다. 또한 구성원들의 윤리적 행위에 영향을 미치기 위해 비

밀유지와 보상과 규제를 적절히 활용할 필요가 있다.

(9) 윤리교육 강화

윤리교육의 목적은 구성원들의 윤리의식의 정착과 조직문화로 체화하는 것이라 할 수 있다. 교육방법은 사이버과정과 집합과정의 Blended Learning 방식의 활용이 필요하다. 교육내용으로는 자사의 경영철학 및 윤리경영의 역사와 필요성, 윤리적 의사결정기준 등이 포함되어야 한다. 교육대상은 전체구성원과 특히 최고경영자의 참석이 전제되어야 한다. 강사로는 초창기에는 외부강사가 필요하지만 윤리경영이 조직 내에 정착될수록 내부전문강사의 육성이 필요하며, 해외조직의 경우 현지실정을 잘 아는 컨설턴트를 활용할 수 있다. 특히 해외에 진출하는 기업들은 자사의 윤리경영철학을 현지에 어떻게 이전할 것인가와 윤리교육의 내용을 선별하는 데 주의할 필요가 있다.

(10) 윤리감사의 실시

윤리적 기업경영이 정착되기 위해서는 윤리적 경영의 수준을 감시하고 평가하는 윤리감사를 실시하는 것이 필요하다. 윤리감사는 기업이 투명하고 깨끗한 경영을 실현하기 위해 자율적으로 실시하는 내부모니터링을 하는 시스템이다. 기업은 전문인력을 배치하여 정기적이거나 불시에 기업전반 및 비리발생 예상요소에 대해 점검하고 문제요소에 대해서는 적절한 조치를 취해야 한다.

5.6.6 평가 및 시사점

윤리적 리더십은 아직까지 현장에서는 물론 학술적으로도 관심을 받지 못하고 있는 것이 현실이다. 또한 윤리적 리더십에 대한 개념과 구성차원에 대해 명확히 정의되고 있지 않으며 윤리적 리더십과 다른 변수들과의 관계를 규명하는 연구도 미약한 실정이다. 왜냐하면 개인마다 옳고 그름을 판단한다는 것이 상황에 따라 아주 민감하고 어려운 문제이며, 윤리적 리더십 역시 상황별, 환경, 리더에 따라 다르게 적용될 수 있기 때문이다. 예를 들면 기업의 윤리적 리더십은 최고경영자의 성격, 의식, 정서, 기업의 비전, 기업환경, 기업의 업종, 거래선, 기업의 규모, 종업원의 구성, 업무의 성격 등에 따라 달리 적용될 수 있기 때문이다. 이처럼 모든 상황에 적합한 맞춤형의 윤리적 리더십에 대한 이론은 아직 제시되고 있지 않다.

그렇지만 기업의 사회적 책임과 기업의 지속 발전가능성을 위해서는 윤리경영과 윤리적 리더십은 이행해야 할 필수조건이다. 또한 조직구성원들에게 정직하고 희생 · 봉사한다는 믿음을 주고 도덕적으로 부패하지 않은 윤리적 리더십에 대한 필요성은 점차 부각될 것이다. 현실적으로 갈수록 복잡해지는 기업환경 속에서 윤리적으로 판단하고 행동하는 것은 사실상 쉽지 않지만, 그럼에도 윤리경영에 대한 사회적 압력은 앞으로 더욱더 거세질 것이다. 이러한 상황에서 윤리적 리더십을 제대로 실천하기 위해서는 실질적이고 다각적인 노력과 방안을 지속적으로 강구하는 것이 필요하다. 이러한 노력은 한두 사람의 의지만 갖고 되는 것도 아니고 어느 한 부분만을 바꾼다고 되는 것도 아니다. 윤리경영 및 윤리적 리더십에 대한 분명한 목표의식과 행동이 기업전체의 관심과 투자로 이어질 때 비로소 실현될 수 있을 것이다.

학습 및 토론 주제

1. 윤리와 도덕, 그리고 윤리경영의 내용과 의의는 무엇인가?
2. 윤리적 리더십의 내용과 의의는 무엇인가?
3. 리더의 행동 윤리이론과 품성 윤리이론의 내용과 차이점은 무엇인가?
4. 윤리적 리더십에 대한 학자들의 주장 및 견해는 무엇인가?
5. 윤리적 리더십의 조건 및 실행방안은 무엇인가?

03 PART 동기부여

학 · 습 · 목 · 표

1. 동기부여와 관련된 기초개념과 내용을 이해한다.
2. "구성원을 동기부여하는 것이 무엇인가"에 대한 내용이론에 대해 학습한다.
3. "구성원을 어떻게 동기부여하고 강화할 것인가"에 대한 과정이론과 강화이론에 대해 학습함으로써 향후 리더로서 갖추어야 할 지식과 역량을 배양한다.

CHAPTER 05 동기부여의 기초

1 동기부여의 내용과 특징

리더십의 핵심은 리더가 추구하는 성과와 목표를 달성하기 위해서 구성원들에게 영향력을 행사함으로써 그들로 하여금 목표지향적인 행동을 유발하는 데 있다. 이때 중요한 것은 리더가 의도하는 목표를 달성하는 데 필요한 구성원들의 능력과 역량을 최대한 발휘하도록 자주적이고 적극적인 생각과 의욕을 불러일으키는 것이다. 왜냐하면 개인이나 집단이 맡고 있는 일을 책임감 없이 단순히 수동적으로 처리하려는 사고와 행동을 보인다면, 조직의 성과창출은 고사하고 조직의 생존까지 위협받게 될 수 있기 때문이다.

특히 오늘날과 같이 치열하고 급변하는 경영환경하에서 인적자원의 중요성을 고려해 볼 때, 구성원 모두가 혼신을 다해서 맡은 직무를 수행하는 자세와 행동을 보이도록 리더가 영향력을 행사하는 것은 매우 중요하다. 다시 말해서 리더의 역할과 기능이 제대로 수행되기 위해서는 구성원들을 동기부여할 수 있는 리더십이 무엇보다 필요하다.

1.1 동기부여의 의미

동기부여(motivation)란 어원적으로 "움직이다(to move)"는 의미를 가진 라틴어 'movere'에서 유래한 용어로서 오늘날 인간의 행동을 설명하고 예측하기 위한 이론의 전개를 위해 개발된 심리적 과정에 대한 용어로 사용되고는 있지만 아직까지 명확하게 규정되어 있지 않은 상태이다.

일반적으로 동기부여는 동기유발 또는 동기화와 같은 의미로서 "개인이나 집단이 자발적 내지 적극적으로 책임을 지고, 일을 하고자 하는 의욕이 생기게끔 그 행동의 방향과 정도에 영향력을 행사하는 것"으로 이해되고 있다. 한마디로 말해서 행동을 유발시키는 역동과정이라고 말할 수 있다. 리더십 측면에서 볼 때, 이것은 조직의 목표를 달성하도록 개인이나 집단의 행동에 영향력을 행사하고자 하는 리더의 의식적인 시도로서 "구성원들을 자극하여 목표지향적인 행동을 불러일으키거나, 또는 바람직한 행동을 수행하도록 이끄는 것"이라고 이해할 수 있다.

| 표 5-1 | 동기부여에 대한 학자들의 정의

학자	동기부여 정의
K.H. Roberts & D.M. Hunt	목적달성을 향해 행동을 자극하고 방향을 제시하며 유지하는 일련의 심리적인 과정이다.
R. Kreitner	행동에 목적과 방향을 부여하는 심리적인 과정이다.
G.L. Frunzi & P.E. Savini	행동을 통해서 인간의 내적인 욕구를 충족시키는 과정이다.
F. Luthans	어떠한 목표를 향한 행동이나 충동을 일으키는 신체적 · 심리적 결핍 또는 욕구에서 시작하는 과정이다.
R.W. Griffin	인간으로 하여금 특정한 방법으로 행동하게 하는 힘이다.
K.M. Bartol & D.C. Martin	행동에 활기를 불어넣어 줄 뿐만 아니라, 방향을 제시해 주며 지속하려는 경향을 뒷받침해 주려는 내적인 힘이다.

1.2 동기부여의 특징

동기부여에 대한 학자들의 정의를 볼 때, 다음과 같은 특징적인 내용을 발견할 수 있다. 이러한 특징들은 리더십의 과정과 관련하여 구성원의 행동을 촉진하기 위한 구체적인 방법과 방향을 제시해 줄 수 있다는 점에서 의미가 크다.

- 동기부여는 단순한 행동이 아니라 목표지향적인 행동(goal-oriented behavior)과 관련되어 있다. 이 같은 행동은 개인의 경우 충족되지 않은 욕구의 충족만을 목표로 하지만, 조직적인 측면에서는 구성원이 지닌 욕구의 충족과 함께, 조직이 달성하고자

하는 목적의 두 가지 목표를 지향한다.

- 동기부여는 개인적인 현상이며 단순히 신체적인 움직임(행동)뿐만 아니라 정신적인 움직임까지 포함한다.
- 동기부여는 인간의 행동을 일으키는 내적인 상태(inner state)이고, 내적인 힘(internal force)인 동기부여는 내적인 충동(drive)에서 시작된 행동(behavior)과 관련되어 있다. 다시 말해서 동기부여는 "행동을 일으키는 동인(motive)이 무엇이고, 어떻게 이루어지며 또한 행동이 왜 일어나는가"에 대한 원인과 관련되어 있다.
- 동기부여가 목표지향적인 행동인 이상, 이것은 기본적으로 "무엇을 위해서인가"의 내용(what)과 함께 "어떻게 진행되는가"의 과정(how)과 관련되어 있다.

스티어스와 포터(R.M. Steers & L.W. Porter)는 동기부여에 대한 여러 학자들의 정의를 종합적으로 분석한 결과, 동기부여의 개념에는 다음과 같은 공통적인 내용이 있다고 밝혔다. 따라서 인간의 행동을 목표지향적으로 촉진하고 관리하기 위해서는 이들 요소들에 대한 세부적인 지식과 이해가 요구된다. 특히 리더는 구성원들의 동기부여에 따른 성과 및 기대효과가 이들 요소들에 의해 좌우된다는 사실을 유념할 필요가 있다.

- **활성화**(energizing) : 인간행동의 동인(drive) 또는 노력을 기울이는 정도, 양의 크기(intensity)에 대해 촉진 및 활성화하는 측면
- **경로화**(channels) : 인간행동의 방향(direction)을 설정하거나 목표(goal)를 지향하도록 경로화시키는 측면

- **지속화**(persistence) : 인간행동을 유지(maintaining) 또는 지지(sustaining)시키는 지속화하는 측면

2 동기부여의 의의와 중요성

인간은 대부분 상이한 욕구나 가치관을 지니고 있기 때문에 조직의 구성원으로서 서로 다른 태도를 보이며 종종 비합리적인 행동을 취하는 경우가 있다. 또한 개인의 생리적 · 심리적 피로나 스트레스로 인해서 충분한 노력을 취할 수 없는 경우도 발생할 수 있으며, 리더십의 스타일이나 직무에 대한 불만족 등 다양한 이유로 인해서 개인의 능력을 제대로 발휘하지 못할 수 있다.

이러한 상황에서 구성원들의 직무수행에 대한 의욕을 지속적으로 환기시키고, 그들의 행동을 조직의 목표를 실현하기 위한 방향으로 유도하고 통합시키는 동기부여는 조직의 성과관리 측면에서 매우 중요하다. 특히 동기부여를 통해서 조직의 목적뿐만 아니라 구성원의 개인적인 욕구를 동시에 만족시킬 수 있다는 측면에서 의미가 크다.

한편 조직에서 개인의 성과는 능력, 동기부여 그리고 환경의 함수로 볼 수 있다. 여기서 환경은 개인이 통제하기 어려운 제약조건으로 제외한다면, 마이어(M. Maier)의 견해처럼 P = M × A(P = performance, M = motivation, A = ability)라고 표현할 수 있다. 이때 동기부여는 성과의 정도를 결정하는 독립변수로서뿐만 아니라, 개인의 잠재적인 능력을 개발하는 가장 적절한 도구로서의 역할을 수행한

그림 5-1 ▪ 목표지향적인 행동과 동기부여

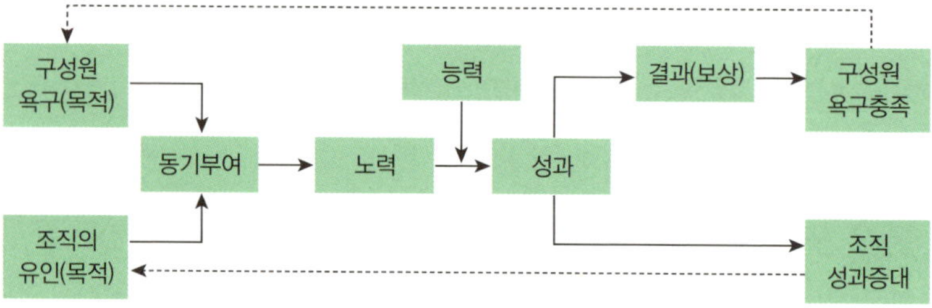

다. 다시 말해서 구성원의 능력이 동일하거나 심지어 조금 떨어진다 하더라도 동기부여가 제대로 이루어진다면 얼마든지 개인과 조직의 성과를 충분히 높일 수 있다.

이처럼 동기부여는 개인은 물론 조직의 성과를 높이기 위해서 절대적으로 필요한 사안이다. 따라서 리더는 이러한 내적인 의욕이자 힘의 정도가 최대한 발휘될 수 있도록, 이들의 욕구를 충족시킬 수 있는 최적의 여건과 환경을 조성하고 지원하는 것이 중요하다. 특히 상대적으로 자기주장이 강하거나 감성적으로 민감한 구성원의 경우, 동기부여의 정도에 따라서 자신의 일에 대한 열정과 노력이 결정된다고 해도 과언이 아니기 때문에, 그들의 욕구를 동기화할 수 있도록 각별한 주의와 관심이 요구된다. 그 밖에도 주로 실무계층에서의 성과는 동기부여의 정도에 거의 좌우된다는 점도 유념할 필요가 있다.

3 동기부여의 진행과정

인간행동의 배경에는 결핍된 욕구가 있으며, 대부분 이러한 욕구를 해소하려는 동기가 인간의 행동으로 나타난다. 욕구는 인간이 심리적으로 느끼는 내적인 결핍상태로서 원하는 상황과 실제상황 간의 차이를 뜻하며, 이러한 차이가 클수록 욕구는 강하게 나타난다. 욕구는 주로 외부로부터 자극을 받아서 활성화되고 현재화되며, 인간으로 하여금 목표지향적으로 움직이게 하는 힘(force)과 원동력(energy)인 동기에 의해서 행동으로 나타나게 된다. 다시 말해서 인간행동을 일으키는 내적인 결핍상태를 욕구라고 할 때, 구체적인 행동으로 표현되게 하는 힘을 동기(motive) 또는 동인(drive)이라고 한다. 이때 동기(동인)를 부여하거나 유발시키는 과정이 곧 잠재적인 욕구를 자극하고 활성화시키는 것을 의미하며, 활성화 정도는 대부분 개인적인 특성과 환경요인에 의해서 영향을 받는다.

이러한 관점에서 볼 때 구성원들에게 동기를 부여하고 이를 통해서 개인 및 조직의 성과를 높이기 위해서는 그들의 욕구를 정확히 파악하는 것은 물론, 해당되는 욕구를 활성화할 수 있는 다양한 영향요인이자 동기(동인)요인을 파악하고 관리할 수 있어야 한다. 특히 이러한 점은 조직을 관리하거나 리더십 차원에서 중요하게 인식하고 다루어야 하는 사안이다.

이상에서 살펴본 바와 같이 동기부여란 인간으로 하여금 욕구를 충족시키려는 행동을 유발시키는 자극 또는 잠재적인 욕구를 유발(활성화)시켜서 인간의 행동을 의도적으로 유인하는 계기(동기)를 마련하

그림 5-2 ▪ 동기부여(유발) 진행과정

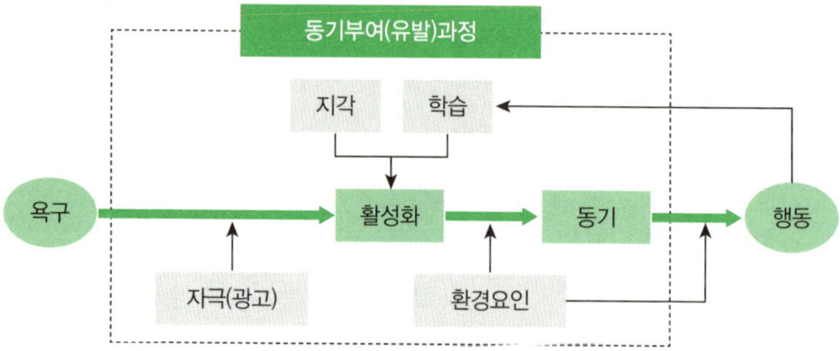

는 것이다. 따라서 동기부여는 조직의 목표달성을 위해 필요한 구성원들의 행동을 유발시키기 위한 중요한 수단과 방법으로서의 의미를 함께 지니고 있다고 볼 수 있다.

3.1 개인의 동기부여과정

길슨(J.L. Gibson) 등에 따르면 동기부여가 어떠한 과정을 거쳐서 이루어지는가는 개인의 욕구와 목표라는 변수를 중심으로 [그림 5-3]과 같은 순환과정으로 설명할 수 있다.

일반적으로 개인의 욕구가 결핍되면 결핍된 욕구를 충족하기 위한 방안을 모색하고, 그 결과로서 어떠한 행동을 선택하게 된다. 다시 말해서 인간은 개인의 결핍된 욕구를 충족하기 위해서 목표지향적인 행동을 취한다. 동기부여는 바로 이러한 과정(개인의 결핍된 욕구, 욕구를 충족하기 위한 수단의 탐색, 목표지향적인 행동)에 있어 영향력을 행사할 수 있다. 그리고 자신의 행동결과(성과)에 대한 평가로서 보상

그림 5-3 ▪ 개인의 동기부여과정

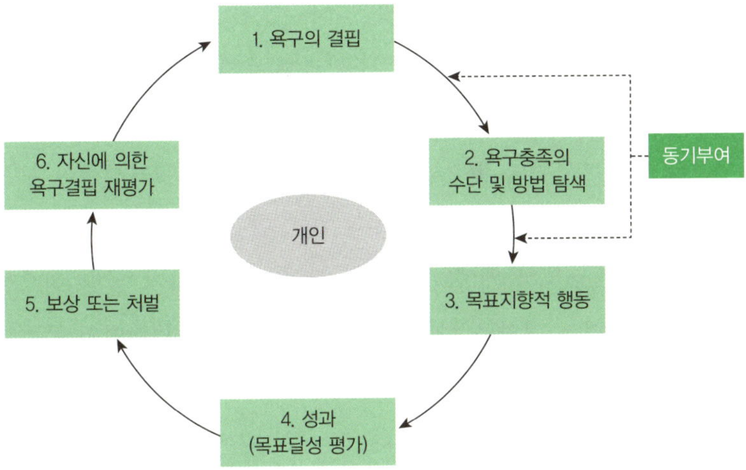

(또는 처벌)이 제공되고, 이를 통해서 결핍된 욕구가 충족되었는가에 대한 개인적인 평가를 하는 순환과정을 반복하게 된다. 따라서 개인이 동기부여되기 위해서는 결핍된 욕구를 자극하고 활성화하는 어떠한 계기 및 동기가 주어져야 하거나 또는 자신의 욕구를 충족하기 위한 필요한 수단과 방법을 찾는 과정에 있어 목표지향적인 방향으로 행동하게끔 하는 자의적이거나 타의적인 동인(drive)이 발생하거나 제공되어야 한다.

3.2 조직구성원의 동기부여과정

조직에서 구성원들의 동기부여과정을 이해하고 설명하기 위해서는 상황이론에 근거하여 앞서 언급한 순환과정에 개인과 조직의 특성이 반영되도록 상황변수들을 추가할 필요가 있다. 이때 개인적인 변수로는 지각, 태도, 성격, 학습 등이 해당되며, 특히 조직적인 변수로는 조직구조, 직무환경, 리더십 스타일, 조직의 분위기와 친근성 등을 포함할 수 있다.

이처럼 조직구성원의 동기부여과정을 살펴볼 때, 동기부여란 구성원이 자발적 내지 적극적으로 책임을 지고 일을 하고자 하는 의욕을 생기게 하는 것으로서 개인과 조직의 목적을 달성하기 위해 필요한 행동을 유발시키는 역할을 한다고 볼 수 있다. 그러나 개인의 동기부여과정과 달리 조직적 변수에 의해 개인의 욕구가 영향을 받고, 이로 인한 동기부여의 과정이 진행된다는 점에서 차이가 있다. 반면에 구성원의 행동과 그 결과에 따른 만족여부는 무엇보다 개인적인 변수에 따라 결정된다는 점은 유념할 필요가 있다.

그림 5-4 ▪ 조직구성원의 동기부여과정

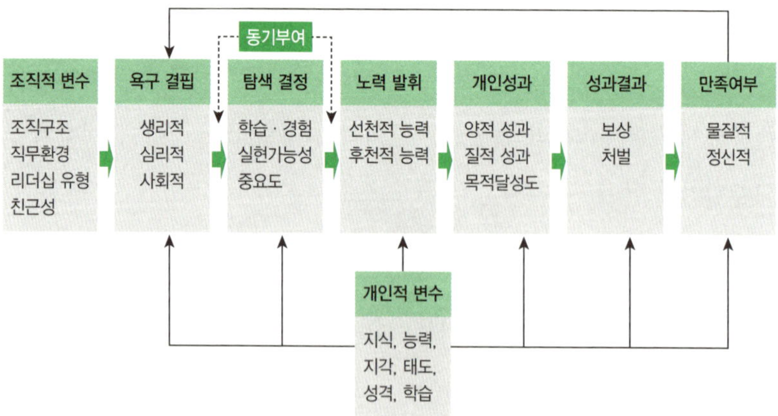

학습 및 토론 주제

1. 동기부여란 무엇을 의미하며, 동기부여의 의의와 중요성은 무엇인가?
2. 동기부여에 대한 학자들의 정의를 살펴볼 때, 공통적인 내용과 특징은 무엇인가?
3. 동기부여의 개인적인 진행과정과 조직구성원으로서의 진행과정에 있어 어떠한 차이점이 있는가?

CHAPTER 06 동기부여의 이론

1 동기부여이론의 발전과정

1.1 동기부여의 연구와 접근방법

동기부여에 관한 연구 및 이론은 무엇보다 "인간의 본성을 어떻게 보는가"에 관한 인간관과 밀접한 관계가 있다. 그동안의 시대적 변화와 발전과정을 살펴볼 때, 동기부여와 관련된 인간관은 크게 맥그리거(D. McGregor)의 X · Y이론과 메이요(E. Mayo) 등의 인간관계(human relation)이론을 중심으로 경제인과 사회인, 그리고 전 인격체(whole person)로 구분할 수 있다. 그리고 수많은 학자들이 이러한 인간에 대한 가설을 기초로 하여 "인간의 욕구가 무엇인가"와 이와 관련된 "인간의 동기를 유발할 수 있는 요인이 무엇인가"에 대해서 서로 다른 전제를 두고 연구하였다.

| 표 6-1 | 동기부여의 연구 및 접근방법

구분	전통적 연구와 이론	인간관계적 연구와 이론	인적자원적 연구와 이론
인간관	경제인(X형 인간)	사회인	전 인격체(Y형 인간)
욕구	경제적 욕구	사회적 욕구	자기개발 및 성취욕구
동인	재화(돈)	관계(감정)	능력발휘를 위한 환경 조성

경영학적인 관점에서 볼 때, 초기의 동기부여이론은 종업원의 능률을 극대화하기 위한 작업의 연구와 설계에 초점을 둔 테일러(F.W. Tayor)의 과학적 관리(scientific management)에서 시작되었다고 할 수 있다. 그는 경제적 인간관에 기초하여 재화(money)를 동기부여의 핵심적인 수단으로 인식하고, 구성원을 동기부여하기 위해서 표준생산량을 기준으로 재화에 근거한 인센티브시스템을 주장하였다. 이러한

| 표 6-2 | 맥그리거의 X이론과 Y이론

X이론적 인간관	Y이론적 인간관
대부분의 사람들은 본질적으로 일을 싫어하고 피하려고 함	대부분의 사람들은 일을 삶의 자연스러운 일부분으로 인정하고 싫어하지 않음
조직의 목적을 달성하기 위해 강제적으로 통제하고 처벌로서 위협해야 함	목표를 달성하기 위해 스스로 관리하고, 내적 동기부여가 가능하며, 통제가 유일한 수단이 아님
야망이 없고 책임회피하며 통제받기를 원하며 경제적 보상과 안정을 찾으려 함	도전적이며 책임의식을 가지고 자율적으로 행동하기를 원하며 고차원적인 욕구를 지니고 있음
창의력이 부족하며 변화와 혁신에 저항하는 태도를 보임	조직의 문제를 해결하기 위한 창의성과 혁신성을 지니고 있음
이기적이므로 조직의 목적에 관심 없음	대부분 개인의 지적 잠재력이 과소평가되고 있음

전통적인 이론(traditional theory)은 경제적 욕구와 같은 저차원의 욕구가 인간을 지배하고 동기부여한다고 보는 맥그리거(D. McGregor)의 X이론적인 인간관에 기반을 두고 있는 반면, 조직에서의 인간적이고 심리적인 측면은 비교적 소홀히 다루었다.

이후 실시된 호손실험(Hawthorne experiment)의 예상치 않았던 결과는 인간성을 무시한 합리주의와 인간기계관에 근거한 과학적 관리에 대한 문제점을 제기하는 동시에, 인간관에 대한 새로운 관점과 함께 기존의 동기부여이론을 한층 발전시키는 계기가 되었다.

- 호손실험은 인간을 물리적 · 생리적 · 요소적 존재로 보는 인간기계관에 입각하여 종업원의 생산능률과 임금, 작업시간 및 작업환경 등의 물적 · 외적인 환경조건을 검증할 목적으로 진행되었다.
- 실험결과 생산능률을 좌우하는 것은 물적 · 외적인 환경이 아니라 내적 · 심리적 및 사회적인 조건으로 밝혀짐으로써 종업원의 사기, 조직의 분위기, 상사의 리더십, 비공식적 조직 등 인간적인 요인, 즉 인간의 욕구나 감정이 결부된 인간관계(human relations)가 부각되었다.

따라서 호손실험 이후, 인간을 단순히 경제인으로 보고 돈을 지배적인 동기유발요인으로 보았던 전통적 이론에서 벗어나, 인간을 사회인으로 보고 인간관계와 연관된 욕구를 동기부여의 핵심요인으로 간주하는 새로운 이론이 나타나게 되었다. 이러한 인간관계적인 이론에 따르면 비공식집단(informal group)의 활동, 조직의 자유로운 분위기 조성, 인간적인 배려 등 단순한 경제적 욕구 이상의 보다 고차원적인 사회적 욕구를 충족시켜 주는 것이 구성원들을 동기부여하는 동시에,

그들의 생산성을 높이는 핵심적인 방법으로 인식되었다.

이후 이러한 인간관계적인 이론은 지나치게 인간의 심리적 감정이나 인간관계의 측면을 중시한 나머지 조직의 목표를 경시하는 결과를 낳았다. 이와 함께 업무의 합리화나 효율성을 후퇴시키는 결과를 초래함으로써 인간행동이나 동기부여의 문제를 인간관계로만 해결할 수 없다는 결론에 도달하였다. 즉 인간은 돈이나 인간관계 등 단순한 욕구의 만족뿐만 아니라 성취욕구와 자아실현 그리고 일의 의미 등 보다 고차원적인 요인에 의해 동기부여된다고 생각하게 되었다.

이러한 낙관적인 Y이론의 인간관에 입각하여 제시된 이론이 인적자원이론(human resource theory)이다. 인적자원적 이론은 인간을 경제인 또는 사회인의 개념뿐만 아니라 복잡한 전 인격체(whole person)로 간주하고 보다 다양한 요소에 의해서 동기부여된다고 보았다. 다시 말해서 인간은 잠재적인 자원을 가지고 있으며, 이러한 자원을 활용하기 위해서는 직무도 그에 적합하게 설계되어야 하며 금전, 사회적 욕구, 성취감 등과 같은 여러 가지 요소들을 조합하여 개인의 능력을 최대한 발휘할 수 있도록 환경을 조성하고 동기부여시켜야 한다는 것이다.

동기부여와 관련된 이러한 이론들은 나름대로 장·단점을 지니고 있기 때문에, 어떠한 특정이론이 모든 상황에 적합한 유일최선의 것일 수 없다. 전통적 이론도 경우에 따라서 인간관계적 이론이나 인적자원적 이론보다 동기부여의 차원에서 효과적일 수 있기 때문이다. 그 밖에도 시대환경의 변화와 함께 20세기에 접어들면서 동기부여에 대한 연구와 이론도 철학적인 접근방법에서 보다 심리학적이고 경영학적인 것으로 옮겨가고 있다. 뿐만 아니라 관련 학문인 사회학, 심리학, 문화인류학 등의 도움을 얻어 종합과학적인 연구의 방향으로 전개되고 있는 특징을 보여주고 있다. 따라서 리더는 동기부여에 대한 다양한 시각과 함께, 현실적으로 적용 및 활용할 수 있는 방안을 모색하는 데 있어 보다 열린 사고와 행동을 보이는 것이 바람직하다.

| 표 6-3 | 동기부여이론의 발전과정

이론	내용 및 특성
전통적 이론	• 테일러(F.W. Taylor) • 기업을 생명이 없는 기계론적 입장에서 접근하여 과학적인 관리 주장 • 경제적 인간관에 입각하여 돈을 동기부여의 핵심수단으로 간주 • 관리자의 직무를 과업을 효율적으로 수행하기 위한 과업수행방법이나 성과의 극대화에 초점 • 통제와 지시에 역점을 두는 X이론적 인간관과 경제인 인간관에 입각하여 권위주의적 관리와 가부장주의, 경제적 유인책으로 종업원들을 동기부여하고자 하는 입장 지지
인간관계 이론	• 메이요(E. Mayo), 뢰트리스버거(F.J. Roethlisberger) • 기업을 생명을 지닌 유기체론적 입장에서 접근하여 인간관계나 집단규범에 의한 관리 주장 • 종업원이 경제적 욕구보다 더 높은 사회적 욕구를 지니고 있다는 가정에서 출발하고, 연구대상으로 집단을 선정 • 작업자들에게 보다 많은 결정권을 부여하고, 조직 내 비공식적인 집단의 활동에 대한 관심을 높이며, 조직에 관하여 보다 많은 정보를 제공하는 등 인간관계의 개선을 통한 동기부여에 초점
인적자원 이론	• 맥그리거(D. McGregor), 아지리스(C. Argyris), 허즈버그(F. Herzberg) • 종업원을 낙관적인 인간관(Y이론)에 입각하여 믿을 수 있고 협조적 내지 창조적인 존재라는 가정에서 전개 • 유기체론적인 입장에서 종업원은 금전이나 인간관계에 대한 욕구뿐만 아니라, 성취욕구와 작업에 대한 욕구 등 여러 요인에 의해 동기유발될 수 있다는 관점을 지니고 있으며, 연구대상을 개인에 초점

1.2 동기부여이론의 분류와 유형

이상에서 살펴본 바와 같이 동기부여의 연구 및 접근방법에서처럼 동기부여의 이론에 대한 분류 역시 시각에 따라 다양할 수 있다. 일반적으로 경영학에서 동기부여에 관한 이론들은 크게 내용이론(content theory)과 과정이론(process theory) 두 가지 유형으로 분류되고 있다. 이들 이론은 인간행동에 영향력을 행사하는 동기부여의 요인과 동기부여의 과정에 대한 내용을 다루고 있다.

그림 6-1 ▪ 동기부여의 이론

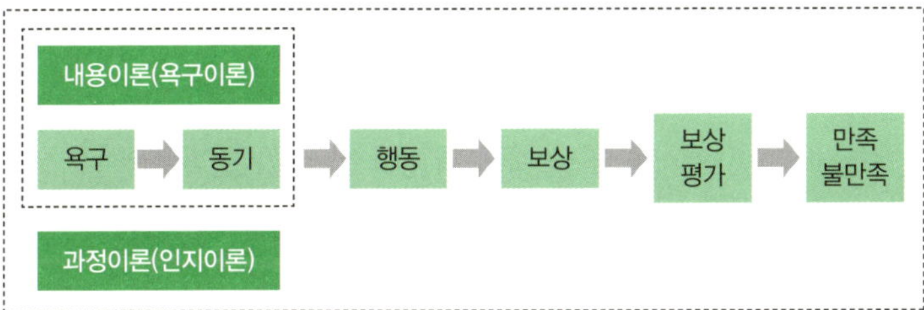

- 내용이론은 인간의 행동에 영향을 미치는 특정한 욕구나 보상을 파악하는 데 있다. "사람들이 만족을 원하는 욕구나 보상은 무엇인가(what)" 또는 "어떤 요인들이 동기를 유발시키는 데 작용하는가"에 주목하고, 욕구충족의 행동관점에서 모티베이션(motivation)을 이해하고 설명하려는 것이 내용이론의 핵심이다. 특히 직무행동에 영향을 주는 동기부여의 내용에 관심을 두고 있으며, 욕구이론(needs theory)들이 이에 해당된다. 대표적인 욕

구이론에는 매슬로우(A.H. Maslow)의 욕구계층이론, 알더퍼(C.P. Alderfer)의 ERG이론, 허즈버그(F. Herzberg)의 2요인이론, 맥클러랜드(D.C. McClelland)의 학습된 욕구이론 등이 이에 해당된다.

- 과정이론은 "동기부여가 어떠한 과정을 통해서 발생하는가(how)", 다시 말해서 모티베이션과정에서 발생하는 제 변수와 이들 변수들의 상호관련성을 밝히는 데 초점을 두고 있다. 과정이론은 동기부여가 나타나는 인지적인 과정에 초점을 맞춘 것으로서 인지이론(cognitive theory)이라고도 불린다. 과정이론으로는 기대이론과 공정성이론이 대표적이며, 이 외에도 목표설정이론 등을 포함시킬 수 있다.

동기부여와 관련된 이러한 내용이론과 과정이론의 관계는 서로 독립적이 아니라 상호의존적이어야 한다. 왜냐하면 내용이론과 과정이론 그 자체만으로 동기부여의 현상을 정확히 이해하고 설명하기에 불충분하기 때문이다. 다시 말해서 동기부여에 관한 일반적인 이론을 형성하기 위해서는 내용이론과 과정이론을 통합하는 시각과 노력이 필요하다. 뿐만 아니라 리더십의 성과를 높이기 위해서라도 이들 두 가지 유형의 이론을 함께 이해하고 활용하는 것이 중요하다.

한편 이들 내용이론과 과정이론에 "동기부여의 과정이 왜 일어나는가(why)"를 다루는 강화이론(reinforcement theories)을 첨가하여 연구과제로 하는 학자들도 있다. 이러한 강화이론은 개인의 직접적인 경험을 통해서 상대적으로 오래 지속되는 행동의 변화로 정의되는 학습과 관련되어 있다. 여기서 강화(reinforcement)란 학습과 행동에 영향을 미치는 경험의 일환으로 이해할 수 있다. 즉 행동의 가능성을 높이기 위해서 어떠한 행동의 결과로써 보상이나 벌을 제공하는 것이 강화이다. 따라서 강화이론이란 이러한 강화를 적절히 관리함으로써 구성원들의 행동을 변화시킬 수 있다는 것을 전제로 하고 있다.

그림 6-2 ▪ 동기부여의 이론과 관계

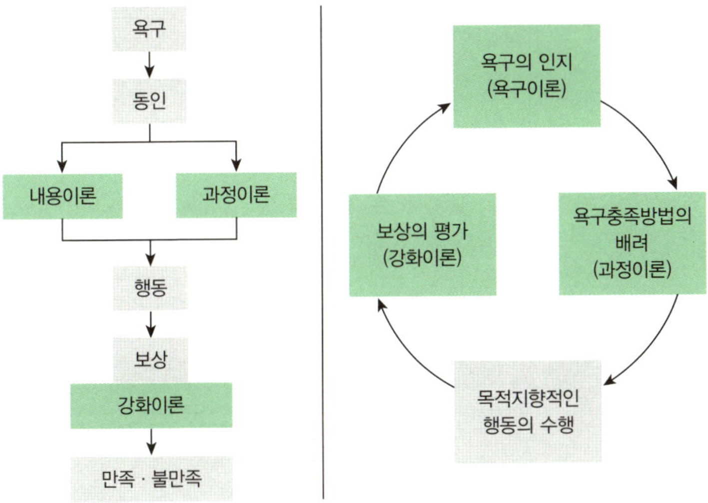

학습 및 토론 주제

1. 동기부여에 대한 연구와 접근방법은 무엇인가?
2. 동기부여와 관련된 주요 이론과 내용은 무엇인가?

2 동기부여의 내용이론

동기부여의 내용이론은 '욕구→충동→행동(목표)→충족'이라는 관점에서 동기부여를 시키는 요인을 파악하고, 이와 관련된 내용을 제시한 이론이다. 즉 내용이론의 핵심은 "인간을 동기부여하는 것이 무엇인가(what)"에 있다. 이와 관련하여 내용이론은 인간의 내면에 존재하는 욕구를 동기부여의 근본적인 힘으로 간주하고, 이에 해당되는 욕구의 종류를 확인하는 데 초점을 두고 있다.

이러한 사고의 배경에는 인간은 충족시켜야 할 욕구를 가지고 있으며, 욕구충족의 결핍이 행동을 동기화한다는 것을 전제로 하고 있다. 이때 욕구충족의 기대수준과 현재수준 간에 차이가 날수록 행동이 강하게 동기화된다는 것이다. 이러한 관점에서 내용이론은 "결핍된 욕구가 동기를 유발한다"는 의미에서 욕구이론(need theory)이라고도 불린다.

2.1 매슬로우의 욕구계층이론

매슬로우(A.H. Maslow)는 오랜 기간의 임상실험을 통해서 모든 인간은 욕구가 결핍된 존재이며, 인간을 동기유발시킬 수 있는 욕구는 다섯 가지, 즉 생리적 욕구, 안정 및 안전의 욕구, 애정과 소속의 욕구, 존경의 욕구, 자아실현의 욕구가 있으며, 이들은 계층적인 구조를 이루고 있다고 주장하였다. 그리고 이들 욕구가 행동유발의 동기로 나타날 때는 저차원의 욕구로부터 시작하여 고차원의 욕구의 순서

| 표 6-4 | 매슬로우의 욕구 유형

욕구 유형	내용
생리적 욕구	삶 그 자체를 위한 가장 원초적인 인간의 욕구(의, 식, 주)
안전 및 안정의 욕구	신체적인 위협과 생리적인 욕구의 위협으로부터 보호하려는 욕구(보험, 체력단련)
소속과 애정의 욕구	인간은 사회적 동물로서 어디에 소속되거나, 다른 집단에 의해 받아들여지기를 바라는 욕구(동료, 친구, 가정)
존경의 욕구	개인이 소속된 집단에서 단순한 구성원이기보다는 다른 사람으로부터 인정을 받기 원하는 욕구(칭찬, 영웅심)
자아실현의 욕구	계속적인 자기발전을 위하여 자신의 잠재력을 극대화하려는 욕구(연구개발)

에 따라서 충족되지 않는 욕구만이 우선적인 동기부여의 대상이 되며, 충족된 욕구는 더 이상 행동을 유발하는 동인(drive)이 되지 못한다고 보았다.

일반적인 피라미드형의 사회구조를 고려해 볼 때, 매슬로우(A.H. Maslow)가 주장하는 아래 단계에 위치한 욕구는 가장 많은 사람들의 행동을 유발하는 욕구이며, 상위 단계로 갈수록 사회에서 상대적으로 적은 수의 행동을 유발하는 욕구라고 볼 수 있다. 그 밖에도 고차원의 욕구일수록 내적인 보상에 의해서, 저차원의 욕구일수록 외적인 보상에 의해서, 중간 차원의 욕구는 내 · 외적인 보상에 의해서 충족된다는 점을 유념할 필요가 있다.

한편 몬디(R.W. Mondy), 깁슨(J.L. Gibson) 등의 실증연구에 따르면 욕구의 계층이 존재하지 않고 설령 존재하더라도 반드시 단계별로 충족되기가 어렵다는 것이다. 더욱이 문화권에 따라 제한적인 설명이 가능하고, 개인의 욕구가 상황에 따라서 변화하거나 동시에 발생할 수 있다는 측면에서 매슬로우(A.H. Maslow)의 이론적인 한계가 밝혀졌다. 이외에도 일반적인 인간에 근거한 일반이론이기 때문에 예외의 경우가 발생할 수 있으며, 원하는 욕구를 충족할 수 없다고 판단될 때 대체적인 욕구가 발생할 수 있다는 점에서 비판적인 시각도 있다.

그럼에도 불구하고 매슬로우의 이론은 개인의 행동을 결정짓는 동기요인 및 다양한 욕구체계를 제시함으로써 개인 및 조직행동의 동기를 이해하는 데 적지 않은 공헌을 하였다. 특히, "부하의 행동이 어떠한 욕구 단계에서 일어나는지"를 파악하는 것은 동기부여 차원에서 리더에게 중요한 정보가 될 수 있다.

2.2 알더퍼의 ERG이론

알더퍼(C.P. Alderfer)는 실증연구를 기반으로 매슬로우(A.H. Maslow)의 욕구 5단계설을 수정 · 보완함으로써 조직환경하에서의 개인적인 욕구를 보다 현실적으로 제시하였다. 그는 욕구를 존재욕구, 관계욕구, 성장욕구의 세 가지로 범주화하였다. 그가 주장하는 존재욕구는 매슬로의 생리적 욕구 및 안전 · 안정의 욕구의 범주와 유사하며, 관계욕구는 애정의 욕구에 해당되며, 성장욕구는 존경과 자아실현의 욕구와 같은 것으로 설명되고 있다.

| 표 6-5 | 알더퍼의 욕구 유형

욕구 유형	내용
존재욕구 (existence needs)	생리적 욕구와 안전 · 안정의 욕구에 해당되는 것으로서 경제적 보상과 작업조건 등에 대한 욕구
관계욕구 (relatedness needs)	사랑과 소속욕구에 해당되는 것으로서 개인 간의 사교와 소속감 등에 대한 욕구
성장욕구 (growth needs)	존경욕구와 자아실현욕구에 해당되는 것으로서 개인의 능력개발, 창의성, 자존심 및 성취감 등에 대한 욕구

이와 같이 알더퍼의 욕구이론은 매슬로우의 욕구이론과 내용상 유사성을 지니고 있지만, 매슬로우의 욕구이론의 핵심인 욕구의 우선순위와 한 가지 욕구가 어느 정도 충족되면 다음 단계의 욕구의 활성화를 유도한다는 가정을 배제하고 다음과 같은 상이한 내용을 주장하였다.

- 일정한 시점에 가장 낮은 수준에서 충족되지 않은 욕구가 가장 중요하며, 그것보다 한 수준 높은 계층의 욕구는 현재 중요하다고 생각하는 욕구가 충분히 충족될 때까지 활성화되지 않는다.
- 하위욕구가 충족될수록 상위욕구를 추구하려는 노력이 더욱 강하게 나타난다. 따라서 가장 낮은 수준의 욕구가 충족되어야만 욕구계층을 따라서 그 다음 수준의 욕구로 올라갈 수 있다(만족-전진(satisfaction-progression)과정).
- 상위욕구를 만족하지 못할 때에는 오히려 하위욕구를 충족하기 위한 강도를 더욱 높여 간다(좌절-회귀(frustration-regression) 과정).

그림 6-3 ▪ 욕구의 만족-전진과 좌절-회귀의 과정

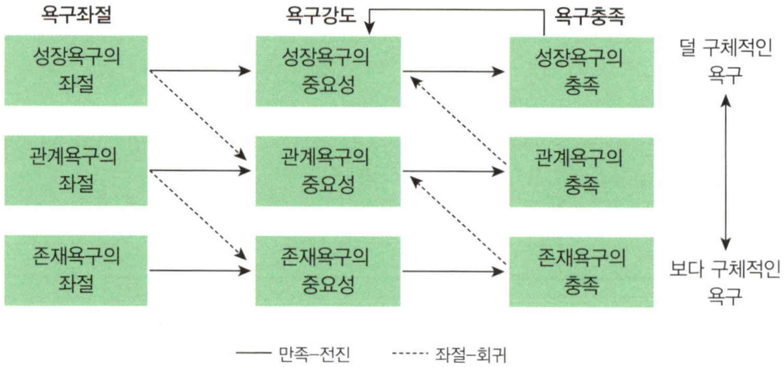

알더퍼(C.P. Alderfer)의 욕구이론에 대한 평가의견은 다양하다. 특히 이론의 보편성 측면에서 볼 때 어떤 조직에서는 적용되지만 어떤 조직에서는 적용되지 않는다는 연구결과를 보이며, 그렇다고 매슬로우의 욕구이론보다 타당성이 있는 것도 아니라는 의견도 있다. 그럼에도 불구하고 상당수의 학자들은 알더퍼의 욕구이론이 욕구개념에 근거를 둔 동기부여이론으로서 타당성을 지니고 있을 뿐만 아니라, 리더가 구성원들을 동기부여하기 위해서 유용하게 활용할 수 있는 현실적인 방안이라고 보고 있다.

매슬로우(A.H. Maslow)와 알더퍼(C.P. Alderfer) 이론의 비교

매슬로우와 알더퍼 이론 모두가 욕구를 통해서 행동의 동기를 설명하고, 욕구에는 단계가 있다는 점과 욕구의 유형에 대한 유사한 견해를 가지고 있다. 또한 각 단계의 욕구가 충족되지 않을수록 그에 대한 바람이 크다는 유사성이 있다. 물론 성장욕구는 충족될수록 그에 대한 바람이 크지만, 일반적으로 하위욕구가 충족되면 상위욕구에 대한 바람이 커진다. 반면에 이 두 이론은 다음과 같은 측면에서는 서로 간의 차이점을 발견할 수 있다.

- 매슬로우의 욕구단계설은 만족-전진과정, 즉 저차원의 욕구가 만족하였을 때 고차원의 욕구로 진행한다는 이론에 바탕을 두고 있다. 그러나 알더퍼의 EGR이론에 따르면, 만족-전진과정뿐만 아니라 좌절-회귀과정, 즉 고차원욕구가 만족되지 않거나 좌절되었을 경우 저차원욕구에 대한 중요성이나 바람이 증가한다.
- 알더퍼의 ERG이론은 좌절-회귀과정으로 인해서 매슬로우의 욕구단계설과 달리 한 가지 이상의 욕구가 동시에 발생할 수 있다.

매슬로우와 알더퍼의 이론이 시사하는 바는, 특히 리더의 입장에서 부하들이 어떠한 욕구를 가지고 있으며, 그들의 욕구의 충족 또는 결핍에 따라 동기행동이 달라진다는 전제를 두고, 그에 상응한 조치를 취하는 것이 곧 구성원 개인의 욕구충족이자 동시에 조직의 목표달성에 기여한다는 점이다. 그리고 구성원들을 동기유발하고 목표지향적인 행동을 촉진하기 위해서는 충족되지 않은 욕구를 정확하게 파악하고 자극하는 것이 무엇보다 중요하다.

2.3 허즈버그의 2요인이론

허즈버그(F. Herzberg)는 "직무에 대한 태도가 일의 성공과 실패를 좌우한다"고 주장하며, 직무에 대해 긍정적으로 느끼면 동기가 유발되지만 이와 반대로 부정적으로 느끼면 동기가 감소한다고 보았다. 또한 그는 직무에 대한 만족과 불만족에 관한 실증연구를 통해서 인간은 직무에 불만을 느끼면 자기가 일하고 있는 환경에 관심을 가지고, 반대로 직무에 만족을 느끼면 직무 그 자체에 관심을 가진다는 사실을 발견하였다. 이러한 연구결과를 토대로 인간은 상호독립적인 두 가지 종류의 이질적인 욕구를 가지며, 이들은 행동에 대해 각각 다른 영향을 미친다고 결론을 내렸다.

다시 말해서 환경에 대한 관심과 욕구는 불만족을 예방하거나 감소하는 데 작용하고, 직무 그 자체에 대한 관심과 욕구는 보다 높은 업적에 대한 동기부여나 개인의 만족에 유효하게 작용한다는 것이다. 따라서 만족의 반대는 불만족이 아니라 만족과 불만족은 서로 독립된 개념이며 직무만족과 직무불만족을 유발하는 요인도 각각 다르다고 보았다. 이러한 내용을 기반으로 직무만족을 주는 요인을 내재적인(intrinsic) 것으로 동기요인(motivational factors), 직무불만족을 주는 요인을 외재적인(extrinsic) 것으로 위생요인(hygienic factors)이라고 정의하였다. 허즈버그의 이론을 2요인이론이라고 부르는 이유도 여기에 있다.

2.3.1 동기요인

동기요인(motivational factors)은 앞서 언급한 바와 같이 직무 자체와 직접적으로 관련되어 있는 것으로 주로 개인의 내적인 측면에서 보상이 되는 요인이다. 이 같은 동기요인에는 성취, 인정, 개인적인 성장, 발전, 책임감 부여, 승진, 보람 등이 해당되며, 직무의 만족감과 동기유발의 정도를 높일 수 있기 때문에 만족요인(satisfaction factor)이라고 한다. 따라서 동기요인의 개선은 직무만족을 증진시킬 수 있고 행동에 동기를 부여할 수 있지만, 직무불만족을 감소하거나 방지할 수 없다.

2.3.2 위생요인

위생요인(hygienic factors)은 직무가 수행되는 환경과 관련이 있다. 즉 직무와 관련된 외적인 요인이다. 이 같은 위생요인에는 임금, 복리후생, 상사와 부하 간의 관계, 감독, 회사방침 및 작업환경 등이 포함되며, 이러한 요인이 충족되지 않을 때 불만족을 발생시킨다. 그러나 위생요인의 충족은 직무불만을 방지하거나 제거할 수 있지만, 직무의 만족을 가져다주지는 않는다. 또한 이러한 불만을 줄여주는 소극적인 효과가 직무행동에 미치는 영향은 대부분 단기적인 효과에 불과하다.

[그림 6-4]에서와 같이 허즈버그(F. Herzberg)는 기존연구들과 달리 개인행동을 자극하는 동기요소를 두 가지 요인으로 나누고, 개인의 만족과 불만족에 미치는 영향을 다르게 분석함으로써 동기요인들의 작용영역과 한계를 명백히 하였다. 그의 이론에 따르면 리더는 부하들이 일을 통하여 성취감을 느끼고 인정받을 수 있도록 하고 이를 통해 동기부여되도록 직무만족요인(동기요인)을 증가시키고, 동시에 직무불만족요인(위생요인)을 최대한 줄이는 방안을 강구하는 것이 필요하다.

그림 6-4 ▪ 동기요인과 위생요인의 역할

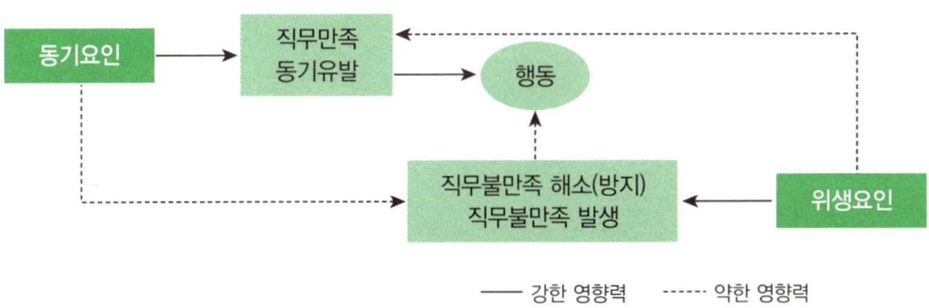

그림 6-5 ▪ 직무의 만족과 불만족요인

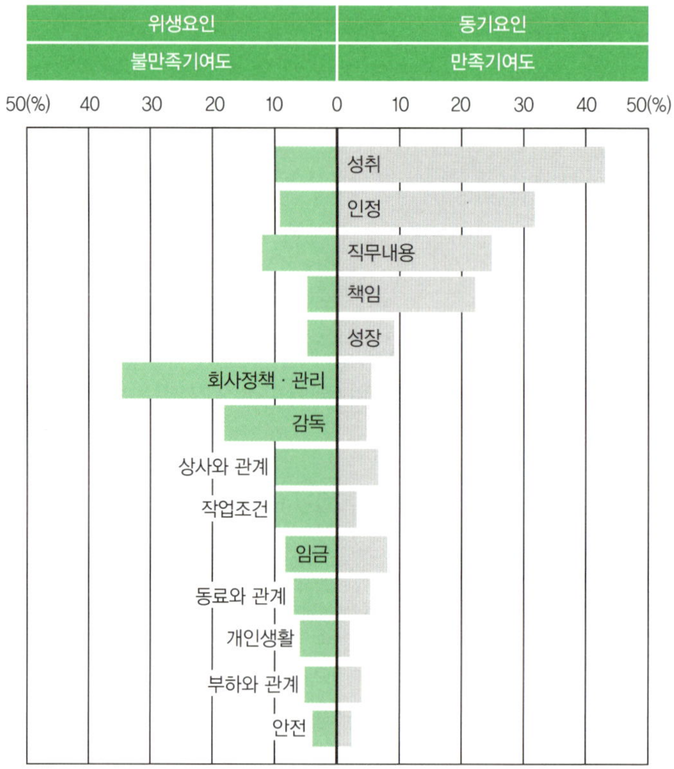

특히 허즈버그(F. Herzberg)는 동기요인을 높이기 위한 직무설계 방법으로 직무충실화(job enrichment) 개념을 제시하였다. 그가 제시한 직무충실화는 직무내용을 고도화하여 직무의 질을 높이는 것을 의미하는 것인데, 단순히 직무순환(job rotation)이나 직무확대(job enlargement) 개념과 달리 구성원의 재능과 기술을 최대한 발휘하도록 하고 보람과 성취욕구를 고취시킴으로써 성과를 높이는 데 역점을 두고 있다. 그리고 이를 위해서 직무 자체에 책임감(accountability),

성취감(achievement), 피드백(feedback), 작업속도(work pace)의 조절, 자원에 대한 통제(control over resources), 개인의 성장과 개발(personal growth and development) 기회의 요소들이 포함되어야 한다고 주장하였다.

한편 허즈버그의 이론은 단지 두 가지 직종(기술, 회계)을 조사대상으로 하였기 때문에, 조사결과가 다른 조직이나 직종에도 적합하다고 보기는 어렵다. 즉 위생요인은 누구에게나 위생요인이 아니라 다른 사람들에게는 동기요인으로 작용할 수 있다는 것이다. 동기요인의 경우도 마찬가지다. 또한 상황변수들을 고려하지 않은 것은 물론, 조사방식에 있어서 근접경험이나 중요사실기록법(critical incident method)으로 인해서 사실이 왜곡될 수 있는 가능성이 있다. 그럼에도 불구하고 그가 언급한 직무충실화 개념이나 직무의 내용적인 요소에 관심을 가지게 했다는 점은 동기부여 측면에서 소홀히 취급해서는 결코 안 될 부분이다.

2.4 맥클러랜드의 성취동기이론

기존의 욕구이론 학자들과 마찬가지로 맥클러랜드(D.C. McClelland) 역시 욕구를 통해 행동의 동기를 설명하였다. 다시 말해서 맥클러랜드는 만일 어떠한 욕구가 강하다면 그 욕구를 만족으로 이끄는 행동을 하도록 동기부여가 된다고 보았다. 반면에 차이점은 대부분의 욕구가 후천적으로 사회나 문화로부터 학습되고 습득된다는 소위 '학습된 욕구이론'을 주장하였다. 또한 그는 행동에 영향을 미칠 수 있는 잠재력을 지닌 욕구의 단계는 매슬로우(A.H. Maslow)의 주장처럼 일반적이고 공통적인 것이 아니라, 개인에 따라서 차이가 있다고 주장하였다. 그 밖에도 인간의 학습된 기본적인 욕구를 〈표 6-6〉과 같은 세 가지 형태로 파악함으로써 동기부여를 이해하는 데 공헌하였다.

| 표 6-6 | 맥클러랜드의 욕구 유형

욕구 유형	내용
성취욕구 (need for achievement)	직무수행의 능률 제고나 문제해결 및 복잡한 직무의 성공적인 수행을 달성하려는 욕구
권력욕구 (need for power)	다른 구성원에게 통제력을 행사하거나, 행동에 영향력을 행사하는 데 큰 관심을 가지려는 욕구
친화욕구 (need for affiliation)	다른 사람과 우호적이고 따뜻한 관계를 유지하려는 온정적 욕구

맥클러랜드는 이들 욕구 중에서 무엇보다 성취욕구의 중요성을 강조하였다. 그는 기업이나 국가에서와 마찬가지로 개인에게 부족한 것은 자원, 자본 등 경제적인 외부여건이나 능력, 지식, 기술이 아니라 강력한 성취욕구라고 보고, 이것이야말로 인간이 인간다울 수 있는 최고의 바람직한 욕구라고 주장하였다. 그는 성취에 대한 신념이 클수록 성취동기가 높고, 그에 따라 열정과 도전의식이 강한 '성취인'이 됨으로써 결과적으로 자신과 기업의 성장과 발전을 이룰 수 있다고 보았다. 또한 그가 주장하는 이와 같은 성취욕구가 강한 사람은 다음과 같은 특성을 지니고 있기 때문에, 그에 적합한 직무를 구성하고 제공하는 것이 필요하다고 주장하였다.

- 성취욕구가 강한 사람은 다른 사람들과 함께 일하기보다 혼자 일하기를 원하며, 개인적으로 책임지려는 강한 바람을 갖고 있다.
- 어느 정도의 어려운 목표를 설정하고 적당한 모험을 시도한다.
- 목표에 대한 제반 활동이나 업적에 대해 곧바로 피드백을 받으려는 강한 바람을 갖고 있다.
- 과거지향적이 아니라 미래지향적인 사고와 행동을 한다.
- 오직 과업과 과업의 달성에만 관심을 갖고 집중함으로써 과업지향적이다.

그림 6-6 ▪ 성취인에 적합한 직무

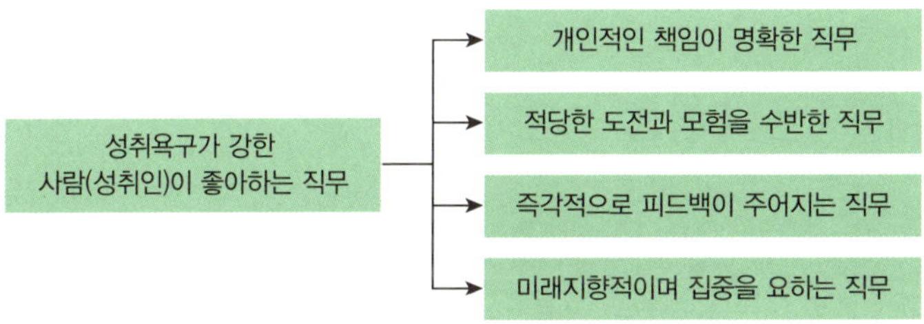

그 밖에도 맥클러랜드(D.C. McClelland)와 번햄(D.H. Burnham)에 따르면 성취욕구는 기업가의 성공에 중요한 역할을 할 뿐만 아니라 한 사회의 경제적인 성장은 그 사회의 인구에 내재된 성취욕구의 수준에 기초하고 있다고 주장하였다. 이에 대해 권력욕구와 관계욕구는 리더의 성과를 결정하는 데 중요한 역할을 한다고 보았다. 그리고 리더의 성공 핵심요인으로 높은 권력욕구, 낮은 관계욕구, 높은 자기통제라는 리더십 동기패턴을 제안하기도 하였다. 그러나 이들이 제안한 주장은 한정된 분야에서 적용이 가능하지만, 일반적인 리더의 성공 핵심요인으로서 보편 · 타당성을 유지하기가 어렵다. 왜냐하면 조직의 특성이나 주어진 여건 및 환경에 따라서 결과가 달리 나타날 수 있기 때문이다.

이와 같이 맥클러랜드의 성취동기이론은 인간의 기본적인(저차원) 욕구에 관해서는 언급하지 않고 고차원의 욕구에 속하는 세 가지에만 초점을 두고 논의했기 때문에 완전한 욕구이론으로 볼 수 없다는 비판을 피할 수 없다. 그러나 욕구를 선천적이라기보다는 후천적으로 학습되고 습득되며 가르칠 수 있는 것으로 보고, 욕구를 개인뿐만 아니라 기업과 국가적인 차원에서 논의하였다는 점에서 새로운 측면을 제시하였다고 볼 수 있다.

2.5 내용이론의 종합 및 평가

이상에서 언급한 대표적인 네 가지 동기부여의 내용이론을 통해서 공통적으로 얻을 수 있는 결론적인 내용을 요약하면 다음과 같이 설명할 수 있다.

- 개인의 욕구에 초점을 둔 이들 이론은 상이한 어휘를 사용하며 강조점과 내용을 조금씩 달리하고 있다. 그럼에도 불구하고 이들은 같거나 비슷한 이론적인 배경을 지니고 있기 때문에 상당한 유사성을 지니고 있으며 상호보완적으로 작용할 수 있다.
- 이들 이론은 모두 단점과 한계를 지니고 있다. 그럼에도 불구하고 다양한 욕구의 종류와 특성을 제시하였으며, 특히 관리자나 리더로 하여금 대상에 따라 동기부여하는 방법을 달리해야 한다는 인식에 도움을 주었다는 측면에서 가치를 인정받는다.

그림 6-7 ▪ 내용이론의 종합 비교

구분	가설	장점	단점(한계)
매슬로우	• 동기부여는 우세한 순위에 따라 배열된 일련의 욕구에 의존함 • 욕구를 충족하면 다음 고차원의 욕구로 이동함	이해하기 쉬움	• 개인차보다 유사성에 초점을 두는 경향이 있음 • 광범위한 실증적인 지원이 부족함
알더퍼	• 욕구계층이론의 다섯 가지 욕구를 보다 일반적인 세 가지 욕구의 범주로 구분함	실증적인 지원을 받고 있음	• 개인차보다 유사성에 초점을 두는 경향이 있음
허즈버그	• 작업의 본성에 관련된 어떠한 요인들은 동기유발을 함 • 작업환경에 관련된 어떠한 요인들은 동기유발을 하지 못함	• 직관적이고 논리적임 • 실천하기 쉬움	• 조사와 검증이 필요함 • 개인차를 부정/극소화함 • 모든 삶이 유사하다고 가정함 • 실증적 지원의 불일치
맥클러랜드	• 하나 이상의 욕구가 행동의 우세에 주된 영향을 줌	• 이해하기 쉬움 • 과거행동 설명에 사용	• 개인의 욕구를 정확히 식별하기 곤란함 • 변하지 않는 동인을 지나치게 강조함

학습 및 토론 주제

1. 동기부여의 내용이론에 대한 가설과 내용은 무엇인가?
2. 매슬로우와 알더퍼의 동기부여이론의 내용과 차이점은 무엇인가?
3. 허즈버그의 2요인이론의 내용과 특징은 무엇인가?
4. 맥클러랜드의 성취동기이론의 내용과 특징은 무엇인가?

3 동기부여의 과정이론

내용이론은 "인간을 동기부여시키는 요인이 무엇인가"에 관심을 두고, 무엇이 사람을 동기화하는가에 대한 나름대로의 해답을 주었지만, 욕구와 행동 두 변수 간의 복잡한 관계 및 인간행동을 명확하게 설명하는 데 한계가 있었다. 따라서 과정이론은 "인간의 동기부여가 어떠한 과정을 거쳐 이루어지는가"에 주안점을 두고, 인간의 머릿속에 일어나는 인지적 과정을 통해서 특정한 행동을 선택하는 과정을 설명하고자 노력하였다. 이 같은 인지에 중심을 둔 과정이론은 인간을 자신과 자신을 둘러싼 환경을 지각하고 판단하는 존재로 가정하고, 개인의 인지적인 판단의 결과가 동기부여에 영향을 미친다고 보았다. 대표적인 과정이론으로는 기대이론, 공정성이론, 목표설정이론 등이 해당되며, 이에 대한 구체적인 내용을 살펴보면 다음과 같다.

3.1 기대이론

기대이론(expectancy theory)에 따르면 인간행동은 여러 대안 중 의식적인 선택의 결과이며, 이러한 선택은 심리적 과정과 체계적으로 관련되어 있다. 다시 말해서 인간은 여러 행동대안 중 자신이 원하는 산출물에 대한 확신과 가능성을 극대화하는 것을 선택을 한다는 것이다. 따라서 동기부여 역시 이러한 인지적인 과정을 통한 합리적인 계산의 결과라고 믿고 있다. 이러한 기대이론은 1960년대 중반에 브룸(V.H. Vroom)에 의해 시작되었고, 포터(W. Porter)와 로울러(E.E. Lawler) 등에 의해 1970년대 초반에 확대 · 보급되고 점차 정교화되면서 동기부여에 대한 포괄적인 관점과 내용이 제시되었다. 이들이 주장한 이론의 공통점은 개인의 주관적인 지각과 기대감을 강조하고, 이에 따라 동기부여가 결정된다는 점이다.

3.1.1 브룸의 기대이론

조직심리학자인 브룸(V.H. Vroom)은 욕구 · 동기유발 · 만족의 체계에 기대라는 인식론적 요소를 추가함으로써 기대이론이라고 불리는 과정이론을 제시하였다. 그의 주장에 따르면 구성원들이 직무에 대한 노력을 최대한 발휘하고, 나아가 이를 통해서 조직의 목표를 달성하기 위한 조건으로 다음과 같은 세 가지 변수에 의해서 동기부여가 결정된다.

| 표 6-7 | 브룸의 동기부여 결정요소

결정요소	내용
기대감 (expectancy)	어떤 특정한 행동을 열심히 하면, 높은 수준의 성과를 달성할 수 있을 것이라는 가능성
수단성 (instrumentality)	목표를 달성하면 직무수행의 결과로서 어떠한 보상 등이 주어질 것이라고 믿는 정도
유의성 (valence)	수행한 어떠한 직무와 관련된 결과(보상)에 대해서 개인이 가지는 가치나 중요성

브룸은 동기부여를 기대감, 수단성, 유의성에 의한 승수효과의 함수로 보고, '동기부여(M)=f(기대감, 수단성, 유의성)'라고 가정하였다. 따라서 리더는 구성원들로 하여금 높은 수준의 성과를 거두게 하려면, 이러한 세 가지 동기부여와 관련된 각각의 요소를 극대화해야 한다고 주장하였다.

그림 6-8 ▪ 브룸의 기대이론 모델

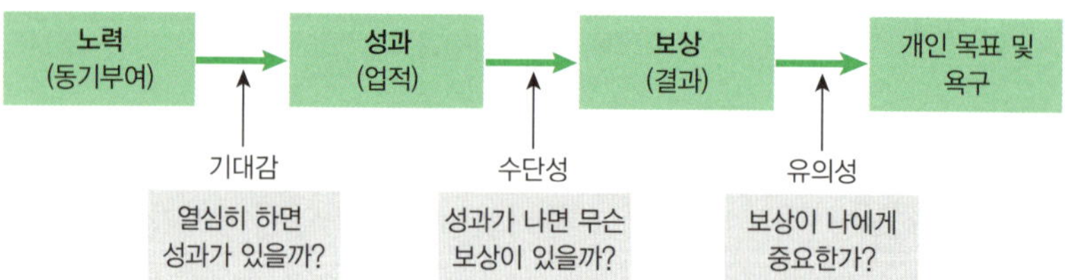

그 밖에도 이와 같은 변수에 기반을 둔 브룸의 기대이론은, 특히 동기부여와 관련된 리더십에 있어 다음과 같은 매우 실천적인 시사점을 제시해 준다.

- 구성원들이 직무를 잘 수행할 수 있도록 역량을 개발하고, 높은

성과달성에 대한 자신감을 부여함으로써 노력–성과 간의 기대감을 높여야 한다.

- 구성원들에게 긍정적인 가치를 제공해 주는 적절한 보상을 선택하고 활용해야 한다.
- 개인적으로 가치가 있다고 생각하는 보상을 성과와 명확하게 연계시켜야 하며, 그러한 보상을 얻기 위해서 "무엇을 어떻게 해야 하는지"에 대해 확실하게 인식시켜야 한다.

3.1.2 포터와 로울러의 기대이론

브룸의 기대이론은 여러 학자들에 의해 다양한 모형으로 보완되고 변형되었다. 그 중에서도 포터와 로울러(L.W. Poter & E.E. Lawler)의 기대이론은 많은 학자들로부터 공감을 불러일으켰다. 그들은 그동안 다소 소홀히 다루었던 업적과 만족의 관계에 대해 집중적으로 연구하였으며, 그 결과 동기부여(노력이나 힘), 업적, 만족 등은 모두 별개의 변수로써 전통적으로 가정된 것과 다른 형태로 연관되어 있다고 주장하였다. 즉 '노력(동기부여)과 업적(성과) 그리고 만족'의 과정이 개인적인 지각에 의한 단순한 인과관계가 아니라, 이들 각각의 요소에 또 다른 매개 및 영향요소에 의한 복잡한 관계가 있다고 보았다. 이러한 관점에 입각하여 개인의 주관적인 지각이 강조된 [그림 6–9]와 같은 통합적인 모델을 제시하였고, 특히 과거의 경험이나 미래에 대한 기대감에 의해서 동기가 부여된다는 사실을 강조하였다.

그림 6-9 ▪ 포터와 로울러의 기대이론 모델

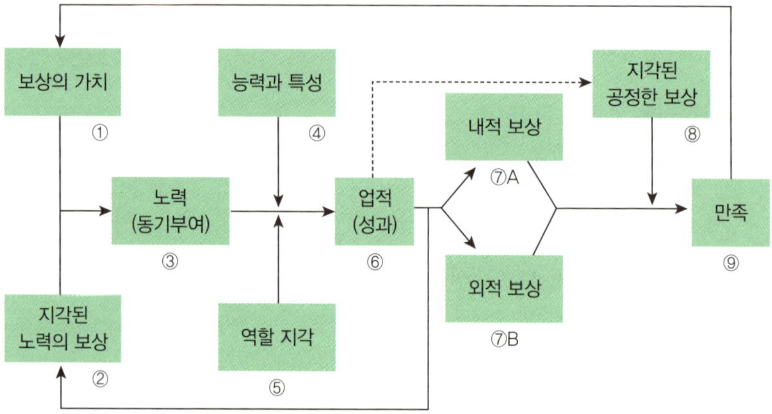

[그림 6-9]에서 알 수 있듯이 ①, ②, ③의 관계, 즉 (지각된 노력→보상의 확률)×보상의 가치=노력(동기부여)이라는 함수관계는 근본적으로 브룸(V.H. Vroom)의 논리와 비슷하지만, 차이점은 노력(힘 또는 동기부여)이 업적에 직접적으로 연결되어 있지 않다는 것이다. 즉 브룸의 모형에서 고려되지 않았던 욕구이론의 변수인 직무수행에 필요한 능력과 특성(④)과 자신의 역할에 대한 지각(⑤)변수에 의해 조정된다고 보았다. 그리고 보상을 자신에 의해 관리되는 내재적 보상(⑦A)과 조직에 의해 관리되는 외재적 보상(⑦B)으로 구분하고, 성과와 보상 간에 있어 내재적 보상이 더욱 직접적인 관계로 존재한다고 주장하였다. 뿐만 아니라 실제로 얻은 보상과 지각된 공정한 보상(⑧)과의 차이에 따라서 만족(⑨)의 정도가 결정된다는 가정하에 본인의 주관적인 지각(subjective perception)의 중요성을 강조하였으며, 직무만족은 업무성과의 원인이 아니라 오히려 그 반대인 업무성과의

결과라고 보았다. 그 밖에도 업적과 만족의 결과에 대한 피드백의 개념을 도입함으로써 동기부여의 과정모델을 동태적으로 만들었으며, 조직의 효과성 제고를 위한 실무적인 차원에서 다음과 같은 지침을 제시하였다.

- 조직이 바라는 업적수준을 분명히 하고, 가시적인 측정이 가능하도록 구체적으로 표현하라.
- 구성원에 대한 역할기대를 분명히 하고, 구성원이 업적수준을 달성할 수 있는가를 점검 및 확인하라.
- 직무수행에 필요한 능력과 특성을 갖춘 구성원을 선발하고, 그에 적합한 직무를 부여하라.
- 구성원의 업적과 보상을 연결시키고 분명히 하라.
- 구성원에 대한 보상을 그의 바람(want)에 연결시키고 적정한가에 대해 확인하라.
- '노력→업적'과 '업적→보상'에 대한 유의성, 기대 그리고 수단성을 높여라.

이상에서 살펴본 바와 같이 기대이론은 그 어느 이론보다 동기부여에 대한 새로운 시각과 개념을 도입하였다. 또한 종전의 이론들을 통합하고 정교화함으로써 동기부여의 전 과정을 이해하고 설명하는 데 필요한 전반적인 지식을 제공하였다는 점에서 시사하는 바가 크다. 그럼에도 불구하고 기대이론 그 자체에 대해서 다음과 같은 비판도 있다.

- 인간은 계산적이고 합리적인 인지과정을 통해서 행동한다는 가정에 입각한 기대이론의 주장이 항상 옳지는 않다. 인간은 합리

적이고 이성적인 동시에 비합리적이며 감정적인 동물이기 때문에 기대이론에 입각한 행동 및 동기부여를 기대할 수 없다.

- 개인수준의 동기부여이론이라는 점에서 한계가 있다. 즉 개인이 어떠한 종류의 집단 및 조직이라는 환경하에서 행동을 할 때는 그의 행동은 일반적으로 기대이론에서 언급한 동기부여 및 행동의 경우와 다른 영향관계 속에서의 인지적 과정을 밟게 된다.

3.2 공정성이론

공정성이론(equity theory)에 따르면 개인은 자신이 직무에 투입한 노력, 경험, 교육 등과 같은 투입량(input)과 직무수행에 따른 임금, 상여금, 승진, 인정과 같은 산출량(output)을 비교하고, 그 비율이 타인의 것과 비교해 같을 때 공정성을 지각하며 그 결과에 만족하며 현재의 행동을 계속하게 된다. 그러나 자신이 지각한 비율이 타인의 것과 같지 않으면, 자신이 과소평가되었거나 과대평가되었다는 불공정성을 지각하게 된다. 이러한 불공정성을 지각하게 되면 긴장과 부정적인 감정(불만족)을 일으키고, 그에 따른 불공정성을 감소하거나 제거하기 위한 과정에서 개인의 동기와 행동이 형성된다고 보고 있다.

이처럼 공정성이론의 핵심은 개인의 업적과 만족에 이르는 주된 요인이 자신과 타인을 비교하는 상대성 개념에 따라, 즉 본인이 지각하는 타인과의 공정성 정도(비율)에 있다고 볼 수 있다. 이때 지각된 불공정성에 의해 긴장이 초래되는 경우, 흔히 인지적 부조화(cognitive dissonance)라고 표현한다.

그림 6-10 ▪ 공정성이론 모델

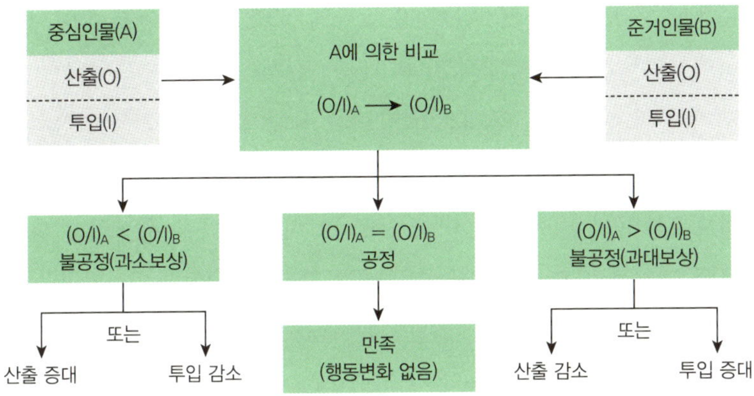

이러한 인지적 부조화의 현상이 발생하게 되면, 일반적으로 인간은 이러한 긴장을 줄이거나 제거함으로써 안정되고 균형된 상태를 유지하려고 노력한다. 이와 마찬가지로 구성원들이 투입-산출의 관계가 공정하지 못하다고 느낄 때, 그들은 인지적 부조화와 함께 공정성을 회복하려고 노력할 것이다. 이와 같은 노력이 바로 공정성이론에 입각한 동기부여의 힘으로 이해할 수 있다. 따라서 리더가 의도적으로 구성원들로 하여금 불공정성을 지각하게 하고, 그들로 하여금 긍정적인 방향으로 동기부여되도록 유도하는 것도 하나의 전략적인 방법이 될 수 있다.

3.2.1 애덤스의 공정성이론

동기부여이론으로서 공정성이론은 애덤스(J.S. Adams)에 의해 개발되었다. 그의 이론은 "모든 사람이 공정하게 대접받기를 원한다"라는 전제를 기반으로 하고 있는 사회적 비교(social comparison)에 두고 있다. 또한 동기부여, 업적 및 만족에 있어 핵심요소는 보상의 공정성에 대한 개인의 상대적인 평가라는 전제에 기반하고 있다. 이로써 투입물과 산출물의 절대적인 양보다 상대적인 양, 즉 상대성의 개념을 강조하고 있다. 따라서 개인은 직무상 자신이 공헌(투입)한 것과 공헌으로부터 받은 보상과 비교하여, 그 비율을 다른 사람의 것과 비교하여 공정한 대우를 받았는지에 대한 공정성을 판단하게 된다.

이때 판단의 결과 공정하다고 지각할 때에는 만족하지만, 불공정한 것으로 생각할 때에는 대부분 실망하거나 화를 내는 등 부정적인 감정의 변화를 일으키게 된다. 애덤스는 이러한 영향이 결과적으로 동기부여 및 행동의 변화를 일으키고, 궁극적으로 개인과 조직의 성과에 부정적으로 작용한다고 보았다. 이처럼 조직에서 구성원이 불공정성을 지각하게 되면 불필요한 긴장이나 부정적인 사고와 행동을 보일 수 있기 때문에, 리더는 이러한 불공정성을 감소시키거나 제거하기 위한 노력, 즉 형평에 맞는 비율을 만들도록 최선의 노력을 다해야 하며, 이 같은 노력이 바로 동기부여와 관련되어 있다고 주장하였다.

한편 상대적 평가에 따른 지각된 불공정성에 대한 반응(노력)은 개인에 따라 다양한 모습을 보일 수 있다. 예를 들어 과대평가된 것으로 지각한다면 조직에 대해 긍정적이고 적극적인 성격을 지닌 구성원으로부터는 동기부여의 효과(산출 증대 노력)를 어느 정도 기대할 수 있지만, 반대로 과소평가되었다고 인식할 경우에는 다음과 같은 다양한 현상이 발생할 수 있다.

- 투입 또는 노력을 조절하거나 감소시킨다.
- 추가적인 산출 또는 보상을 요구하거나 증가시킨다.

- 자신의 투입물이나 산출물에 대한 지각을 왜곡하거나 합리화시킨다.
- 비교대상의 투입물이나 산출물을 왜곡하여 정당화시키거나 공정성을 느낄 수 있도록 비교대상을 변경한다.
- 이상의 노력이 효과가 없을 경우에는 이직과 같이 해당 상황을 떠난다.

애덤스(J.S. Adams)의 공정성이론은 이후 굿맨(P.S. Goodman) 등 여러 학자들의 조사를 통해 타당성이 검증됨으로써 실제로 여러 분야에서 활발하게 적용되었다. 그럼에도 불구하고 호젯트(R.M. Hodgetts), 휴즈만(R.C. Huseman) 등에 따르면 애덤스의 이론이 충분한 실증적인 조사를 거치지 못하였고, 투입과 산출의 객관적인 측정이나 준거인물의 설정 등 연구방법 측면에서도 문제가 있다고 지적되었다. 또한 이 이론이 지각에 크게 의존하기 때문에 개인의 경험, 가치관, 성격 등의 차이에 따른 이론의 타당성과 일관성을 유지하기가 사실상 쉽지 않다는 것이다. 따라서 애덤스의 주장처럼 공정성과 형평성을 유지시키는 것이 동기부여와 직접적인 관계보다는 허즈버그(F. Herzberg)의 위생요인처럼 불만족을 감소시키는 효과와 밀접한 관계가 있다는 주장이 더욱 설득력을 얻고 있다.

3.2.2 콜퀴트의 공정성이론

앞서 살펴본 바와 같이 공정성이론은 전통적으로 보상의 분배라는 관점에서 공정성을 생각하는 분배적 정의(distributive justice)에 초점을 맞추어 왔지만, 점차 다양한 차원을 포함하는 조직적 정의(organizational justice)로 확대되었다. 대표적인 사례로서 그린버그(J. Greenberg)의 주장에 따르면, 공정성에 대한 조직적 정의란 다차원적 개념으로 분배적 정의 이외에 절차적 정의(procedure justice)를 포함해야 한다는 것이다. 즉 공정성의 개념에는 얼마의 보상을 받았는가와 같은 분배적 정의와 함께, 그 보상이 어떻게 결정되었는가와 같은 절차적인 정의도 중요하다는 것이다. 왜냐하면 절차적 정의가 산출물을 분배하는 의사결정의 과정에 관한 것으로, 사람들이 이러한 절차나 과정을 공정하다고 지각하면 성과를 위한 동기부여가 더욱 커진다고 생각했기 때문이다.

최근 들어 이러한 조직적 정의는 좀 더 다양한 차원을 포함하는 방향으로 확대되고 있다. 이에 대한 대표적인 학자로서 콜퀴트(J.A. Colquitt)는 공정성에 대해 다음과 같은 네 가지 차원의 조직적 정의를 제시함으로써 구성원의 동기부여와 행동을 보다 다양한 관점에서 설명하고 관리할 수 있도록 하였다.

| 표 6-8 | 공정성에 대한 콜퀴트의 조직적 정의

정의	내용
분배적 정의	조직 내에서 어떻게 자원과 보상이 분배되는지에 대한 지각된 공평성
절차적 정의	자원배분의 의사결정을 하는 데 사용되는 과정이나 절차에 대한 지각된 공평성
대인관계적 정의	구성원이 조직의 상사에 의해 공평하게 다루어지고 있는지에 대한 주관적인 판단
정보적 정의	상사로부터 의사결정이나 정보 및 의사소통이 공평하게 이루어지고 있는가에 대한 구성원의 지각

이상에서 살펴본 바와 같이 공정성이론을 종합해 볼 때, 분배적 측면이나 조직적 측면에서 개인이 지각하는 공정성으로 인해 동기부여된다고 단정해서 언급할 수 없다. 왜냐하면 공정성이나 불공정성을 인지하더라도 개인의 동기부여와 행동까지는 다양한 영향변수뿐만 아니라, 동기부여 이외의 선택적인 방안이 존재할 수 있기 때문이다. 다만 리더의 바람직한 역할 측면에서 볼 때, 공정성이론을 충분히 이해하고 조직에서 발생할 수 있는 불공정성을 사전에 방지하거나 해소하기 위한 다양한 노력과 방안을 지속적으로 강구하는 것이 중요하다. 물론 구성원 개인에 따라서는 공정성 또는 불공정성으로 인해 동기부여가 될 수 있는 가능성이 없지 않기 때문에, 이에 대한 계기와 환경을 인위적으로 조성하는 방안도 모색할 필요가 있다.

3.3 목표설정이론

기대이론이나 공정성이론이 인간의 심리와 인지적 과정에 의한 합리적인 행동을 강조한 데 비해, 목표설정이론(goal-setting theory)은 사람의 의도나 목표 그 자체가 동기화와 행동에 중요한 역할을 한다고 믿고 있다. 예를 들어, 영국의 몽고메리(B. Montgomery) 장군의 경우 독일군과 전투를 앞두고 부하들로 하여금 만반의 태세를 갖추도록 지속적으로 목표를 제시하였다. 구체적으로 적군이 며칠 후에 공격할 예정이니 참호를 파고 전투준비를 하라고 명령을 내려 긴장을 유지시키고, 긴장이 풀어질 시점에 또 다른 구체적인 목표를 제시하면서 긴장상태를 유지시키며 필요한 행동을 취하게 하였다. 이를 통해서 알 수 있듯이 목표설정이론은 개인에게 주어진 목표는 행동을 결정함에 있어 중요한 역할을 한다고 가정을 하고 있다.

3.3.1 리안의 목표설정이론

앞서 언급한 바와 같이 목표설정이론에 따르면 무엇보다 의도가 행동의 동기화에 중요한 역할을 한다는 것이다. 이때 의도(intention)란 어떠한 행동에 의해 성과로 나타나든가 또는 어떤 일이 완성될 때까지 유지되는 긴장상태를 의미한다. 특히 리안(T.A. Ryan)의 이론에 따르면 인간의 행동은 이러한 의도에 의해서 규제된다고 주장하고 있다. 다시 말해서 욕구나 믿음 그리고 태도는 의도를 통해서 행동에 영향을 준다는 것이다. 또한 의도는 목표와 같은 것으로서 사람들로 하여금 행동의 유형을 선택하게 하거나, 지속적으로 노력을 하게 하거나, 목표달성을 위한 전략과 계획을 세우게 하는 등 다양한 형태로 행동에 영향을 미친다고 주장하였다. 따라서 의도와 같은 의미로서 목표는 인간행동을 예측하고 설명하는 가장 직접적인 선행요인이자 영향요인라는 점을 주목할 필요가 있다.

그 밖에도 목표설정에 대한 리안의 주장은 통제이론(control theory)의 관점, 즉 "사람들은 기준이 되는 목표와 실제가 일치되도록 행동을 조정한다"라는 가정에 기초하고 있다. 다시 말해서 인간은 목표와 현재 간의 차이(gap)를 인식하게 되면, 일반적으로 그것을 줄이려는 동기부여적인 행동을 취하게 된다는 것이다. 나아가 목표설정은 이러한 차이를 줄이기 위한 동기부여적인 효과뿐만 아니라 또 다른 차이를 만들어 내는 과정(discrepancy-creating process)으로 볼 수 있다. 왜냐하면 목표의 달성을 통해서 향상된 자신감은 보다 어려운 목표를 설정하고 수용하는 데 도움을 줄 수 있기 때문이다. 이러한 동기부여적인 효과는 일반적으로 능력이나 자기효능감이 높은 사람에게 비교적 강하게 나타난다.

그림 6-11 ▪ 행동에 대한 의도의 영향력

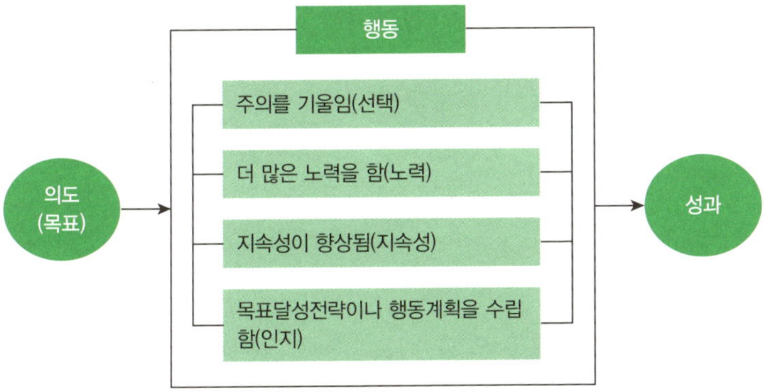

3.3.2 로크의 목표설정이론

목표설정이론의 대표적인 학자인 로크(E.A. Locke)와 래섬(G.P. Latham)에 따르면 목표설정은 각자에게 목표달성을 위해 주의와 행동의 방향을 제시해 주고 노력하게 하며 인내력과 전략개발을 강화시킨다. 특히 목표설정과 의도는 개인의 업적과 만족을 증진시킬 수 있다는 믿음에서 출발하여 목표의 난이도(goal difficulty)와 개인의 몰입수준(level of commitment)에 따라 개인의 행동과 조직의 업적을 좌우한다고 역설하였다.

이러한 로크를 중심으로 한 목표설정이론은 이후 마이너(J.B. Miner) 등 여러 학자들의 연구를 통해서 타당성이 검증되었으며 다음과 같이 바람직한 목표설정이나 성과제고 및 관리를 위한 중요한 지침이 되었다.

그림 6-12 ▪ 로크의 목표설정이론 모델

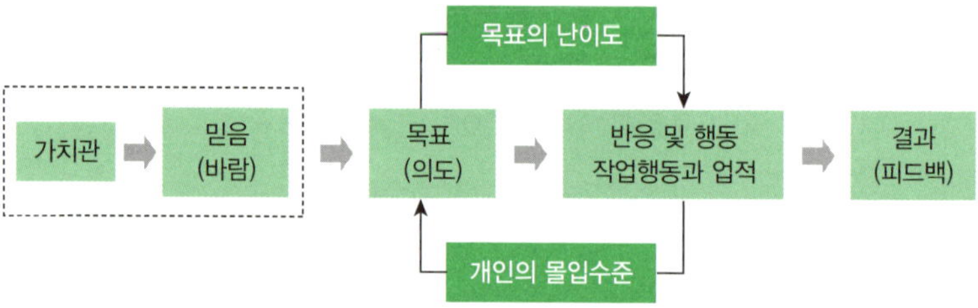

(1) 바람직한 목표설정을 위한 지침

목표설정이론은 "목표를 지닌 사람이 지니지 않은 사람보다 더 많은 업적을 달성하려는 노력을 한다"는 가설을 기반으로 하고 있다. 즉 사람의 목표나 의도는 행동을 결정함에 있어 중요한 부분으로 보고, 목표가 적절히 설계되고 잘 관리되면, 그것은 높은 업적을 달성하기 위한 동기부여가 될 수 있다는 것이다. 따라서 "바람직한 목표의 특성이 무엇인가"가 주된 연구과제가 되었다. 이에 대한 학자들의 연구결과를 종합해 볼 때, 개인과 집단의 업적향상에 동기부여적인 요인으로써 효과적인 기능을 수행하기 위한 바람직한 목표는 다음과 같은 특성을 지니고 있어야 한다.

- 목표는 막연한 것이 아니라 구체성을 지녀야 한다.
- 다소 어렵고 도전적이어야 하나 현실적인 수준이어야 한다.
- 구체적인 시간을 명시한 것이어야 한다.
- 측정하거나 관측이 가능한 계량적인 내용을 포함해야 한다.
- 목표설정에 구성원의 참여로 몰입과 수용이 가능해야 한다.

(2) 성과제고와 관리를 위한 지침

리더의 주된 관심사의 하나는 조직의 성과제고와 함께 효과적인 관리이다. 목표설정과 성과 간의 관계에 대한 연구결과를 살펴볼 때, 무엇보다 목표의 구체성, 목표의 난이도, 목표의 수용성 및 몰입, 상황요인 등에 의해서 동기부여적인 효과와 조직의 성과가 좌우된다는 점을 알 수 있다. 이러한 요소들은 조직의 목표를 설정하는 데 있어서뿐만 아니라 구성원을 지휘하는 과정에 있어 유념해야 할 필요가 있다.

그림 6-13 ▪ 목표설정과 성과 간의 영향변수

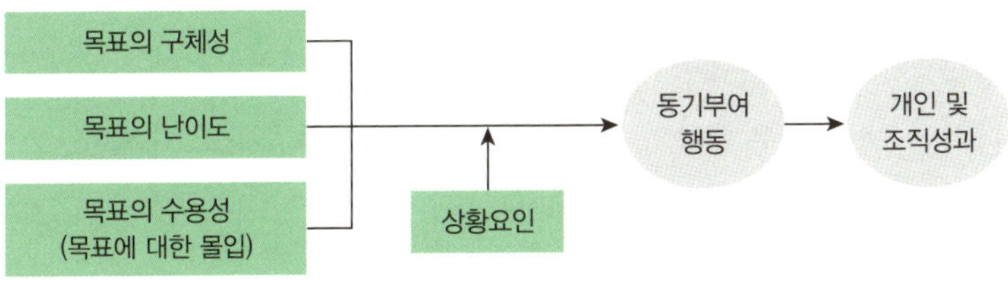

- **목표의 구체성** : 구체적인 목표는 추상적이거나 일반적인 목표, 또는 목표가 없는 경우보다 비교적 높은 성과를 창출한다. 그리고 가능한 정량적으로 구체화된 목표를 설정하는 것은 성과측정과 피

드백 측면에서뿐만 아니라 성과를 향상시키는 측면에서 유리하다.

- **목표의 난이도** : 구성원들이 동의한다는 조건이 충족된다면 목표가 어려울수록 어렵지 않은 목표보다 성과수준이 높아진다. 따라서 목표달성이 가능한 범위 내에서 가능한 어려운 목표를 설정하는 것이 필요하며, 이것을 일반적으로 도전적인 목표설정이라고 한다.
- **목표의 수용성** : 목표가 성과향상에 기여하기 위해서는 구성원이 설정한 목표를 수용해야 한다. 구성원이 목표를 자신의 목표로 받아들이면 목표에 대한 몰입의 현상이 나타나며, 이것은 궁극적으로 동기부여적인 효과를 보인다. 목표에 대한 수용성과 몰입을 높이기 위해서는 목표를 구성원과 공유하고 목표를 설정하는 과정에 구성원을 참여시키는 것이 필요하다.
- **상황요인** : 목표의 달성과 성과는 상황요인에 따라 커질 수도 있고 작아질 수도 있다. 이러한 상황요인에는 구성원에 대한 피드백, 보상, 직무의 특성, 구성원의 능력 등이 포함된다. 이러한 요인은 리더십과정에서 주목해야 하는 사항들이다.

이상에서 살펴본 내용을 종합해 볼 때, 목표설정이론에 따른 동기부여적인 행동을 유발하기 위해서는 목표설정이나 의도 자체만으로는 설득력이 떨어진다. 다시 말해서 목표나 의도에 의해서 동기유발되기 위해서는 목표 그 자체에 대한 개인적인 차원에서 타당성을 보여야 한다. 또한 설정된 목표에 대해 스스로 동의하고 수용할 수 있어야 하며, 나아가 목표를 달성하기 위해 노력하도록 하는 필요한 환경과 여건이 조성되어야 한다. 이러한 조건들이 충족된다면, 목표설정이론의 타당성과 함께 실제적인 활용성도 한층 더 높아질 것이다.

목표관리

목표관리(Management by Objective)란 드러커(P.F. Drucker)가 창안한 경영관리기법으로 경영진과 종업원들이 목표를 함께 설정하는 과정을 통해서 경영관리를 한다는 내용이다. 즉 종업원들이 조직의 목표설정을 위한 의사결정에 참여할 때, 이들은 의사소통을 할 수 있고 생각과 아이디어를 조직에 흡수시킬 수 있으며, 책임감을 더 느끼게 되어 동기부여의 수준이 높아진다는 것이다. 이처럼 목표관리와 목표설정이론의 근본철학은 비슷하지만, 차이점은 목표설정이론은 관리자가 목표의 설정에 주된 역할을 하는 반면에, 목표관리는 목표설정에 종업원들의 참여를 강조함으로써 몰입과 책임감을 높이는 데 있다. 또한 목표와 성과를 연계시켜 각각의 구성원들의 기여를 평가한다는 점에 있다. 이러한 특성과 차이점에 기인하여 목표관리의 성공조건으로서 목표의 구체성, 구성원의 의사결정 참여, 명시적 기간의 설정 그리고 성과의 피드백 등이 요구된다. 특히 경영진과 종업원이 목표달성의 정도와 최종목표수준과의 간격을 수시로 평가할 수 있어야 성취감을 느낄 수 있으며, 목표의 현실적인 조정과 동기부여가 가능하도록 성과에 대한 피드백이 필수적으로 요구된다.

3.4 과정이론의 종합 및 평가

내용이론(욕구이론)은 공통적으로 욕구가 높으면 동기부여가 증가된다고 보고, 과도하게 욕구와 행동 두 변수 간의 관계를 중심으로만 가정하기 때문에 인간행동을 설명하는 데 한계가 있었다. 이러한 한계를 극복하기 위해서 사람들의 생각과정을 포함하는 과정이론(인지이론)이 도입되었다. 이들 이론은 동기부여에 관한 상이하고 독특한 접근방법이나 관점을 취해 왔지만, 그럼에도 서로 보완적인 성격을 띠고 있으며, 공통적으로 조직구성원들이 단순한 수동적인 존재가 아닌 자신과 자신을 둘러싼 환경을 적극적으로 인지하고 판단하는 존재로 가정하고 개인의 인지적 판단의 결과가 동기부여에 영향을 미친다고 보았다.

과정이론의 하나로서 동기부여에 대한 포괄적이고 통합적인 관점을 제공한 브룸(V.H. Vroom)의 기대이론은 동기부여가 '(동기부여=유의성×기대×수단성)'이라는 도식을 통해서 이들 세 요소의 산물임을 설명하였으며, 이후 다양한 영향요인을 고려한 보다 정교한 내용으로 발전하게 되었다. 또한 기대이론을 수정·발전시킨 공정성이론은 동기부여과정에서 보상의 공정성에 대해 개인이 지각하는 상대적인 평가가 무엇보다도 중요하다고 지적하였다. 이에 대해 목표설정이론은 목표가 적절히 설계되고 잘 관리되면 높은 성과달성을 위해 동기부여될 수 있다는 전제에 입각하여 바람직한 목표의 특성이 무엇인가에 관심의 초점을 맞추었다. 이들 이론은 이미 살펴본 바와 같이 나름대로 유의성과 장점이 있으나 다음과 같은 한계점도 가지고 있다.

- 구성원은 인지적 사고와 합리적 판단에 의해서만이 행동 및 동기부여되지 않는다.
- 구성원의 경험, 성격, 가치관 등에 따른 개인차를 부정하는 잘못을 범하고 있다.
- 구성원의 퍼스낼리티를 정확히 알아야 현장에서 과정이론의 적용이 가능하다.
- 동기부여 영향을 미치는 많은 변수 및 동태성을 포함하고 있지 못하다.
- 복합적인 변수들로 구성되어 있어 검증 자체가 어렵다.

학습 및 토론 주제

1. 동기부여의 과정이론에 대한 가설 및 내용은 무엇인가?
2. 기대이론의 내용과 관련 학자들의 주장 및 시사점은 무엇인가?
3. 공정성이론의 내용과 관련 학자들의 주장 및 시사점은 무엇인가?
4. 목표설정이론의 내용과 관련 학자들의 주장 및 시사점은 무엇인가?

4 동기부여의 강화이론

4.1 강화이론의 배경과 유형

4.1.1 조작적 조건화와 효과의 법칙

강화이론은 조작적 조건화의 개념과 밀접한 관계가 있다. 여기서 조작적 조건화란 학습의 근원적인 과정을 의미하는 것으로 스키너(B.F. Skinner)에 의해 처음 제시되었다. 그의 주장에 따르면 학습과정에 있어 주된 역할을 담당하는 것이 조작적 조건인 강화인데, 이때 강화란 보상을 통해서 타인을 본인이 원하는 모습으로 행동하게 하고, 그 같은 행동을 촉진하고 반복하게 하는 효과적인 메커니즘을 뜻한다.

이와 같이 강화이론의 핵심이 보상된 행동의 지속성을 자극하는 데 있다고 본다면, 강화는 곧 동기부여의 과정이론에서 보상과 같은 개념으로 이해할 수 있다. 따라서 강화이론의 배경에는 바람직한 행동에 대한 보상(강화)을 제공하는 것이 사람들을 동기부여시키며 학습에도 영향을 준다는 가정을 하고 있다. 즉 바람직한 행동에 대한 보상을 통한 강화는 행동과 보상 간의 연계성에 대한 지각을 증대시키며 해당 행동을 반복하게 하는 가능성을 높인다는 것이다. 그러나 강화라는 개념에는 이와 반대로 바람직하지 못한 행동에 대해서는 그것을 약화시키거나 제거하기 위해서 보상을 하지 않거나, 또는 벌과 같은 부정적인 결과를 제공하는 내용도 함께 포함하고 있다는 점도 유념할 필요가 있다.

한편 강화이론과 관련된 조작적 조건화와 함께, 환경으로부터 유쾌하거나 긍정적인 결과를 나오게 한 행동은 일반적으로 되풀이될 가능성이 높지만, 이와 달리 불쾌하거나 부정적인 결과가 나온 행동은 되풀이될 가능성이 낮다는 소위 '효과의 법칙(law of effect)'도 강화이론을 이해하는 데 있어서 핵심적인 개념이다. 이러한 효과의 법칙이 담고 있는 주요 내용은 "행동의 결과가 바로 그 행동이 미래에 다시 나타날 가능성을 결정한다"는 것이다. 즉 보상과 같은 유쾌한 결과가 뒤따른 행동은 반복될 가능성이 높으나, 벌과 같이 불쾌한 결과가 뒤따른 행동은 반복되지 않을 가능성이 높다는 것이다. 따라서 강화이론은 이와 같은 효과의 법칙을 기반으로 보상이나 벌을 사용하여 바람직한 행동을 강화하거나 또는 바람직하지 않은 행동을 약화시키는 행동학습이론이라고 말할 수 있다. 이때 학습의 정도는 일반적으로 행동과 그 행동의 결과 간의 연계성을 강하게 하는 과정을 통해서 결정된다.

4.1.2 강화의 유형과 방법

앞서 살펴본 바와 같이 개인의 행동결과에 대해 보상을 조작 및 강화함으로써 미래의 행동을 수정하거나 관리할 수 있다. 학자에 따라서 어떠한 행동을 강하게 하거나 약하게 할 수 있는 강화의 방법이나 전략 또는 기법이라는 개념으로 거론되는 강화의 유형은 다음과 같이 네 가지로 구분할 수 있다.

- **긍정적 강화**(positive reinforcement) : 바람직한 행동에 대해 긍정적인 강화요인이나 결과를 제공함으로써 바람직한 행동을 강화시킨다. 이것은 행동의 반복을 장려하고 촉진하는 바람직한 결과를 제공하기 때문에 대표적인 동기부여의 방법으로 권장되고 있다. 예를 들어, 매출성과가 향상되면 보너스를 제공한다.
- **부정적 강화**(negative reinforcement) : 바람직한 행동에 대해 부정적인 강화요인이나 결과를 제거해 줌으로써 바람직한 행동을 촉진한다. 거꾸로 말해서 반응행동의 결과가 만족스럽지 못할 때, 그러한 반응행동을 없애버리고 다른 바람직한 행동을 유도해 내는 활동을 말한다. 예를 들어, 상사가 질책을 하지 않음으로써 바람직한 행동을 하도록 한다.
- **소거**(extinction) : 바람직하지 않은 행동에 대해서 긍정적인 강화요인이나 결과를 보류함으로써 바람직하지 않은 행동을 약하게 한다. 이것은 긍정적 강화의 상반된 개념으로 이전에 보상을 받았던 행동이나 반응에 대해 더 이상 보상이 제공되지 않으면 그 행동이 약화되거나 없어지는 것을 전제로 하고 있다.
- **벌**(punishment) : 바람직하지 않은 행동에 대해 부정적인 강화

요인이나 결과를 제공함으로써 바람직하지 않은 행동을 약하게 하는 것을 의미한다.

이들 강화의 유형에 관한 설명을 통해서 다음과 같은 결론을 도출할 수 있다. 첫째, 강화는 바람직한 행동을 증대하기 위한 목적과 바람직하지 못한 행동을 감소하기 위한 목적으로 조작 및 관리할 수 있다. 둘째, 긍정적 강화와 부정적 강화는 바람직한 행동이 일어나면 다시 반복하기 위해서 강화하는 전략(방법, 기법, 유형)이고, 소거나 벌은 바람직하지 못한 행동을 약화시키거나 제거함으로써 다시는 일어나지 않도록 하는 전략이다. 셋째, 일반적으로 상사의 긍정적인 행동은 징벌적인 행동(벌)보다 효과나 성과 측면에서 더욱 긍정적인 영향을 준다. 넷째, 강화의 가치를 극대화시키기 위해서 보상은 바람직한 행동이 나타날 때만 제공해야 한다. 다섯째, 바람직한 행동이 나타난 후 가능한 바로 보상을 주는 것이 효과적이다.

4.2 강화이론의 특성과 원칙

4.2.1 강화이론의 특성

강화이론은 인간행동에 미치는 결과의 영향을 검토하고, 그 결과와 직접적으로 관련되어 행동을 반복하게 하거나 바꾸는 이유를 설명함으로써 행동수정(behavior modification)에 대한 기반을 이룬다. 이에 관련된 학자들의 주장을 토대로 이한검은 강화이론을 동기부여의 내용이론과 과정이론에 비교해 다음과 같은 특성과 차이점이 있다고 지적하였다.

- 강화이론은 "인간이 왜(why) 어떤 행동을 계속하거나 중단하는지"에 연구의 초점을 두는 데 반해, 내용이론은 "행동을 일으키는 욕구 또는 동인이 무엇(what)인가"에, 과정이론은 "욕구를 충족하고 목표를 달성하기 위해 어떻게(how) 해야 하는지"에 초점을 두고 있다.
- 강화이론은 욕구에 초점을 둔 내용이론과 과정이론과는 달리 보상의 역할을 설명하고 강조한다. 즉 강화이론은 "행동은 보상의 활용을 통해서 관리될 수 있다"는 스키너(B.F. Skinner)의 동기부여이론이나 "보상받는 결과에 이르는 행동은 계속(반복)되고 처벌받는 결과에 이르는 행동은 덜 반복(중지)된다"는 의미의 '효과의 법칙(law of effects)'에 의존하고 있다.
- 강화이론은 내용이론과 과정이론을 부정하지는 않는다. 이것은 강화이론도 개인이 욕구를 지니고 있으며(내용이론의 관점), 자신의 행동에 관한 의사결정을 한다는(과정이론의 관점) 사실을 부정하지 않는다는 것을 의미한다. 다만 강화이론은 지금의 행동이 과거의 행동에 대한 환경의 반응에 의해 결정되며, 행동은 외부의 원인에 의해 일어난다고 하여 환경을 중시한다.
- 강화이론은 과정보다 결과(consequence)를 중요한 개념으로 다룬다. 왜냐하면 강화이론에 의하면 인간행동은 결과에서 일어나며, 과거에 배운 바의 결과에 직접적으로 관련될 뿐만 아니라, 경험된 결과가 이후의 행동을 결정하기 때문이다(자극→반응→결과→미래의 행동).

• 강화이론에 따르면 인간의 행동을 관리할 수 있다. 이와 관련하여 강화이론의 기저에 흐르고 있는 것에 대해 로버츠(K. Roberts) 등은 어떤 자극이 행동자로 하여금 어떤 자의적인 행동을 하게 하고, 그것은 다시 그로 하여금 반복하게 할 수 있고 또는 안 하게 할 수도 있는 어떤 결과에 이르게 되는데, 이 같은 과정은 행동자로 하여금 바라는 바의 행동을 배우도록 영향을 미치기 위해 관리되고 조정될(manipulate) 수 있음을 역설하고 있다.

4.2.2 강화이론의 원칙

강화이론은 비교적 과학적이고 실증적(practical)이라는 이유로 구성원을 동기부여하는 데 있어서 활용의 가능성이 높다고 평가받고 있다. 해머(W.C. Hammer) 등은 강화이론의 적용을 보다 원활하게 하기 위해서 다음과 같은 원칙과 지침을 제시하였다.

• 강화가 효과적인 것이 되기 위해서는 보상이 업적에 기반하여야 하며, 모든 사람에게 동등하게 보상하지 않아야 한다. 만약 모든 사람에게 꼭 같이 보상한다면, 결과적으로 업적은 낮거나 평균수준이 되며 높은 업적에 이르지 못하기 때문이다.

• 관리자들은 그들이 한 것보다 하지 않은 것에 의해서 종업원들이 영향을 받기 때문에, 반응에 대한 실패도 행동을 수정할 수 있음을 유념해야 한다. 예를 들어, 높은 성과를 이룬 종업원을 칭찬하는 데 있어서 실패한다면, 그 종업원은 다음에 그러한 업적을 올리지 않을 수 있기 때문이다.

- 강화의 효과를 얻기 위해서 각자에게 그가 할 수 있는 것이 무엇인가를 명확하게 알려주어야 한다. 업적표준을 설정하고 각자가 보상받기 위해서 무엇을 해야 하는지에 대해서 정확히 알게 하면, 그에 따라 자신의 작업패턴을 조정할 수 있기 때문이다.
- 관리자가 부하에게 무엇 때문에 보상받지 못하는지를 알려주지 않으면, 부하는 행동의 혼란을 일으키고 농락당한다고 생각할 수 있다. 따라서 각자에게 무슨 잘못을 저지르고 있는지 알려주어야 한다.

| 표 6-9 | 강화작용을 위한 원칙과 지침

학자	강화작용을 위한 원칙과 지침
R.M. Hodgetts	• 작업에 사람을 연결하라. • 작업내용을 분명히 하라. • 피드백을 적극적으로 하라. • 보상의 내용을 알게 하라. • 장애물을 제거하라.
S.P. Robbins	• 종업원 각자의 개인차를 인정하라. • 종업원에게 알맞은 직무를 주라. • 목표와 피드백을 활용하라. • 목표가 달성가능한 것으로 지각되었는지를 확인하라. • 서로 다른 욕구를 지니고 동기부여되므로 각자 보상을 달리해라. • 업적에 맞는 보상을 하라. • 공정성시스템을 체크하라. • 금전을 과소평가하거나 부정하지 말라.
R.N. Lussier	• 칭찬을 하라. • 목표관리를 활용하라. • 직무를 보다 흥미롭고 도전적으로 직무의 충실화를 기하라. • 직무를 바람직하게 설계하라.

- 부하에 대한 질책은 바람직하지 못한 행동을 제거할 수 있는 방법이지만, 여러 사람들 앞에서 질책하면 부정적인 영향을 미칠 수 있다. 따라서 여러 사람들 앞에서는 가능한 처벌하지 말아야 한다.
- 적절하게 보상받지 못하고 과대 또는 과소하게 보상받으면 보상의 효과가 감소한다. 행동의 결과에 대한 보상은 최대한 공정하고 적절해야 한다.

이상에서 살펴본 강화이론에 대한 내용을 종합해 볼 때, 인간의 행동은 행동결과에 대한 보상구조의 조작에 의해서 수정 및 관리될 수 있다는 가정에 근거하여 개인 및 조직의 생산성과 동기부여를 동시에 강화시키기 위한 다양한 프로그램으로 설계가 가능하다. 또한 욕구에 초점을 둔 동기부여의 내용이론이나 과정이론에 비교해 볼 때, 과학적이고 실제적(practical)이라는 이유 등으로 조직구성원들을 동기부여하는 데 보다 활용성이 높다고 평가받고 있다. 그럼에도 불구하고 강화이론 역시 여러 학자들로부터 비판을 받고 있다. 이들 내용을 종합적으로 정리한다면 다음과 같이 요약할 수 있다.

- 인간의 행동요인이 개인 밖에 있다고 전제하고 있기 때문에 자아실현인(self-actualizing person)에 대한 가능성을 부정하고 있다. 즉 인간은 자율적이고 자아실현적인 존재이므로 내적인 욕구에 의해서 동기부여된다는 욕구이론을 전적으로 부정하고 있다.
- 인간의 행동은 단순한 보상구조의 조작을 통해서 조장하고 통제할 수 있다고 믿고 있기 때문에 인간의 지능을 무시한 비인격적인 이론이다.

- 논리의 전개가 지나치게 단순한 이론이며 또한 있을 수 있는 상황변수를 통제하기 어렵기 때문에 복잡한 환경하에서는 의도한 대로 적용하거나 활용할 수 없다.

4.3 통합적 동기부여이론의 등장

최근 들어 앞서 언급한 동기부여 관련 이론들에 대해서 실라기(A.D. Szilagyi), 셔머혼(J.R. Schermerhorn), 로빈스(S.P. Robbins) 등의 학자들에 의한 통합적인(integrating) 접근방법이 시도되고 있다. 이들은 동기부여에 관한 여러 이론들은 상호지원적이고 보완적인 관계에 있기 때문에, 이들의 상호작용을 보다 잘 이해하고 활용하기 위해서는 이들 이론들을 통합할 필요가 있다고 주장하고 있다. 이에 대한 가장 대표적인 학자로서 로빈스는 여러 이론들을 통합할 때 비로소 동기부여의 수준이 극대화된다는 전제를 기반으로 다음과 같은 통합적 동기부여의 모형을 제시하였다.

로빈스에 의해 제시된 [그림 6-14]의 모형을 검토해 보면 다음과 같은 몇 가지의 특징적인 사실을 발견할 수 있다.

- 가장 단순한 기대모형에 기반하고 있다.
- 성취욕구와 강화 그리고 공정성이론을 배려하고 있다.
- 조직의 보상은 개인의 업적을 강화하는 것을 인정함으로써 강화이론을 포함하고 있다.
- 보상은 공정성이론에서 중요한 부분으로 작용하고 있다.

그림 6-14 ▪ 동기부여이론의 통합모형

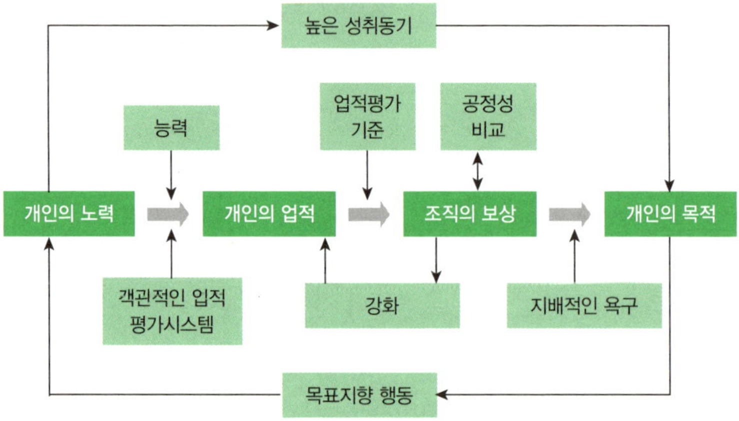

학습 및 토론 주제

1. 강화이론의 내용과 이론적 배경 및 가설은 무엇인가?
2. 강화를 위한 방법 및 유형은 무엇인가?
3. 강화이론의 활용성을 높이기 위한 전략적 방안은 무엇인가?
4. 통합적 동기부여 모델의 사례는 무엇인가?

04 PART 의사소통

학·습·목·표

1. 의사소통과 관련된 기초개념과 내용을 학습한다.
2. 효과적인 의사소통을 위한 발신자와 수신자의 능력을 향상시키는 방안에 대해 살펴본다.
3. 리더로서 갖추어야 하는 의사소통의 역량을 강화하기 위한 기술과 방법에 대해 학습한다.

CHAPTER

07 의사소통의 기초

1 의사소통의 내용과 특징

인간은 사회적인 관계를 떠나 살 수 없는 존재인 점을 고려할 때, 의사소통은 사람과 사람을 연결시켜 주는 교량과 같은 역할을 한다. 이러한 역할 및 기능은 사람 간의 관계를 형성하고 유지시키는 매우 중요한 활동이다. 의사소통은 인간생활에 있어 불가피한 것이며, 인간생활 및 활동의 대부분은 의사소통과 관련되어 있다. 이처럼 의사소통은 대인관계의 기본이며, 대인관계가 의사소통을 통해서 이루어지는 상호과정이기 때문에 사회적으로는 물론, 기업이나 조직 내에서도 중요한 요소이자 해결되어야 하는 과제이다. 특히 리더의 의사소통능력은 부하들에 대한 영향력뿐만 아니라 조직의 성과제고 측면에서 결정적인 역할을 하기 때문에 이에 대한 리더의 역량 강화가 필수적이다.

1.1 의사소통의 정의

의사소통(communication)이란 라틴어로 "공동의 것으로 만든다"(to make common)라는 'communus'에서 유래한 것으로 "다른 사람과 어떠한 의미를 서로 공유한다"라는 의미를 내포하고 있다. 다시 말해서 의사소통이란 자신의 생각이나 의견, 느낌 등을 다른 사람들이 이해할 수 있도록 표현하고 공유하는 것을 뜻한다. 그리고 이러한 정보공유를 통해서 다른 사람들에게 영향을 줄 수 있다는 점도 함께 내포하고 있다고 볼 수 있다.

| 표 7-1 | 의사소통에 대한 학자들의 정의

학자	정의
J.A.F. Stoner & R.E. Freeman	사람들이 상징적인 메시지의 전달을 통해서 의미를 공유하려고 노력하는 과정이다.
J.M. Ivacevich & M.T. Matteson	언어와 비언어적인 보통의 상징을 통한 정보와 이해의 운송이다.
H.A. Simon	광의로는 사람, 사람과 기계, 기계와 기계 사이에 이루어지는 정보의 이전과정을 말하지만, 협의로는 사람과 사람 사이의 정보, 의사 또는 감정이 교환되는 것이다.
J.R. Schermerhorn	메시지가 담긴 상징을 주고받는 대인 간 과정이다.
R.N. Lussier	발신자가 수신자에게 상호이해를 지닌 메시지를 전달하는 과정이다.
R.W. Mondy & S.R. Premeaux	사람들 간에 정보, 아이디어, 이해 또는 느낌을 전달하는 것이다.
A.J. DuBrin & R.D. Ireland	아이디어, 감정 및 생각을 포함한 메시지를 주고받음을 의미한다.
C.L. Bovée et als.	정보의 교환과 이해이다.
S.P. Robbins	의미의 전달이고 이해이다.

따라서 의사소통이란 "둘 또는 그 이상의 사람들 간의 단순한 정보의 전달뿐만 아니라 의견이나 생각, 아이디어, 감정, 태도 등을 공유화하는 것"으로 정의할 수 있다. 이때 공유화란 의도한 메시지의 작성과 전달, 그리고 수신한 메시지의 해독과 이해를 통해서 직접적으로 영향을 주는 과정을 포함하고 있다.

1.2 의사소통의 특징

의사소통에 대한 학자들의 다양한 정의를 살펴볼 때, 의사소통의 의미와 내용에 있어 다음과 같은 몇 가지 공통적인 특징을 파악할 수 있다.

- 의사소통은 대인 간의 정보, 의미 등 메시지를 전달하거나 교환하는 것을 의미한다.
- 의사소통은 발신자(sender)와 수신자(receiver)를 포함한다. 이때 발신자나 수신자는 개인, 집단 또는 조직이 될 수 있으며, 의사소통은 이들 당사자 간에 어떠한 경로(channel)를 통한 메시지(massage)의 교환이라는 과정으로 이루어진다.
- 의사소통을 위해서는 글, 말, 제스처, 표정 등 언어와 비언어적 상징(symbols)으로 구성된 메시지를 교환하는 과정을 포함한다. 이때 다양한 형태와 방법으로 의사소통이 가능하며, 일방적으로 발신하는 것이 아니라 수신하는 것도 함께 포함하고 있다.
- 의사소통은 언어와 비언어적 수단을 통해서 의사, 감정, 정보 등을 전달하고 피드백받으며 상호작용하는 과정이다. 이것은 의사

소통을 통해서 개인 또는 집단들이 정보를 교환하고 감정과 정서를 표현하며 타인에게 영향력을 행사하는 내용을 포함하고 있다는 것을 뜻한다.

- 의사소통은 상호 간의 이해를 위한 '공유된 의미(shared meaning)'를 포함한다. 따라서 바람직한 의사소통이란 발신자가 의도하는 바(의미)대로 수신자가 정확하게 이해하는 과정이라 할 수 있다.
- 효과적인 의사소통은 의미의 일치에 기반하고, 이를 위해서는 이해하고 이해됨(understanding and being understood)이 요건이며, 상호 간의 이해 없이는 의사소통이 불가능하다. 이때 중요한 것은 발신자가 전달하는 내용이 아니라, 수신자가 이해하는 내용이다.

2 의사소통의 의의와 중요성

의사소통은 인간생활의 필수적인 부분이며, 인간행동 거의 대부분은 의사소통과 관련되어 있다. 의사소통은 대인관계의 기본이며, 사람과 사람과의 관계(relationship)를 형성하고 유지시키는 가교적인(bridge) 역할을 한다. 인간은 무엇보다도 사람과의 관계를 떠나 살 수 없는 존재이며, 인생의 거의 대부분의 시간을 의사소통을 하며 보낸다는 점을 고려해 볼 때, 인생의 성공여부가 "의사소통을 얼마만큼 잘할 수 있는가"에 달렸다고 해도 과언이 아니다.

특히 의사소통은 경영기능을 수행하는 데 있어서도 중요한 도구이며, 리더의 중요한 역할(role)이자 기능(skill) 중의 하나이다. 의사소통은 마치 경영조직 내 구성원들을 연결시켜 주는 신경조직(nervous system)과 같은 것이며, 조직구성원들 인체의 피 흐름(bloodstream)처럼 중요한 기능과 역할을 담당하고 있다. 이처럼 의사소통이란 인체에 있어 신경조직이자 활력의 근원과 같은 것이기 때문에, 의사소통이 제대로 작동하지 못한다면 조직의 생존과 발전 역시 기대하기가 어렵다. 한마디로 말해서 조직의 성공여부는 구성원 모두의 의사소통 능력에 좌우된다고 할 수 있다.

그 밖에도 의사소통은 조직관리를 위해서도 필수적인 요소이다. 의사소통은 조직의 수평적 · 수직적 인간관계에서 서로의 이해를 돕고, 인간행동의 협력체계를 조성하기 위한 핵심적인 요소로 작용한다. 더욱이 오늘날처럼 조직구조의 복잡성이 증대하는 상황에서 구성원들의 노력과 행동을 목표지향적으로 통합하고 유지하고 발전시키기 위해서는 효과적인 의사소통이 무엇보다 중요하다. 특히 리더의 의사소통능력은 업무를 성공적으로 수행하기 위해서 필수적이다. 왜냐하면 의사소통은 다른 사람에게 영향력을 행사하는 리더십의 기능을 수행하는 핵심적인 수단이며, 리더십의 효과성에 영향을 미치는 중요한 요인이기 때문이다. 한마디로 메시지를 정확히 전달하고 받는 의사소통의 역량을 갖추지 않고서는 훌륭한 리더십을 기대하기 어렵다. 따라서 의사소통의 중요성은 아무리 강조해도 지나치지 않다.

3 의사소통의 목적과 효과

우리는 하루에도 몇 번이고 메시지를 전달하거나 받으면서 생활하고 있다. 특히 조직에서 의사소통은 마치 인체의 혈액순환처럼 불가피한 것이다. 의사소통은 구성원들을 연결시키며 의견이나 정보, 아이디어, 생각, 감정이나 느낌 등을 공유하게 함으로써 상호 간의 이해와 협력을 촉진시킨다. 원활한 의사소동 없이는 조직의 성과를 사실상 기대하기란 어렵다. 이에 대해 리스(B.L. Reece) 등은 의사소통을 인간 간의 연결로 보고, 일반론적으로 "한 인간이 인간으로 성장하고 발전하기 위해서는 의사소통을 해야 한다"고 주장하였다. 이에 대해 랜돌프(W.A. Randolph)는 보다 구체적으로 조직에서 의사소통의 중요성 및 기능과 관련하여 〈표 7-2〉와 같은 여러 가지의 목적을 제시하였다.

그 밖에도 레이츠(H.J. Reitz) 등은 의사소통의 효과와 연계하여 의사소통의 목적이 정보의 전달, 지휘 또는 지침, 영향력 행사 또는 설득, 관계의 명료화에 있다고 보았다. 무어헤드(G. Moorhead) 등은 의사소통을 관리자의 기본적인 직무로 보고, 조직 내에서 협조적인 행동을 위해, 정보의 공유화를 위해, 그리고 느낌과 감정의 표현을 위해 의사소통을 한다고 주장하였다. 이러한 목적들 외에도 영향력을 행사하기 위해, 정보를 전달하기 위해, 통제를 하기 위해, 분발 및 독려 등을 위해 의사소통을 한다고 주장하는 셔머혼(J.R. Schmerhorn)과 같은 학자들도 있다.

| 표 7-2 | 의사소통의 목적

목적	내용
통제 (control)	집단 내 구성원들의 활동을 통합 및 조정하고, 조직의 목적과 과업이 달성되도록 질서를 확립하는 데 공헌
지침 (instruction)	새로운 과업이 요구되거나 새로운 과업수행방법이 요구될 때, 직무상 무엇을 어떻게 해야 하는가에 대한 설명 및 이해 촉진
동기부여 (motivation)	구성원의 행동에 영향을 미치며, 조직의 목적달성을 위한 용기와 자극의 효과
문제해결 (problem-solving)	문제의 파악 및 해결을 위한 정보의 제공 및 교환
피드백과 평가 (feedback & evaluation)	평가를 통해 무엇을 어떻게 했는가에 대한 성과 및 결과에 대한 정보 제공
사회적 욕구 (social needs)	집단 및 조직에서 발생하는 감정적이고 비과업지향적인 상호작용관계에 대한 의사표현 및 문제해결
정보교환 (information exchange)	조직의 목적달성을 위해서 중요하고 필요한 사안에 대해 구성원 상호 간의 의사 및 정보전달

이상에서 살펴본 바와 같이 "인간이 왜, 무엇을 위해서 의사소통을 하는가"에 대한 대답은 개인적인 관점과 접근방법에 따라 다를 수 있다. 그럼에도 불구하고 이러한 의사소통의 목적들을 통해서 다음과 같은 중요한 사실을 파악할 수 있다.

- 조직 내의 모든 상호작용이 의사소통을 내포한다. 조직에 대한 의사전달의 역할은 지극히 복잡하며, 의사전달이 없으면 조직은 성립될 수 없기 때문에 의사소통은 조직의 생명력이라 할 수 있다.
- 의사소통은 원칙적으로 개인 간의 과정이라서 정보전달과정이

개인과 개인 또는 개인과 집단 간이라 할지라도 의사전달자는 결국 개인이다. 그리고 의사소통의 기본적인 단위를 형성하는 핵심요소는 발신자와 수신자, 정보전달의 매체(수단), 정보전달의 경로이다.

- 조직 내의 의사소통은 원칙적으로 목적과 관련되어 있다. 따라서 의사전달이 의도한 목적대로 실현되고 있는가를 평가해 보는 것이 중요하다.
- 의사소통은 구성원 개인의 목적과 조직의 목적달성을 위한 중요한 수단이자, 동시에 이들 두 가지 목적을 연결시켜 주고 다 같이 달성하도록 지원하는 역할을 한다.
- 의사소통은 이처럼 모두를 위한 것이기 때문에 효과적인 의사소통이 이루어지기 위해서는 조직의 성과제고와 함께 개인의 욕구충족을 위해 기여하는 의사소통이 개발되고 진행되어야 한다.

4 의사소통의 과정과 구성요소

의사소통은 일반적으로 발신자와 수신자 간의 정보교환, 감정이입, 의사전달이 매체를 통해서 메시지화되어 진행된다. 이때 수신자가 "발신자의 의도한 내용이 무엇인가"를 정확하게 파악하지 못하면 피드백을 요구하게 된다. 이러한 피드백은 언어 또는 비언어(얼굴표정, 서신, 몸짓 등)로 이루어지며, 수신자가 얼마나 발신자의 메시지를 이해하고 있는가에 따라 결정된다. 그 밖에도 의사소통과정에서 내 · 외적인 잡음에 의해서 발신자와 수신자 간에 메시지가 제대로 전달되지 못하거나 또는 이해하지 못하게 하는 장애요소가 있을 수 있다. 이러한 의사소통의 전 과정을 나타내면 [그림 7-1]과 같으며, 의사소통의 구성요소로는 발신자, 수신자, 메시지, 매체, 피드백, 잡음 등이 이에 해당된다.

그림 7-1 ▪ 의사소통의 과정

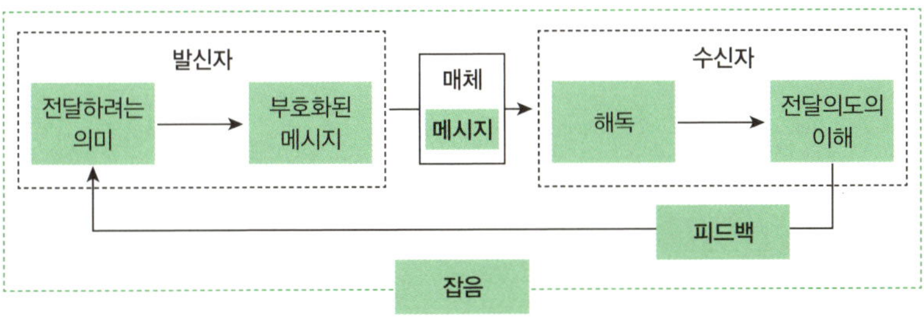

4.1 발신자

발신자(sender)는 의사소통의 출발점이다. 발신자는 자신이 전달하고자 하는 의미와 내용을 전달하기 위해서 그것을 부호화한다. 이때 부호화(encoding)란 전달하고자 하는 내용을 메시지로 바꾸는 것인데, 이를 위해서 언어나 비언어적인 상징을 사용한다. 발신자가 전달하고자 하는 의미를 수신자에게 정확히 전달하기 위해서 부호화하는 경우, 다음과 같은 사항에 대해 주의할 필요가 있다.

- **적절성** : 사용할 용어나 기호, 동작 등을 잘 선택하여 메시지를 의미 있게 부각시킨다.

- **간명성** : 오해나 왜곡되지 않도록 최대한 간명하게 부호화한다.
- **체계성** : 이해를 도울 수 있도록 단계별로 잘 편집하고 구성한다.
- **반복성** : 중요한 맥락은 중복하여 주의를 환기시킨다.
- **강조성** : 핵심내용을 정확히 이해할 수 있도록 강조한다.

4.2 메시지

메시지(message)는 수신자의 의도를 부호화한 것으로 의사소통의 내용이다. 메시지의 종류는 단어를 사용한 언어적 메시지와 몸의 움직임이나 제스처, 자세, 얼굴표정, 눈빛, 심지어 의복과 외모 등을 통한 비언어적인 메시지가 있다.

4.2.1 언어적 메시지

언어적 메시지는 크게 서면 의사소통과 구두 의사소통으로 구분할 수 있다. 서면 의사소통은 기록되고 보존될 수 있으며, 많은 사람들에게 동시에 전달하는 것이 가능하다. 반면에 문서작성의 기술을 필요로 하며 즉각적인 피드백이 어렵고 해석상의 오해가 발생할 수 있다.

한편 구두 의사소통은 공식적인 회의나 발표뿐만 아니라 비공식적인 대화 등 다양한 곳에서 이루어진다. 구두 의사소통은 개인적인 감정 전달은 물론 직접적이고 빠르게 이루어지며, 즉각적인 피드백과 부가적인 설명이 가능하므로 오해의 소지가 비교적 적다. 반면에 의사소통의 수가 많아질수록 혼란과 왜곡될 가능성이 있다.

4.2.2 비언어적 메시지

비언어적 의사소통은 서면이나 구두로 표현되지 않는 의사소통과 관련된 모든 요소를 포함하고 있다. 특히 감정을 전달하고 이해하는 데 매우 중요하며 구두 의사소통에 보완적으로 활용할 수 있다. 비언어적 의사소통은 문화별로 다른 의미를 가지고 있기 때문에 사회 · 문화적인 차이에 주의를 기울일 필요가 있다.

4.3 수신자

수신자(receiver) 는 발신자가 보낸 부호화된 메시지를 받아 해독하는 사람이다. 여기서 해독(decoding)이란 수신자가 메시지를 지각하고 그것의 의미를 해석하는 것이다. 이러한 해독과정은 부호화의 과정에서처럼 수신자의 과거경험과 준거기준에 크게 의존한다. 일반적으로 발신자와 수신자의 경험과 준거기준이 유사할수록 공통된 의미를 갖게 되는 폭이 커지고 결과적으로 이해의 정도도 높아진다. 의사소통의 효과성은 발신자가 전달하고자 하는 의미와 수신자가 해석한 의미 간의 일치하는 정도에 따라 결정되며, 이것은 의사소통의 정확성을 의미한다.

| 표 7-3 | 의사소통의 기본요소

구성요소	내용
발신자 (sender)	• 의사소통의 원천을 이루는 발신자는 개인이나 집단 또는 조직이 될 수 있으며, 메시지내용의 명확화와 그 유효성은 발신자의 특성(경험, 준거기준, 욕구, 태도, 가치 및 지각 등)에 따라 영향을 받게 된다. • 발신자는 그가 의도하는 메시지를 수신자에게 정확히 전달하기 위해서는 무엇보다 전달하고자 하는 목적을 명확히 해야 한다.
수신자 (receiver)	• 수신자는 발신자가 전달매체를 통해서 보내온 메시지를 받고, 그것을 해석히여 뜻을 파익하게 되녀, 경우에 따라서 필요한 행동을 취하게 된다. • 이때 메시지의 해석과정도 중요하지만 수신자의 마음상태에 따라 영향을 받게 된다.
메시지 (message)	• 메시지는 발신자가 전달하고자 하는 내용을 언어, 숫자, 기호, 다이어그램 등으로 부호화(encoding)한 것으로, 조직의 공식적인 의사소통의 경로나 비공식적인 경로를 통해서 전달되는 내용이다. • 메시지의 전달매체로는 면담, 전화, 게시판 등이 있다.

4.4 매체

부호화된 메시지는 의사소통매체를 통해서 수신자에게 전달된다. 매체(medium)는 메시지를 보내기 위해 선택한 수단이자 채널을 의미한다. 메시지의 성공여부는 대부분 선택한 채널에 달려 있다. 의사소통의 매체는 다양하며 면대면 대화, 전화통화, 전자메일, 라디오, TV 등이 이에 해당된다. 대프트(R.L. Daft)와 렌겔(R.H. Lengel)은 매체의 정보 충실성, 즉 정보를 운반하는 잠재적인 능력은 다음과 같이 피드백, 매체의 특성 그리고 의사소통과 언어의 유형이 어떠한가에 따라 결정된다고 주장하였다.

그림 7-2 ▪ 매체와 정보의 충실도관계

정보 충실도	매체 종류	피드백	매체 특성	의사소통 유형	언어 유형
높음	• 면대면	• 즉각적	• 시각, 청각	• 인간적	• 신체, 자연
↑	• 전화	• 빠름	• 청각	• 인간적	• 자연
	• 서면	• 느림	• 제한된 시각	• 인간적	• 자연
↓	• 공식 출력물	• 매우 느림	• 제한된 시각	• 비인간적	• 자연
낮음	• 공식 숫자매체	• 매우 느림	• 제한된 시각	• 비인간적	• 숫자

그림 7-3 ▪ 매체의 선택을 위한 모델

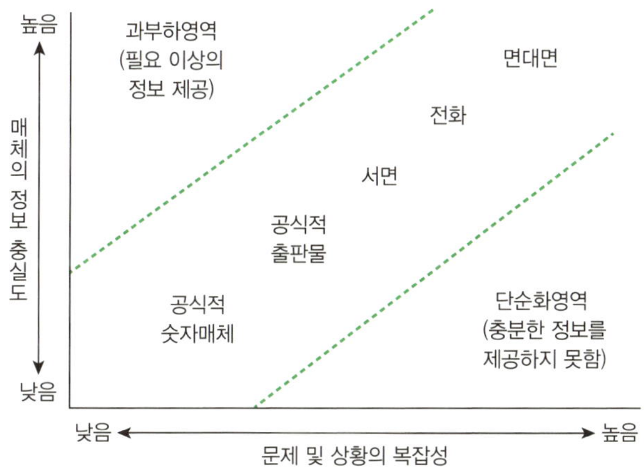

일반적으로 효과적인 의사소통은 매체의 정보 충실도가 문제나 상황의 복잡성과 일치할 때 나타난다. 다시 말해서 정보의 충실도가 낮은 매체는 단순한 문제에 더욱 적합하며, 충실도가 높은 매체는 복잡한 문제나 상황에 적합하다. 반대로 매체의 정보 충실도가 문제나 상황의 복잡성에 비해 너무 높거나 너무 낮으면 비효과적인 의사소통이 발생한다. 왜냐하면 문제나 상황의 복잡성에 비해 너무 높은 충실도의 매체를 사용하면, 매체는 필요 이상의 정보를 제공함으로써 과부하현상이 발생하게 되기 때문이다. 반면에 문제나 상황의 복잡성에 비해 너무 낮은 충실도의 매체를 사용하면 매체는 충분한 정보를 제공하지 못하는 단순화현상이 발생하기 때문이다.

4.5 피드백

피드백(feed-back)은 수신자가 받은 메시지의 의미를 부호화하여 초기 발신자에게 다시 보내는 과정이다. 피드백은 발신자로 하여금 메시지가 제대로 전달되고 이해되었는지를 알게 해주는 수신자의 반응이다. 피드백은 수신자가 발신자의 메시지에 대해 반응할 때 발생하는 것으로 대부분 전달된 메시지내용을 확인하기 위한 것이다. 이러한 피드백이 포함된 의사소통을 쌍방향의 의사소통이라 하며 효과적인 의사소통을 위해서 필요한 과정이다. 왜냐하면 메시지 부호화나 해독하는 과정에서 발신자와 수신자의 관점이나 지각 또는 언어습관 등의 차이로 인해 의사소통이 왜곡되거나 또는 오해나 오류가 발생할 가능성이 높기 때문이다.

4.6 잡음

발신자와 수신자는 여러 가지 측면에서 차이가 존재하기 때문에 부호화하고 해독하는 과정에서 의사소통의 장애가 되는 잡음이 발생할 수 있다. 잡음(nose)은 의사소통의 효과성을 저해하는 장애요소로서 의사소통의 모든 단계에서 발생할 수 있다. 잡음은 크게 발신자와 수신자가 속한 환경여건으로 소음, 조직의 구조와 분위기, 문화 등과 같은 외적인 잡음과 부호화와 해독하는 과정에서 영향을 주는 지각과 가치관, 지식과 태도, 경험, 전문성, 감정 등 개인적인 특성으로 인해서 발생할 수 있는 내적인 잡음으로 구분할 수 있다. 이러한 잡음은 메시지를 왜곡시키거나 방해함으로써 의도한 내용을 성공적으로 전달하고 이해하는 데 있어 어렵게 한다.

5 의사소통의 기능과 유형

5.1 의사소통의 기능

민츠버그(H. Minzberg)에 따르면 관리자들은 하루 중 업무시간의 약 80%를 다른 사람들과 의사소통을 하는 데 사용하고 있는 것으로 나타났다. 이처럼 의사소통은 모든 대인관계의 기초일 뿐만 아니라, 관리나 리더십의 기능을 수행하는 데 있어 필요한 기본적인 능력이라 할 수 있다. 특히 리더나 관리자의 의사소통능력은 조직의 유효성에 결정적으로 영향을 미친다. 예를 들어, 리더는 의사소통을 통해서 구성원들에게 조직의 성과제고를 위해 "무엇을 어떻게 해야 하는가"에 대한 공감대 형성 및 필요한 역할을 분담할 수 있으며, 예상되는 문제를 사전에 예방할 수 있도록 필요한 조치를 취할 수 있다. 이외에도 의사소통은 조직의 특성과 필요성에 따라 다양한 역할과 기능을 수행할 수 있다. 스코트(W.G. Scott) 등은 이에 대해 다음과 같은 네 가지 측면을 강조하였다.

| 표 7-4 | 의사소통의 기능

기능	내용
정보제공	의사결정에 필요한 정보를 제공한다.
동기부여	동기부여를 증대하고 조직의 목적달성에 몰입하게 한다.
통제관리	의무, 권한 및 책임을 명확히 하는 통제의 역할을 수행한다.
정서공유	사회적 욕구의 느낌과 만족의 표현을 가능하게 한다.

이와 유사한 관점에서 집단이나 조직에서 일상적으로 발생하는 상호작용적인 의사소통은 다음과 같은 기능 중 어느 하나 또는 그 이상을 수행하고 있다.

- **정보전달과 공유** : 의사소통은 개인이나 집단의 의사결정에 필요한 정보를 교류하게 한다. 구성원들이 정보를 교류하고 공유함으로써 상호 간의 이해와 협조를 촉진하는 것은 물론, 궁극적으로 개인 및 조직의 성과를 제고시킬 수 있다.
- **동기부여와 촉진** : 의사소통에 의해 성과목표가 제시되고, 성과목표를 달성할 수 있는 구체적인 방법과 실현가능성은 물론, 목표달성에 따른 보상을 명확하게 제시함으로써 동기부여를 촉진할 수 있다. 효과적인 의사소통 없이는 구성원들의 동기유발을 촉진하기가 사실상 어렵다.
- **행동통제와 관리** : 조직은 구성원들이 따라야 하는 지침이나 가이

드라인을 가지고 있는데, 공식적인 의사소통으로, 예를 들어 직무기술서, 업무규정 등을 통해서 이를 충실하게 이행하도록 행동을 통제할 수 있다. 또한 사적인 교류나 사교 모임, 구전이나 전자매체 등에 의해 퍼져나가는 소문의 형태와 같은 비공식적인 의사소통을 통해서도 구성원의 행동을 통제하는 것이 가능하다.

- **감정 및 의사표현** : 의사소통을 통해서 만족감이나 불만, 또는 좌절 등을 표시하는 감정적 표현이 가능하다. 개인적인 감정을 표현하고 전달함으로써 메시지 정보의 충실도를 높일 수 있으며, 나아가 효과적인 자기표출에 의한 긍정적인 인간관계를 형성할 수 있다.
- **네트워크 구축과 유지** : 의사소통은 조직 내외적인 관계를 형성하는 기능을 수행한다. 이러한 네트워크의 형태는 구성원의 행동, 만족도, 동기부여, 참여뿐만 아니라 조직의 성과, 분위기, 문화 등에 영향을 미친다.

5.2 의사소통의 유형

의사소통의 유형은 메시지가 발신자로부터 수신자에 이르는 과정과 경로를 의미한다. 조직에서 의사소통의 유형은 크게 공식적인 의사소통과 비공식적인 의사소통으로 구분할 수 있다. 공식적인 의사소통은 조직에서 정의하고 있는 책임과 권한에 따라 메시지의 전달이 일어나는 것을 뜻한다. 이에 대해 비공식적인 의사소통은 조직 내에서 자생적으로 형성된 의사소통의 체계를 말하며, 일정하지 않은 여러 방향으로 한없이 뻗어 나간다는 의미로 그레이프바인(grapevine)으로 지칭된다.

5.2.1 공식적인 의사소통

공식적인 의사소통은 공식적인 조직구조에 의하여 이루어지는 의사소통을 말하는 것으로 수직적 의사소통과 수평적 의사소통으로 구분할 수 있다. 또한 수직적 의사소통은 상향식과 하향식으로 세분화할 수 있다.

| 표 7-5 | 공식적인 의사소통의 유형과 내용

<table>
<tr><th colspan="2">유형</th><th>내용</th></tr>
<tr><td rowspan="2">수직적 의사소통</td><td>하향적 의사소통 (상의하달식)</td><td>• 상위자로부터 하위자에게 명령을 내리는 것으로서 명료성 · 적합성 · 일관성 및 적시성이 요구됨
• 경로 및 수단으로서 명령계통, 포스터나 게시판, 사내보, 서신, 편람 및 팸플릿, 사내방송 등이 해당됨</td></tr>
<tr><td>상향적 의사소통 (하의상달식)</td><td>• 하위자로부터 상위자에게 전달되는 의견 또는 불만, 불평 등 인간적인 욕구를 충족시키기 위한 것임
• 정보전달 수단은 명령계통에 대응하는 보고계통, 즉 관리적 보고, 불만처리절차, 제안제도, 인사상담제도, 의욕 · 사기 조사, 노동조합 등이 해당됨</td></tr>
<tr><td colspan="2">수평적 의사소통</td><td>• 각 부서 간의 연락, 특히 과업활동의 조정, 문제해결, 정보공유, 갈등해결 등을 위해 이루어지는 것임
• 수단은 주로 부서 간의 심의, 토의, 회의, 회람 등이 해당됨</td></tr>
</table>

의사소통에 영향을 미칠 수 있는 요소로 공식적인 의사소통이 원활하게 진행되기 위해서 지켜져야 할 점은 메시지내용의 명료성, 전달내용의 전후가 모순되지 않는 일관성과 통일성, 시간적으로 알맞은

적시성, 그리고 수신자에게 명확하게 전달될 수 있도록 하는 것이 중요하다. 또한 이를 위해서 메시지 양의 적량성, 융통성 · 개별성 · 현실성 등으로 표현되는 적응성, 수신자의 관심 및 수용성 등에 대해 주의할 필요가 있다.

5.2.2 비공식적인 의사소통

공식적인 의사소통이 조직에 의해 공식적(officially)으로 인정된 계통에 따라서 이루어지는 반면, 비공식적인 의사소통은 공식적인 계층이나 과업의 요구와 관련 없이 사람에서 사람에게로(person to person) 흐르는 개인 간(interpersonal)의 의사소통이다. 비공식적인 의사소통은 공식적인 조직구조에 의한 것이 아니라, 자연발생적으로 이루어지는 의사소통을 말한다. 이러한 의사소통은 인간으로서의 감정적인 친화 이외에 주로 학연, 지연, 입사동기와 같은 계기 등에 의해서 형성된다. 그 밖에도 관리자가 대부분 통제할 수 없으며, 상당히 광범위하게 놀라울 정도로 급속히 전파되는 특징을 지니고 있다.

| 표 7-6 | 공식적인 의사소통과 비공식적인 의사소통의 비교

공식적인 의사소통	비공식적인 의사소통
• 통제가능, 일정범위, 늦음 • 계획적, 의도적, 경영자가 중심이 됨 • 공표됨, 대체로 문서적임 • 일상적인 일에 관련됨, 업무지향적임	• 통제 불가능, 광범위, 빠름 • 자생적, 무의식적, 종업원이 중심이 됨 • 공표 안 됨, 대체로 구두적임 • 비일상적 일에 관련됨, 인간지향적임

이처럼 비공식적인 의사소통은 주로 소문이나 루머의 형태로 전달되지만, 의외로 내용의 정확도가 높기 때문에 부정만 할 것이 아니라, 하나의 분명한 사실로 받아들이는 자세가 필요하다. 또한 언제라도 문제가 될 수 있기 때문에 원인을 제거하려는 적극적인 노력과 함께 해당 사항을 공개적으로 발표하고 처리하는 것도 중요하다. 그럼에도 불구하고 조직의 전체적인 목표달성을 위해서는 무엇보다 공식적인 의사소통이 확립되어야 하며, 비공식적인 의사소통은 이디까지나 보충적인 수단으로 활용되는 것이 바람직하다.

| 표 7-7 | 비공식적인 의사소통의 장점과 단점

장점	단점
• 공식 경로보다 신속하고 능률적임 • 기본적인 욕구충족을 위해 필요함 • 정보교류과정에서 사회적 욕구가 충족됨	• 부정확한 정보유통을 조심해야 함 • 부적절한 시간의 정보유통에 주의해야 함 • 공식 경로의 정보를 혼란시킬 우려가 있음

학습 및 토론 주제

1. 의사소통의 특징과 의의는 무엇인가?
2. 의사소통의 목적과 효과는 무엇인가?
3. 의사소통의 세부과정과 구성요소는 무엇인가?
4. 의사소통의 구체적인 유형과 기능은 무엇인가?

CHAPTER

08 의사소통의 개선 및 향상방안

발신자와 수신자 사이의 정보교환을 방해하는 요인을 장애(barriers)라고 한다. 의사소통을 방해하는 이러한 장애요소는 관점에 따라 다양하게 파악되고 구분된다. 예를 들어, 그리핀(R.W. Griffin)은 의사소통의 장애요소를 〈표 8-1〉과 같이 발신자에게 귀속되는 것, 수신자에게 귀속되는 것, 이들 양자의 상호작용에 관련되는 것, 그리고 환경적인 것으로 구분하고 논하는가 하면, 데이비스(J.W. Davis) 등은 다음과 같이 세 가지로 구분하였다.

- **인간적인 것에 의한 장애**(personal barriers) : 심리적 거리(psychological distance)를 의미하는 인간의 감정, 가치관, 나쁜 청취습관 등이 장애로 나타난다.
- **물리적인 것에 의한 장애**(physical barriers) : 의사소통과정 중 외부로부터 소리가 나거나, 기타 공간적인 거리나 벽 등에 의해서 장애가 발생한다.
- **어의에 의한 장애**(semantic barriers) : 언어 및 단어, 그림, 표정

과 같은 행동 등의 상징에 의해 메시지가 구성되기 때문에, 이를 부호화하고 해독하는 과정에서 장애가 발생한다.

| 표 8-1 | 의사소통을 방해하는 요인

발신자의 특성	수신자의 특성	수·발신자의 관계	환경적 요인
• 모순 또는 불일치하는 신호 • 정보에 대한 신뢰성 • 마지못해 하는 의사소통	• 나쁜 청취 습관 • 정보받기 전 이미 태도가 정해진 경향성	• 어의적인 문제 • 지위의 차이 • 권력의 차이 • 지각의 차이	• 잡음 • 정보의 과다

한편 바스(B.M. Bass)는 의사소통의 효과성에 대해서 "어떤 사람이 다른 사람들에게 무엇을 이야기하고, 그 사람들이 이야기된 것을 확실하게 이해하는 정도"라고 정의하였다. 따라서 효과적인 의사소통에는 발신자가 의도한 메시지를 수신자에게로 옮겨가도록 정보를 전달하고 그리고 수신하는 능력까지 내포하고 있다. 다시 말해서 효과적인 의사소통이 되기 위해서는 발신능력의 향상과 함께 수신능력의 향상, 특히 효과적인 피드백이 요구된다. 뿐만 아니라 의사소통이 원활하게 실행되기 위해서는 의사소통의 과정에서 발생할 수 있는 장애요소를 제거하는 것도 필요하다. 이러한 장애요소를 보다 정확하게 파악하기 위해서는 대인 간에 일어나는 장애요소와 조직 내에서 일어나는 장애요소로 구분할 필요가 있다.

이상에서 언급한 효과적인 의사소통을 위한 발신자와 수신자의 의사소통능력을 향상시키는 방안과 의사소통의 장애요소를 제거하는 방안을 보다 구체적으로 개인적인 측면과 조직적인 측면으로 구분하여 살펴보면 다음과 같다.

1 발신자의 의사소통능력 향상

의사소통의 효과성을 높이기 위해서는 발신자는 수신자에게 어떠한 메시지를 전달할 것인지에 대해 명확하게 결정하고, 수신자가 그 메시지를 정확히 이해할 수 있도록 적절한 정보를 제공해야 한다. 또한 발신자는 부호화와 해독과정에서 발생할 수 있는 오류를 최소화하기 위해서 발신자와 수신자 간의 지각이나 준거프레임의 차이, 언어적 차이 등을 고려하여 메시지를 작성하고, 해당 메시지에 적합한 매체를 선택하는 것이 중요하다. 나아가 발신자와 수신자 간의 우호적인 관계를 구축하는 것이 필요하다. 이를 위해서 평소에 마음의 교류가 중요하며, 특히 솔직하고 진지하게 자신의 감정을 표현하는 것이 중요하다. 그 밖에도 의사소통의 효과성은 발신자와 수신자 간의 메시지의 전달을 위한 방법에 의해서 영향을 받는다.

메시지의 전달방법과 관련하여 발신자는 언어적(verbal) 방법과 비언어적(nonverbal) 방법을 이용하여 메시지를 수신자에게 보낼 수 있다. 언어(word, language)를 통해서 의사소통을 하는 대인적인 방법은 말로 하는 구두(oral) 의사소통과 글로 하는 서면(written) 의사소통으로 구분되는데 때로는 함께 쓰이기도 한다. 비언어적인 방법은 언어가 아닌 얼굴표정, 눈맞춤, 제스처 등 여타의 방법에 의해 보여주는 방법이며, 언어만으로는 표현할 수 없는 메시지를 전달할 수 있는 방법이다. 이러한 메시지의 전달방법과 관련하여 발신자는 의사소통의 효과성 제고를 위해서 다음과 같은 내용에 대해 유념할 필요가 있다.

| 표 8-2 | 발신능력 향상을 위한 기법

발신방안		발신기술
언어적 의사소통	구두 의사소통	• 수신자의 태도와 분위기 등 상황파악을 철저히 한다. • 핵심키워드 중심으로 쉽게 설명하고, 시간을 독점하지 않으면서 의사소통을 주도한다. • 문제핵심에 집중하며, 감정을 자제하고, 겸손하며 정직하게 표현한다. • 사전연습을 통해 내용과 표현력을 수정하고 보완한다.
	서면 의사소통	• 시간과 여유를 가지고 작성하되, 내용을 명확히 작성함으로써 해석하는 데 혼선이 없도록 한다. • 자신의 생각을 제대로 표현할 수 있도록 문서작성능력을 갖추도록 평소에 노력한다. • 의사소통의 매체 특성을 반영하고, 간결하면서 내용이 충실하도록 메시지를 작성한다.
비언어적 의사소통		• 호소력 있는 자기 스타일의 표현법을 개발하고 익힌다. • 문화 및 환경에 적합한 동작과 표정을 취한다. • 안정되고 편안한 마음자세로 의사소통을 한다.

비언어적인 방법은 언어적인(구두적인) 방법을 수반하지 않으면 일반적으로 그것이 무엇을 의미하는지를 정확하게 이해할 수 없다. 이러한 경우 메시지가 애매모호하기 때문에 수신자가 오해할 수 있으며, 결과적으로 의사소통의 효과를 저해할 수 있기 때문에 주의할 필요가 있다. 특히 문화권을 달리하는 경우에는 더욱 그러한 위험성이 높기 때문에 비언어적인 방법은 가능한 구두적인 방법을 수반하는 것이 바람직하다. 그 밖에도 언어와 비언어적 의사소통의 방법은 각기 나름대로의 장점과 단점이 있다. 다시 말해서 어떠한 상황에도 적합한 유일한 방법은 없다. 그럼에도 불구하고 일반적으로 다음과 같은 메시지내용이나 의사소통 참여자의 특성에 따라 적합한 방법을 선택할 수 있다.

- **문서적인 방법** : 메시지가 비교적 분명하고 명확하며 합리적이고 공식적이고, 포함된 구성원들이 유사한 성장배경을 지님으로써 문제에 대한 이해를 같이 할수록 바람직하다.
- **구두적인 방법** : 이와 반대로 메시지가 불분명하고 어렵거나 애매하며 정서적이고 구성원들의 성장배경이 상이함으로써 상이한 의견을 가질수록 바람직하다.

| 표 8-3 | 의사소통방법의 장점과 단점

수단		장점	단점
언어적	구두	• 보다 빠름 • 즉각적인 피드백이 가능함 • 보다 개인적이고 자발적임 • 즉각적인 상호작용을 함	• 덜 정확함 • 기록이 보존되지 않음 • 갈등에 대한 안전장치가 부족함
	서면	• 보다 정확함 • 공식적 기록으로 보존이 가능함 • 보다 신뢰적임	• 비교적 늦음 • 즉각적인 피드백이 어려움 • 자발성이 결여됨
비언어적		언어적인 것보다 더욱 정확함	혼란을 초래할 수 있음

2 수신자의 의사소통능력 향상

효과적인 의사소통을 위해서는 의사소통을 하는 과정에서 발신자의 능력은 물론 수신자의 능력이 요구된다. 발신자의 메시지를 정확히 이해하고 파악하기 위해서는 무엇보다 수신자의 적극적인 경청과 효과적인 피드백이 중요하다.

2.1 적극적인 경청

일반적으로 사람들은 자신이 듣고 싶어 하거나 기대하는 바를 들으려고 하고, 메시지를 평가 또는 판단하려는 자연적인 경향성을 지니고 있다. 이와 함께 의사소통에 영향을 미치는 요소이자 문제점은 무엇보다 수신자가 메시지 일부에만 주의를 기울이는 선택적 청취이다. 이러한 선택적 주위 및 청취행동은 메시지에 대한 수신자의 관심과 가치판단에 근본적인 원인이 있다. 또한 수신자가 처리할 수 있는 것보다 더 많은 정보를 받음으로써 과부화의 현상이 발생하였을 때 주로 나타난다. 그 밖에도 수신자가 메시지에 대한 발신자의 진실성이나 전문성이 떨어진다고 판단할 경우에도 선택적 청취가 이루어진다. 이러한 선택적 청취는 결국 의사소통상의 장애이자 문제를 발생하게 한다. 다시 말해서 수신자의 선택적 청취가 아닌, '적극적인 경청(activity listening)'이 의사소통의 효과성을 높이는 방안이 될 수 있다는 것이다.

이와 같이 발신자가 메시지를 전달할 때, 자신의 생각을 정확히 표현하지 못할 수 있기 때문에 수신자는 적극적인 경청을 통해서 의사소통의 효과성을 높일 수 있다. 이러한 적극적인 경청은 발신자가 실제로 의미하고자 하는 것을 표현하도록 도와주는 능력을 의미한다. 그리고 적극적인 경청을 위해서는 수신자의 다음과 같은 노력과 행동이 필요하다.

- **집중하는 태도** : 발신자가 말하는 내용을 정확히 들으려고 하며, 핵심용어에 초점을 맞추고 메시지를 이해하려고 관심을 가지고 집중한다.

- **감정적인 안정** : 발신자가 가지고 있는 감정을 확인하고 수용하려고 하며, 수신자는 메시지의 내용을 정확히 이해할 때까지 감정적인 안정을 유지한다.
- **공감대 형성** : 발신자로부터 듣고 이해한 내용을 수신자 자신의 언어로 핵심내용을 중심으로 반복함으로써 공감대를 형성한다.
- **확인 및 피드백** : 발신자의 메시지내용이 서로 불일치하거나 또는 혼합되어 이해하기 어려울 경우에는 피드백하여 명확하게 한다.

2.2 효과적인 피드백

의사소통상의 과정에서 피드백이란, 메시지가 수신되고 이해된 정도에 대해 수신자가 발신자에게 다시 메시지로 보내는 것으로, 효과적인 의사소통을 위해서 필수적인 사안이다. 피드백은 수신자의 몫으로서 이를 통해 잘못된 이해의 정도를 확인하거나 바로 잡을 수 있는 방법이다. 피드백이 결여되면 발신자의 입장에서 수신자가 메시지를 정확하게 이해하였는지를 알지 못하고 따라서 후속조치를 할 수 없게 된다. 또한 수신자 입장에서는 검증되지 않은 메시지로 인해서 잘못 이해하고 행동하게 되는 오류를 범할 수 있다. 피드백을 통해 수신자의 이해 정도를 확인했을 때, 비로소 쌍방향의 의사소통이 완료되는 것이다. 의사소통의 효과를 향상시키기 위해서는 이러한 피드백이 필수적이다. 발신자는 적극적으로 피드백을 구해야 하며, 수신자도 피드백을 적극적으로 제공해야 한다. 그 밖에도 효과적인 피드백이 되기 위해서는 다음과 같은 사안에 주의를 기울여야 한다.

- 피드백은 메시지의 내용과 감정까지 전달되어야 하며, 이를 통해서 발신자와 수신자 사이에 이해와 신뢰가 형성되도록 기여해야 한다.
- 발신자가 피드백을 접수할 수 있는 자세와 준비가 되어 있고 수용이 가능해야 한다.
- 피드백의 구체적이고 명확한 메시지를 통해서 불필요한 오해를 없애고, 발신자에게 도움이 될 수 있는 추가적인 정보의 제공 및 건설적인 변화를 위한 자극이 될 수 있어야 한다.
- 메시지에 대해 평가 또는 판정하는 피드백보다 수신자가 이해한 메시지의 내용을 중심으로 가능한 구체적으로 설명되어야 한다.

이처럼 의사소통의 피드백은 구성원들에 대한 정보공유 및 의사소통 측면뿐만 아니라 그들의 성장과 발전 나아가 동기부여 측면에서 중요한 의미를 지니고 있다. 특히 상사와 부하 간에 호의적인 인간관계를 구축하고 유지하기 위한 효과적인 피드백을 위해서는 다음과 같은 내용에 대해서 유념할 필요가 있다.

- 피드백은 사람이 아닌 구체적인 행동에 초점을 맞추어야 한다.
- 수신자에 의해 통제가 가능한 부분에 대해서 피드백해야 한다.
- 피드백의 내용은 주관적인 판단이나 평가라기보다 솔직하고 객관적인 입장에서 설명적이어야 한다.
- 목적지향적인 피드백이 되게 하며 명확한 내용으로 확실하게 이해시켜야 한다.
- 피드백은 조언을 준다기보다는 아이디어를 함께 공유한다는 관점으로 이루어져야 한다.

- 피드백은 상대방이 한 번에 처리할 수 있는 만큼의 정보만을 포함해야 한다.
- 피드백은 적절한 장소와 적절한 시기에 실시하되, 가능한 즉각적이고 적시에 이루어져야 한다.

3 의사소통의 장애요소 제거

의사소통의 효과성은 발신자와 수신자의 능력뿐만 아니라 의사소통과정에서 발생할 수 있는 잡음(nose)에 의해서도 영향을 받는다. 잡음은 의사소통의 효과성을 저해하고 의사소통과정에서 메시지의 수 · 발신과 이동을 방해하는 모든 잠재적인 장애요소이다. 이러한 장애요소는 의사소통을 하는 전 과정에서 발생할 수 있으며, 장애요소의 원인은 개인적인 문제로 인해서 발생할 수 있으나 조직의 성격과 환경여건에 의해서도 발생할 수 있다. 원활한 의사소통을 위해서는 이러한 장애요소를 최대한 제거하고자 하는 적극적인 노력과 행동이 필요하다.

3.1 개인적인 장애요소

개인에 의한 의사소통의 장애는 발신자와 수신자의 개인적인 요소뿐만 아니라 서로 간의 관계에서 발생할 수 있다. 의사소통을 저해하는 개인적인 장애요소로는 서로 간의 태도와 지각의 차이, 개인의 어의적 차이, 감정적인 요인, 지위의 차이 등이 이에 해당된다.

3.1.1 태도와 지각의 차이에 따른 장애요소

태도(attitude)란 사물, 사람 또는 이슈에 대해 가지는 일반적이거나 지속적인 긍정적이거나 부정적 감정 또는 사상 · 사물을 인식하고 재현하고 판단을 내리는 데 있어 특정한 경향성을 가지도록 하는 정신의 중재작용이라 할 수 있다. 셀리스와 스트라우스(L.R. Sayles & G. Strauss)는 개인적인 의사소통의 어려움을 강조하면서 태도와 관련하여 쉽게 범할 수 있는 실수를 다음과 같이 서술하고 있다.

- 조직활동의 대부분이 일상화되어 있어 유사한 정보나 지시를 반복해 듣는 경우가 많게 마련이고, 이로 인해서 수신자의 메시지 수신태도도 습관적으로 접수한다.
- 일반적으로 먼저 접수된 정보에 비중을 두기 때문에 이미 알고 있는 정보나 자신의 생각에 집착하는 태도는 새로운 정보를 거부하거나 무시하려는 경향이 높다.
- 메시지를 이해하려는 태도보다 먼저 발신자나 발신자의 메시지에 대한 평가를 한다.

이처럼 개인적인 태도는 의사소통의 과정에서 매우 중요한 작용을 한다. 태도를 형성하는 데 영향을 미치는 요인으로 무엇보다 '개인적인 지각(perception)의 차이'를 들 수 있다. 다시 말해서 발신자가 메시지를 지각하는 것과 수신자가 지각하는 것과의 차이가 의사소통의 문제를 발생시키는 가장 일반적인 원인 중 하나라는 것이다.

태도와 함께 지각 역시 수 · 발신자가 메시지의 의미를 포착하고 해석하는 데 매우 중요한 역할을 한다. 발신자는 자신이 의도한 대로 수신자가 이해할 것이라고 가정하고 메시지를 보낸다. 그러나 수신자는 자신의 패러다임에 따라 메시지를 해석하고 이해하게 마련이다. 즉 의사소통에서 사용되는 메시지는 지각과정을 거치면서 개인의 가치관과 욕구, 문화적 배경, 경험 또는 상황적 여건에 따라 서로 다르게 해석하고 의미를 달리할 수 있다. 이처럼 메시지의 키워드나 내용을 서로 다르게 이해하는 것은 생각의 틀, 다시 말해서 지각의 차이가 존재하기 때문이다. 지각의 개인적 차이는 의사소통의 잡음이자 장애요소이다. 지각의 차이로 인해 의사소통의 왜곡이 발생되는 현상은 일반적으로 고정관념과 후광효과, 선택적 지각, 투사, 준거프레임으로 설명할 수 있다.

(1) 고정관념

고정관념(stereotyping)은 사실이 아닌 가상적인 틀에 현실을 접목시켜서 정보를 왜곡시키는 현상이다. 주로 특정 집단의 사람들이 지니고 있는 부정확하게 일반화된 신념으로, 특정인의 독특한 개성이나 개인차 혹은 능력을 무시한 채 단순히 그 개인이 특정 집단의 구성원이라는 이유만으로 그의 개성이나 특성, 능력을 특정하게 또는 특정 범주로 귀속시키는 관념이나 기대를 의미한다.

(2) 후광효과

후광효과(halo effect)는 개인이 갖고 있는 특성에 대한 평가가 그 사람의 다른 다양한 특성들에 대한 평가에 적용될 때 발생하는 현상으로 고정관념과 같이 의사소통과정에서 장애요소가 된다. 후광효과는 관찰한 지각내용이 관찰하지 않은 것들에까지 지각적 영향을 미치는 '현혹효과'라고도 말한다.

(3) 선택적 지각

선택적 지각(selective perception)은 정보를 객관적으로 그리고 전체적으로 받아들이지 않고, 자신의 기존 인지체계와 일치하거나 자신에게 유리한 것만 선택적으로 받아들이는 현상이다. 이러한 선택적 지각, 즉 자신이 듣고 싶은 것만 듣고 보고 싶은 것만 보는 것은 의사소통에 문제를 발생시킬 수 있다.

(4) 투사

투사(projection)는 자기가 인식하는 자신의 속성이 다른 사람들에게도 동일하게 존재할 것이라고 생각하는 현상, 즉 모든 사람들도 자신과 똑같다고 생각하는 것이다. 이러한 형상은 메시지를 수 · 발신할 때 자신이 이해하고 있는 수준대로 상대방도 이해할 것이라는 실수를 범하게 한다.

(5) 준거프레임

개인의 준거프레임(frame of reference)은 교육 및 성장배경, 경험, 성격, 성별, 기대, 가치관, 욕구, 관심 등 수많은 것에 의해서 형성된다. 일반적으로 일란성 쌍둥이도 다른 성격과 특성을 가지고 있듯이, 누구도 완전히 똑같은 준거프레임을 가지고 있지 않다. 이러한 준거프레임의 차이는 지각 차이의 주요 원인이 되며, 이로 인해 사람들이 의사소통에서 어려움을 겪게 될 가능성은 당연히 크다. 또한 사람들은 각자의 입장에서 개인적인 지각으로 판단하고 설명하기 때문에 똑같은 메시지일지라도 서로 이해하는 정도가 다를 수 있다. 따라서 다른 사람의 메시지에 대해 스스로가 정확하게 지각하는 태도와 함께, 다른 사람이 나의 메시지에 대한 지각하는 것도 예상하고 인정할 수 있어야 하며, 필요시 적절하게 대응할 줄도 알아야 의사소통의 효과성을 높일 수 있다.

3.1.2 어의적 차이에 따른 장애요소

언어와 관련하여 장애를 일으키는 요인으로 언어의 의미와 관련된 어의(semantics)가 있다. 원래 어의는 '함축하고 있는 의미'를 뜻하는 희랍어에서 유래되었다. 똑같은 어의라도 추상화의 정도, 전문적이거나 특수적인 용어, 의미의 다양성 등 언어의 본질적인 특성으로 인해서 각자 나름대로 해석하거나 이해의 수준을 달리하는 어의적인 차이가 발생할 수 있다. 이러한 차이는 의사소통의 장애가 된다.

이와 같이 어의적(semantics) 차이는 주관적인 해석에 따른 오해를 말하며, 특히 부적절한 단어의 선택에 기인한다. 어의적 차이로 인한 의사소통의 문제는 주로 전달하려는 내용을 부호화하거나, 전달된 메시지를 해석하는 과정에서 오류가 있거나 혼돈을 야기하면서 발생한다. 똑같은 말이라도 다른 사람에게는 다른 것을 의미할 수 있기 때문에 어의적 차이는 의사소통의 문제를 일으킬 수 있다. 이러한 어의적인 문제는 대부분 개인적인 표현방법과 교육수준, 습관적인 태도, 지각과정에서 서로 간에 차이가 있기 때문에 발생한다. 또 다른 어의적 차이는 언어적 의사소통과 비언어적 의사소통 간에 불일치할 때 발생하는 혼합된 메시지에 의해 기인한다.

3.1.3 감정적 요인에 따른 장애요소

사람이 무엇을 말하고 듣고 판단할 때, 가능한 이성에 의해 합리적으로 하려고 노력한다. 그러나 흥분하거나 감정이 격해지면 이성의 합리적인 활동은 지장을 받게 마련이다. 이처럼 감정적 요인(emotions)은 의사소통의 과정에 있어 개인적인 감정의 상태나 느낌에 따라 장애를 일으킬 수 있다. 감정이 불안정한 상태나 흥분된 분위기에서 진행되는 의사소통은 사실과 다른 내용이 되기 쉽다. 발신자가 감정이 좋지 못한 상태에서 메시지를 발신하거나 또는 수신자가 불안정한 상태에서 메시지를 접수할 때는 상호 간의 의사소통이 제대로 이루어질 수 없다. 따라서 의사소통의 효과성을 높이기 위해서는 가급적 감정을 절제하며 즉각적인 대응보다 생각하는 시간을 가지고 사안의 본질을 벗어난 사고와 행동을 가급적 자제하는 것이 필요하다.

3.1.4 지위의 차이에 따른 장애요소

조직에서의 지위(status)는 일반적으로 상향적 의사소통을 방해하는 문제점으로 작용할 수 있다. 지위의 차이로 인해 부하는 상사와 다른 의견이나 개인의 주관을 표시하는 데 어려움이 있을 수 있으며, 그 결과 조직 내 쌍방향의 의사소통이 원활하게 이루어지기가 쉽지 않다. 또한 지위에 따라서 정보의 양과 질이 달라지고, 그에 따라 필요한 정보가 차단되거나 공유되지 못함으로써 의사소통의 장애가 될 수 있다.

지위의 차이와 관련하여 흔히 발생하는 의사소통의 장애요인에는 여과(filtering)와 침묵(mum)의 효과가 있다. 여과는 대부분 부하들이 자신의 약점을 기피하거나 상사로부터 호감을 얻기 위해 상사가 듣기 좋아하는 정보만을 제공하려는 태도로 인해서 발생하는 것으로 전체 사실을 모두 전달하지 않고 정보의 일부분만 제공하는 것이다. 이러한 정보의 여과는 상사와 부하 간의 정보공유와 의사소통의 한계를 가져온다. 침묵효과는 사람들이 나쁜 소식을 다른 사람들에게 전달하는 것을 소위 '고자질하는 것'과 같아 꺼리기 때문에, 그러한 것들에 대해 잘 말하지 않고 입을 다문다는 것을 뜻한다. 이러한 효과는 현상을 제대로 파악할 수 없게 하는 것은 물론, 효과적인 의사소통을 방해한다. 그 밖에도 지위에 따라 예상되는 의사소통의 장애요소를 살펴보면 다음과 같이 정리할 수 있다.

| 표 8-4 | 지위에 따른 의사소통의 장애요소

의사소통 방향	예상되는 장애요소
하향식 의사소통	• 공간적 거리, 심리적 거리
상향식 의사소통	• 정보의 중요성을 인정하지 않음 • 전달할 정보를 선택하지 않거나 정보전달의 기회를 갖지 못함 • 정보를 의도했던 대로 받아들이지 않음
수평적 의사소통	• 견해의 차이, 상호 간의 경쟁, 특수용어 사용, 지위 간의 격차
전 방향 의사소통	• 발신자가 메시지의 내용 또는 감정을 명확히 하기가 어려움 • 언어 및 전달내용이 여러 가지로 해석되고, 전달이 비효과적임 • 비언어적인 신호가 언어로 말하는 것과 모순이 됨 • 사람들은 그들이 듣기 원하는 것만 듣고자 함

이처럼 지위에 따른 의사소통의 장애뿐만 아니라 개인의 의사소통을 방해하는 장애요인은 수없이 많다. 예를 들면, 발신자와 수신자의 커뮤니케이션 역량과 기술, 서로 간의 신뢰와 열린 마음, 기반 지식, 관습이나 문화적인 차이 등이 이에 해당된다.

3.2 조직적인 장애요소

이상에서 살펴본 바와 같이 의사소통의 장애는 개인적인 문제뿐만 아니라, 특히 개인이 속한 조직의 성격과 환경여건에 따라 발생할 수 있다. 따라서 의사소통의 효과성을 높이기 위해서는 앞서 언급한 인적인 장애요소와 함께, 이러한 조직과 환경적인 장애요소에 대한 관심과 제거방안을 강구하는 것이 필요하다.

3.2.1 조직의 성격에 따른 장애요소

조직의 규모가 대규모화되어 의사소통의 과정이 복잡하거나 단계가 많아지게 되면, 일반적으로 의사소통이 진행되는 과정에서 메시지의 내용이 변질되거나 왜곡될 가능성이 높다. 이러한 정보의 변질은 중계자마다 메시지의 내용을 다르게 해석하거나 고의적으로 왜곡시킬 때 주로 나타난다. 또한 조직의 구조가 점차 세분화되고 전문화될수록 메시지의 내용이 다양화되는 것은 물론, 전문적인 용어의 사용이 확대되므로 조직 내 부서 간의 팀워크를 위한 의사소통에 어려움이 발생할 수 있다. 그 외에도 조직 내 부서 간의 추구하는 목표가 달라 생기는 가치관이나 부서 간의 문화의 차이, 추구하는 관점 등 활동의 우선순위와 평가기준의 차이로 인한 의사소통의 장애가 발생할 수 있다. 특히 조직 내에서 의사소통을 자유롭고 허심탄회하게 할 수 있는 신뢰와 개방, 그리고 지원적인 분위기가 어느 정도 조성되어 있는가도 매우 중요한 장애요소로 작용한다.

3.2.2 환경과 여건에 의한 장애요소

의사소통에 장애가 되는 환경적인 요소는 다양하다. 멀리 떨어져서 발신자와 수신자 간의 시간적 · 공간적인 차이가 발생할 때 당연히 의사소통을 어렵게 한다. 또한 의사소통과정에서 소음이 심하거나 시간이 촉박할 경우에도 의사소통의 장애가 된다. 그 밖에도 조직의 문화나 분위기, 사무실 공간 및 자리 배치 심지어 공간의 색깔과 조명 등도 의사소통에 영향을 줄 수 있는 환경여건에 포함된다.

학습 및 토론 주제

1. 의사소통의 장애요인과 향상방안은 무엇인가?
2. 원활한 의사소통을 위한 발신능력과 수신능력의 제고방안은 무엇인가?
3. 개인과 조직, 그리고 환경적인 측면에서 의사소통의 장애요인은 무엇인가?
4. 의사소통의 장애요소를 제거하기 위한 구체적인 방안은 무엇인가?

CHAPTER 09 리더의 효과적인 의사소통방법

1 리더를 위한 의사소통의 지침과 스킬

의사소통의 문제는 대부분 발신자로부터 수신자에 이르는 의사소통과정 중에 발생하는 여러 가지의 장애요소 때문에 발생한다. 리더가 효과적인 의사소통을 통해서 의도한 목적을 달성하려면, 앞서 언급한 장애요소를 찾아내고 제거하고자 하는 의지와 노력이 필요하다. 물론 모든 장애요소를 제거하기란 사실상 불가능하다. 그럼에도 불구하고 장애요소를 최소화시키고자 하는 노력과 행동을 통하여 의사소통의 효과성을 향상시킬 수 있다. 이와 관련하여 미국경영자협회(American Management Association)가 발표한 아래의 열 가지 수칙을 의사소통과정에 적용한다면, 리더의 효과적인 의사소통을 위해 도움이 될 수 있다.

- **의사소통을 시작하기 전에 전달할 생각을 분명히 정리한다** : 수신자는 누구이며 메시지가 전달하고자 하는 생각을 정확히 표현하고

있는가, 메시지에 의해 누가 영향을 받게 되는가 등을 미리 계획하고 점검해야 한다.

- **의사소통의 참된 목적이 무엇인가 검토한다** : 정보의 획득을 목표로 하는지, 어떤 조치를 위한 것인지, 다른 사람의 행동에 영향을 미치려는 것인지 등 의사소통의 목적을 분명히 하고, 그 목적에 따라 메시지가 작성되어야 한다.
- **전체적인 물적 · 인적인 여건을 감안하다** : 메시지내용만 고려하지 말고 시간적 · 물질적 분위기 등도 함께 고려해야 한다.
- **의사소통 계획단계에 다른 사람들과 상의한다** : 자기 주변의 사람들로부터 유용한 아이디어나 정보, 필요한 지원 등을 받을 수 있도록 협조를 요청하거나 상의한다.
- **메시지의 기본목적을 명기하되 지나친 표현은 억제한다** : 수신자가 메시지의 핵심내용을 정확히 이해할 수 있도록 하고 오해나 감정을 상하게 하는 표현은 자제한다.
- **수신자에게 도움이 되며 유익하고 가치 있는 메시지가 되도록 노력한다** : 일방적인 관점이나 평가가 아닌, 가급적 수신자의 입장에서 생각하고 메시지가 작성되도록 한다.
- **의사소통의 결과를 점검한다** : 메시지가 잘 전달되었는지, 수신자가 내용을 제대로 이해하는지 등에 대해 피드백을 통해 확인해야 한다.
- **오늘을 위해서뿐만 아니라 내일을 위해 의사소통한다** : 현안뿐만 아니라 앞으로 다가올 사안에 대해서 소통하고, 이를 통해 상호 간의 발전과 긍정적인 인간관계가 유지되도록 노력한다.
- **자신의 말이 행동으로 뒷받침되게 노력한다** : 상호 간의 존중과 신

뢰를 구축하기 위해 스스로가 언행일치되도록 노력한다.

- **적극적인 경청자가 된다** : 의사소통에 집중하며 불분명한 메시지 내용에 대해서는 피드백을 통한 적극적인 자세와 행동을 보인다.

그 밖에도 상사와 부하 간의 의사소통에 대한 연구들을 종합적으로 검토한 결과 소위 '좋은' 상사와 '나쁜' 상사를 구분하는 다음과 같은 다섯 가지의 커뮤니케이션 스킬이 입증된 바 있다. 이러한 스킬들 역시 리더가 효과적인 의사소통을 위해 갖추어야 하는 중요한 지침이 될 수 있다.

- **표현적인 리더** : 자신의 생각이나 아이디어, 입장과 신념 그리고 느낌을 회의 등에서 쉽게 이해할 수 있도록 표현하며, 사적인 자리에서도 스스로가 마음을 열고 터놓고 이야기하는 표현적인 리더가 부하직원들에게 훌륭한 상사로 인식된다. 이러한 상사는 본인이 의도한 메시지가 잘 전달되었는지 확인하기 위해서라도 수시로 대화를 시도한다.
- **공감적인 리더** : 이러한 유형의 리더는 부하직원들이 다가가기 쉽고, 그들의 제안이나 불평들을 기꺼이 들으려고 한다. 또한 부하직원들의 생각이나 이슈의 내용뿐만 아니라 느낌이나 감정 차원까지도 이해하며 듣기 때문에 부하직원들은 이러한 리더를 훌륭한 상사라고 생각한다.
- **설득적인 리더** : 부하들은 일방적으로 명령하기보다는 설득하고 독려하는 상사를 좋은 상사로 생각한다. 따라서 조직의 성과 제고를 위해 요구되는 권력과 영향력을 행사하는 데 있어 설득적인 커뮤니케이션이 요구된다.

- **감정에 민감한 리더** : 훌륭한 상사는 부하직원들의 기분, 자아 이미지 그리고 심리적 방어에 민감하다. 그들은 부하직원들의 자존감을 헤아릴 줄 알고, 재능과 능력을 인정함으로써 자존감을 향상시킨다.
- **정보제공자로서의 리더** : 훌륭한 상사들은 부하들에게 필요한 좋은 정보를 적절히 꾸준하게 제공한다.

2 조하리 창에 의한 의사소통의 사고와 행동

조하리 창(Johari's Window)은 조셉 루프트(Joseph Luft)와 해리 잉햄(Harry Ingham)이 만든 것으로 그들의 이름을 조합하여 지은 명칭이다. 조하리 창은 나와 어떤 상대방과의 관계에서 자신을 분석하는 틀로 자신(발신자)과 타인(수신자) 사이에 동태적인 상호작용의 이해를 통한 의사소통의 개선뿐만 아니라, 인간관계와 자기성장의 개선에 관련되어 있다. 조하리 창은 [그림 9-1]과 같이 가로축을 중심으로 내가 자신에 대해 알고 있는 영역과 모르고 있는 영역으로, 세로축을 중심으로 상대방이 나에 대해 알고 있는 영역과 모르고 있는 영역으로 나누어 구성되어 있다. 따라서 조하리 창은 나와 상대방의 관계에서 네 가지 유형의 정보를 파악할 수 있다. 이러한 정보를 기반으로 자기성장과 인간관계를 개선하기 위해서 무엇보다 자기노출과 피드백이라는 두 가지 행동을 강조하고 있다.

그림 9-1 ▪ 조하리 창에 의한 인간관계의 구축과 자기성장

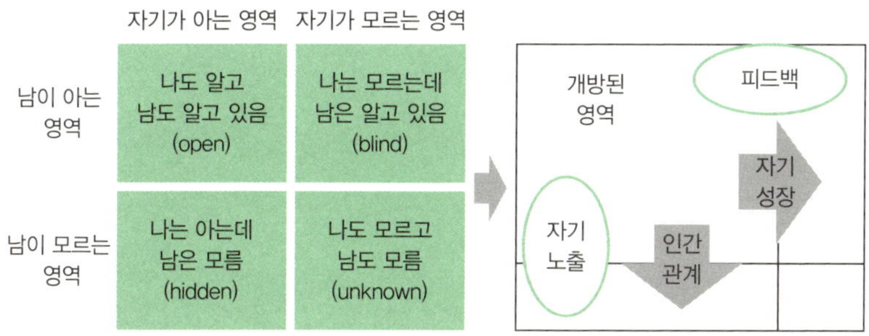

여기서 말하는 자기노출이란 한 사람의 느낌이나 지식과 정보가 타인에게 표현됨을 의미하며, 피드백은 타인의 그것들이 자신에게 표현됨을 의미한다. 그러므로 구성원들에게 솔직하고 꾸밈없이 정확하게 표현하는 리더의 자기노출은 인간관계에 긍정적인 영향을 미치며, 그들과의 대화를 통해서 자신의 장 · 단점 등에 대한 피드백을 받고, 자기인식을 확대하며 자신을 성찰할 기회를 통해서 자기성장이 가능하다.

다시 말해서 리더의 자기노출과 피드백이 많을수록 의사소통은 물론, 인간관계와 자기성장에 긍정적이다. 이렇게 되기 위한 전제조건으로는 무엇보다 리더와 구성원들 간에 신뢰성과 개방성, 그리고 수용성이 중요하다는 사실을 인식할 필요가 있다. 또한 조하리 창을 통하여 리더 자신과 구성원들과의 관계가 어떠한 상황에 처해 있는가를 정확하게 파악하고 분석하는 노력이 선행되어야 한다.

학습 및 토론 주제

1. 리더의 효과적인 의사소통을 하기 위한 지침과 스킬은 무엇인가?

2. 조아리 창의 내용과 시사점은 무엇인가?

참고 및 인용문헌

References and Literature Cited

김병식, 조직행동론, 형설출판사, 1997.

김선봉, 조직행동론, 민영사, 1996.

김용주, "윤리적 리더십 고찰", 윤리문화연구(8), pp.178~209, 윤리문화학회, 2012.

박경원 · 김희선, 조직이론 강의: 구조, 설계 및 과정, 대영문화사, 1998.

박내회, 조직행동론, 박영사, 2002.

백기복, 조직행동연구, 제3판, 창민사, 2005.

변상우, 리더십, 도서출판 청람, 2016.

신구범, 조직행동의 설계와 관리 및 변화, 형설출판사, 1999.

신구범 · 박봉규 · 송경수 · 정동섭, 조직관리론, 형설출판사, 2003.

신유근, 조직행위론, 다산출판사, 1988.

이상호, 조직과 리더십, 북넷, 2013.

이학종, 기업변신론, 법문사, 1994.

이한검, 경영조직론, 형설출판사, 1999.

이한검, 경영학원론, 형설출판사, 1994.

이한검, 인간행동론, 형설출판사, 1994.

임창희, 조직행동, 학현사, 1997.

임효창 · 김정식 · 강대석, 조직행동, 북넷, 2014.

지호준 · 이재범, 21세기 경영학(제7판), 집현재, 2015.

최종태, 현대조직론, 경세원, 1995.
추헌, 조직행동론, 형설출판사, 1994.
현대경제연구원, 리더십, 21세기북스.
홍사중, 리더와 보스, 사계절, 1997.
홍용기, 조직론, 형설출판사, 2001.

Adams, J.S., *Inequity in Social Exchange*, Academic Press, 1965.

Adams, J.S., "Toward an understanding of Inequity", *Journal of Abnormal and Social Psychology*, Vol. 67, 1963.

Adjibolosoo, S., "Pillars of Economic Growth and Sustained Human-Centred Development", Paper presented at the International Institute for Human Factor Development Conference, 2000(July).

Albrecht, K., *Organization Development: A Total Systems Approach to Positive Change in Any Business Organization*, Prentice-Hall, 1983.

Alderfer, C.P., "An Empirical Test of a New Theory of Human Needs", *OBHP(Organizational Behavior and Human Performance)*, 1969(May).

Alderfer, C.P., *Existence, Relatedness, and Growth Human Needs in Organizational Settings*, Free Press, 1972.

Aldrich, H.E., "Technology and Organizational Structure A Reexamination of the Finding of the Aston Group", *Administrative Science Quarterly*, Vol. 17, 1972.

AMA(American Management Association), "The Commandments of Good Communication", *Management Review*, 1955(Oct.).

Ansoff, H.I., *Implanting Strategic Management*, Prentice-Hall, 1984.

Argyris, C., *Interpersonal Competence and Organizational Effectiveness*, Irwin, 1962.

Argyris, C., *Personality and Organization*, New York, Harper, 1957.

Arnold, J.A. et als., "The empowering leadership questionnaire: The construction and validation of a new scale for measuring leader behaviors", *Journal of Organizational Behavior*, Vol. 21, 2000.

Avolio, B.J. & Bass, B.M., "Transformational leadership, charisma, and beyond", in J.G. Hunt et als., *Emerging Leadership Vistas*, Lexington Books, 1988.

Avolio, B.J. et als., "Re-examining the components of transformational and transactional using Multi-factor Leadership Questionnaire", *Journal of Occupational and Organizational Psychology*, Vol. 72, 1999.

Bandura, A., "Self-efficacy: Toward a Unifying Theory of Behavioral Change", *Psychological Review*, Vol. 84, 1977.

Barbuto, J.E. & Wheeler, D.W., "Scale Development and Construct Clarification of Servant Leadership", *Group and Organization Management*, Vol. 31, 2006.

Barnard, C.I., *The Functions of the Executive*, Cambridge Mass., Harvard University Press, 1938.

Barnard, C.I., *The Nature of Leadership: Human Factors in Management*, Harper, 1946.

Bar-On, R. & Parker J.D.A., *The Handbook of Emotional Intelligence: Theory, Development, Assessment and Application at Home, School and in the Workplace*, San Francisco, Jossey-Bass, 2000.

Baron, R.A., *Behavior in Organization: Understanding and Managing the Human Side of Work*, Allyn and Bacon, 1983.

Bartol, K.N. & Martin, D.C., *Management*, McGraw-Hill, 1994.

Bass, B.M., *Bass & Stogdill's Handbook of Leadership: Theory, reach, and managerial applicational dynamics*, Free press, 1990.

Bass, B.M., *Leadership and Performance Beyond Expectations*, Free Press, 1985.

Bass, B.M. & Avolio, B.J., *Full range leadership development: Manual for the Multifactor Leadership Questionnaire*, Mind Garden, 1997.

Beckhard, R., *Organization Development: Strategies and Models*, Addison-Wesley, 1969.

Beckhard, R., "The Confrontation Meeting", *Harvard Business Review*, 1987(March-April).

Bennis, W.G., *Changing Organizations*, McGraw-Hill, 1966.

Bennis, W.G., *Organization Development: Its Nature, Origins and Prospects*, Addison-Wesley, 1969.

Bennis, W. & Goldsmith, J., *Learning to Lead*, Addison-Wesley, 1994.

Bennis, W. & Nanus, B., *Leaders: The Strategics for Taking Charge*, Harper & Row, 1985.

Blake, R.R. & Mouton, J.S., *Building a Dynamic Corporation Through Grid Organization Development*, Addision-Wesley, 1969.

Blake, R.R. & Mouton, J.S., *Corporate Excellence through Grid Organizational Development*, Gulf, 1958.

Blake, R.R. & Mouton, J.S., *The New Managerial Grid*, Gulf, 1978.

Blake, R.R. et als., "Break Through in Organization Development", *Harvard Business Review*, 1964(Dec.).

Blau, P.M. & Schoenherr, R.A., *The Structure of Organizations*, Basic Books, 1972.

Bovée, C.L. et als., *Management*, McGraw–Hill, 1993.

Bowen, D. & Lawler, E., "The empowerment of service workers: What, why, how, and when?", *Sloan Management Review*, Vol. 33, 1992.

Brown, M.E. & Trevino, L.K., Harrison, D.A., "Ethical leadership: A social learning perspective for construct development and testing", *Organizational Behavior and Human Decision Process*, Vol. 97, pp. 117~134, Elsevier, 2005.

Burns, J.M., *Leadership*, Harper & Row, 1978.

Burns, T. & Stalker, G.M., *The Management of Innovation*, Tavistock, 1961.

Byars, L.L., *Strategic Management: Planning and Implementation*, Harper & Row, 1984.

Carlisle, H.M., *Management: Concepts and Situations*, Science Research Association, 1976.

Chandler, A.D., *Strategy and Structure: Chapters in the History of the Industrial Enterprise*, M.I.T. Press, 1962.

Child, J., "Organization Structure, Environment, and Performance: The Role of Strategic Choice", *Sociology*, Vol. 6, 1972.

Child, J. & Mansfield, R., "Technology, Size and Organization Structure", *Sociology*, Vol. 6, 1972.

Chung, K.H. & Megginson, L.C., *Organizational Behavior: Developing Managerial Skills*, Harper & Row, 1981.

Ciulla, J.B., *Ethics, the Heart of Leadership*, Praeger, 2004.

Colquitt, J.A., "On the dimensionality of organizational justice: A construct validation of a measure", *Journal of Applied Psychology*, Vol. 86, 2001.

Conger, J.A., "Max Weber's Conceptualization of Charismatic Authority: Its Influence on Organizational Research", *Leadership Quarterly*, Vol. 4, 1993.

Conger, J.A. & Kanungo, R., "The empowerment process: Integrating theory and practice", *Academy of Management Review*, Vol. 13, 1988.

Conger, J.A. & Kanungo, R., "Toward a Behavioral Theory of Charismatic Leadership in Organizational Settings", *Academy of Management Review*, Vol. 12, 1987.

Cooper, R.K. & Sawaf, A., *Executive EQ: Emotional Intelligence in Leadership and Organizations*, Penguin, 1998.

Crane, T.G., *The Heart of Coaching: Using Transformational Coaching to Create a High-Performance Culture*, FTA Press, 2002.

Daft, R.L. & Lengel, R.H., "Information richness: a new approach to managerial behavior and organizational design", *Research in Organizational Behavior*, Vol. 6, 1984.

Davis, K., *Human Relation in Business*, McGraw-Hill, 1959.

Davis, K. & Newstrom, J.W., *Human Behavior at Work*, McGraw-Hill, 1989.

Dessler, G., *Organization Theory*, Prentice-Hall, 1980.

Drucker, P.F., *The Practice of Management*, Harper & Row, 1973.

DuBrin, A.J. & Ireland, R.D., *Management & Organization*, South-

Western, 1993.

Duncan, W.J., *Organizational Behavior*, Houghton-Mifflin, 1981.

Etzioni, A., *A Comparative Analysis of Complex Organizations*, Free Press, 1975.

Etzioni, A., *Modern Organization*, Prentice-Hall, 1964.

Fiedler, F.E., *A Theory of Leadership Effectiveness*, McGraw-Hill, 1967.

Fiedler, F.E., "Leadership Effectiveness", *American Behavioral Scientist*, Sage Pablication, 1981(May-June).

Fiedler, F.E. & Garacia, J.E., *New Approaches To Effective Leadership*, Wiley & Sons, 1987.

Fink, S.L. et als., *Designing and Managing Organizations*, Irwin, 1983.

French, J.R.P. & Ravin, B., "The Basics of Social Power", in Cartwright, D., *Studies in Social Power*, Univ. of Michigan Press, 1959.

French, W.L., "Organization Development: Objectives, Assumptions, and Strategies", *California Management Review*, Vol. 12, 1969.

French, W.L. & Bell, C.H., *Organizational Development*, Prentice-Hall, 1979.

French, W.L. et als., *Organization Development*, Prentice-Hall, 1987.

Frunzi, G.L & Savini, P.E, *Human Relations*, South-Western, 1991.

Gerloff, E.A., *Organizational Theory and Design*, McGraw-Hill, 1985.

Gibson L. et als., *Organizations: Behavior, Structure, Processes*,

Irwin, 1991.

Gilligan, C., *In a different voice: Psychological theory and women's development*, Cambridge, MA, Harvard University Press, 1982.

Gini, A., "Moral leadership and business ethics", in C.B. Ciulla(ed.), *Ethics, the heart of leadership*, Quorum Books, Westport, CT, 1998.

Glueck, W.F. & Jauch, L.R., *Strategic Management and Business Policy*, McGraw-Hill, 1984.

Glueck, W.F. & Morgan, C.P., *Strategy Formulations Management Action*, McGraw-Hill, 1976.

Goleman, D., *Emotional Intelligence*, New York, Bantam, 1995.

Goleman, D., *Working with Emotional Intelligence*, NY, Bantam, 1998.

Goleman, D. & Boyatzis, R., Mckee, A., *Primal Leadership: Realizing the Power of Emotional Intelligence*, Boston, Harvard Business School Press, 2002.

Goleman, D. et als., *Primal Leadership*, Boston, MA: Harvard Business School Press, 2002.

Goodman, P.S. & Friedman, A., "An Examination of Adams Theory of Inequity", *ASQ(Administrative Science Quarterly)*, Vol. 16, 1971.

Graham, J.W., "Servant leadership qualities exhibited by Illinois school district superintendents", Diss., Saint Louis Univ., 1991.

Greenberg, J., "A taxonomy of organizational justice theories", *Academy of Management Review*, Vol. 12, 1987.

Greenleaf, R.K., *Servant leadership; A journey into the nature of legitimate power and greatness*, NY, Paulist, 1977.

Greenleaf, R.K. et als., *Servant Leadership*, Paulist Press, 2002.

Greiner, L.E., "Patterns of Organization Change", *Harvard Business Review*, 1967(May–June).

Griffin, R.W., *Management*, Houghton–Mifflin, 1993.

Hage, J., *Theories of Organizations: Form, Process and Transformation*, Wiley–Interscience, 1980.

Hampton, D.R., *Contemporary Management*, McGraw–Hill, 1977.

Harrison, E.F., *Management and Organizations*, Houghton Mifflin, 1978.

Harvey, D.F. & Brown, D.R., *An Experimental Approach to Organization Development*, Prentice–Hall, 1992.

Hater, J.J. & Bass, B.M., "Superior's evaluations and subordinates' Perceptions of transformational and transactional leadership", *Journal of Applied Psychology*, Vol. 73, 1988.

Heifetz, R.A., *Leadership without easy answers*, Cambridge, MA, Harvard University Press, 1994.

Herbert, T.T., *Dimensions of Organizational Behavior*, Macmillan, 1981.

Herssey, P. & Blanchard, K.H., *Management of Organizational Behavior: Utilizing Human Resource*, Prentice–Hall, 1988.

Herzberg, F., "One More Time: How do You Motivate Employees?", *Harvard Business Review*, 1968(Jan.–Feb.).

Hicks, H.G., Gullett, C.R., *The Management of Organizations*, McGraw–Hill, 1976.

Hitt, M.A. et als., *Effective Management*, West, 1979.

Hodge, B.J. & Anthony, W.P., *Organization Theory*, Allyn & Bacon, 1984.

Hodgetts, R.M., *Modern Human Relations at Work*, Dryden Press, 1984.

House, R.J., "A Path-Goal Theory of Leader Effectiveness", *ASQ(Administrative Science Quarterly)*, Vol. 16, 1971.

House, R.J., "A 1976 theory of charismatic leadership", in J.G. Hunt & L.L. Larson, *Leadership: The cutting edge*, Southern Illinois Univ. Press, 1977.

House, R.J. & Dessler, G., "The Path-Goal Theory of Leadership: Some Post Hoc and a Priori Tests", in J. Hunt & L. Larson, *Contingency Approaches to Leadership*, Southern Illinois Univ. Press, 1974.

House, R.J. et als., "Personality and Charisma in the U.S. Presidency: A Psychological Theory of Leader Effectiveness", *ASQ(Administrative Science Quarterly)*, Vol. 36, 1991.

Huse, E.F., *Organization Development and Change*, West, 1980.

Huse, E.F. & Cummings, T.G., *Organization Development and Change*, West, 1985.

Huseman, R.C. et als., "A New Perspective on Equity Sensitive Construct", *AMR(American Management Reach)*, 1987.

Ignizio, J.P. & Shannon, R.E., "Organizational Structure in the 1980's", *Industrial Engineer*, 1971(Sept.).

Ivancevich, J.M. & Matteson, M.T., *Organization Behavior and Management*, Irwin, 1993.

Jackson, J.H. & Morgan, C.P., *Organization Theory: A Macro Perspective for Management*, Prentice-Hall, 1978.

Jago, A.G., "Leadership: Perspectives in Theory and Research", *Management Science*, Vol. 28, 1982.

Kast, F.E. & Rosenzweig, J.E., *Organization and Management: A Systems Approach*, McGraw–Hill, 1970.

Katz, R., "Skills of an Effective Administrator", *Harvard Business Review*, 1974.

Katz, D. & Kahn, R.L., *The Social Psychology of Organizations*, John Wiley, 1966.

Kimberly, J.R., "Organizational Size and the Structuralist Perspective: A Review, Critique and Proposal", *ASQ(Administrative Science Quarterly)*, 1976(Dec.).

Kirkpatrick, S.A. & Locke, E.A., "Leadership: Do Traits Really Matter?", *Management Executive*, 1991(May).

Kohn, M., *Dynamic Management*, Cummings, 1977.

Kolodny, H.F., "Evolution to Matrix Organization", in A.J. Rowe et. als., *Strategic Management and Business Policy*, Addison Wesley, 1982.

Konczak, L.J. et als., "Defining amd measuring empowering leader behaviors: Development of an upward feedback instrument", *Educational and Psychological Measurement*", Vol. 60, 2000.

Kotter, J.P. & Schlesinger, L.A., "Choosing Strategies for Change", *Harvard Business Review*, 1979(March–April).

Kotter, J.P., "What leaders really do", *Harvard Business Review*, 1990(May–June).

Kreitner, R., *Management: A Problem–Solving Process*, Houghton–Mifflin, 1980.

Landy, F.J. & Trumbo, D.A., *Psychology of Work Behavior*, Dorsey Press, 1976.

Laub, A.J., "Assessing the servant organization: development of the servant organizational leadership assessment(SOLA) instrument", Diss., Florida Atlantic Univ., 1999.

Lawrence, P.R. & Lorsch, J.W., *Organizations and Environment: Managing Differentiation and Integration*, Harvard Univ. Press, 1967.

Leavitt, H.J. & Whisler, T.L., "Management in the 1980's", *Harvard Business Review*, 1958(Nov.-Dec.).

Lewin, K., *Field Theory in Social Science*, Harper & Row, 1951.

Lewin, K. et als., "Patterns of Aggressive Behavior in Experimentally Created Social Climate", *Journal of Social Psychology*, Vol. 10, 1939.

Lewis, P.V., *Organizational Communication: The Essence of Effective Management*, Wiley & Sons, 1987.

Liden, R.C. et als., "Servant leadership: Development of a multidimensional measure and multi-level assessment", *The Leadership Quarterly*, Vol. 19, 2008.

Likert, R., "From Production and Employee-Centeredness to System 1-4", *Journal of Management*, Vol. 5, 1979.

Likert, R., "Managerial Leadership: A Review of Theory and Research", *Journal of Management*, Vol. 15, 1989.

Likert, R., *New Patters of Management*, McGraw-Hill, 1961.

Likert, R., *The Human Organization*, McGraw-Hill, 1967.

Locke, E.A., "Effects of knowledge of results, feedback in relation to standards, and goals on reaction-time performance", *American Journal of Psychology*, Vol. 81, 1968.

Locke, E.A. & Latham, G.P., *A theory of goal setting and task performance*, Prentice-Hall, 1990.

Luft, J., "The Johari Window", *Human Relations Training News*, Vol. 5, 1961.

Lussier, R.N., *Human Relation in Organizations*, Irwin, 1993.

Luthans, F., *Organizational Behavior*, McGraw-Hill, 1989.

MaClelland, D.C., *The Achieving Society*, Van Nostrand Rinehold, 1961.

Maier, N., *Psychology in Industry*, Houghton-Mifflin, 1955.

Manz, C.C. & Sims, H.P., "Leading self-managed groups: A conceptual analysis of a paradox", *Economic and Industrial Democracy*, Vol. 7, 1986.

Maslow, A.H., "A Theory of Human Motivation", *Psychological Review*, Vol. 50, 1943.

Mayer, J.D. & Salovey, P., "Emotional intelligence and the construction and regulation of feelings", *Applied and Preventive Psychology*, Vol. 4, 1995.

McClelland, D.C. & Burnham, D.H., "Power is the great motivator", *Harvard Business Review*, Vol. 54, 1976.

McFarland, D.E., *Management: Foundations and Practice*, Macmillan, 1979.

McGregor, D., *The Human Side of Enterprise*, McGraw-Hill, 1960.

Mescon, M.H. et als., *Management: Individual and Organizational Effectiveness*, Harper & Row, 1981.

Miles, R.F. & Snow, C.C., *Organizational Strategy, Structure and Process*, McGraw-Hill, 1978.

Miner, J.B., *Theories of Organizational Behavior*, Reinhart, 1980.

Mintzberg, H., *Structure in Fives: Designing Effective Organizations*, Prentice-Hall, 1983.

Mintzberg, H., *The Nature of Managerial Work*, Harper & Row, 1973.

Mintzberg, H., *The Structuring of Organizations*, Prentice-Hall, 1979.

Mondy, R.W. & Premeaux, S.R., *Management*, Allyn & Bacon, 1993.

Mondy, R.W. et als., *Management and Organizational Behavior*, Allyn & Bacon, 1990.

Mooney, J.D. & Reiley, A.C., *Onward Industry: The Principles of Organization and Their Significance to Modern Industry*, Harper & Row, 1931.

Moorhead, G. & Griffin, R.W., *Organizational Behavior*, Houghton-Mifflin, 1992.

Nadler, D.A., "Organizational Frame Bending: Types of Change in Complex Organization", in Ralph, H.K. et. als., *Corporate Transformation*, Jossey-Bass, 1988.

Osborn, R.N. et als., *Organization Theory: An Integrated Approach*, Wiley & Sons, 1980.

Parsons, T., *Structure and Process in Modern Societies*, The Free Press of Glencoe, 1960.

Parsons, T., *The Social System*, The Free Press, New York, 1964.

Pearce, J.A. & Robbins, R.B., *Strategic Management: Strategy Formulation and Implementation*, Irwin, 1982.

Perrow, C., "A Framework for the Comparative Analysis of Organization", *American Sociological Review*, 1967(April).

Perrow, C., *Organizational Analysis: A Sociological View*, Wadsworth, 1970.

Pfeffer, J., *Organizations and Organization Theory*, Pitman, 1982.

Pfeffer, J. & Salancik, G.R., *External Control of Organizations: A Resource Dependence Perspective*, Harper & Row, 1972.

Pfiffner, J.M. & Sherwood, F.P., *Administrative Organization*, Prentice-Hall, 1960.

Porter, L.W. & Lawler, E.E., *Managerial Attiudes and Performance*, Irwin, 1969.

Price, J.L., *Organizational Effectiveness*, Irwin, 1968.

Pugh D.S. et als., "The Context of Organization Structures", *ASQ(Administrative Science Quarterly)*, Vol. 14, 1969.

Randolph, W.A., *Understanding and Managing Organizational Behavior*, Irwin, 1985.

Reavitt, H.J., *The Social Science of Organization*, Prentice-Hall, 1963.

Reece, B.L. & Brandt, R., *Effective Human Relations*, Houghton-Mifflin, 1993.

Reitz, J. & Jewell, L.N., *Managing*, Scott, 1985.

Robbins, S.P., *Organizational Behavior*, Prentice-Hall, 1993.

Robbins, S.P., *Organization Theory: The Structure and Design of Organizations*, Prentice-Hall, 1983.

Roberts, K.H. & Hunt, D.M., *Organizational Behavior*, PWS-Kent, 1991.

Roethlisberger, F.J. & Dickson, W.J., *Management and the Worker*, Cambridge, 1939.

Rogers, R.E. & McIntire, R.H., *Organization and Management Theory*, Wiley & Sons, 1983.

Ryan, T.A., *Work and Effort*, Ronald Press, 1947.

Sayles, L.R. & Strauss, G., *Personnel: the human problems of management*, Prentice-Hall, 1967.

Schermerhorn, J.R., *Management for Productivity*, Wiley & Sons, 1993.

Schwartz, D., *Introduction to Management: Principle, Practices, and Processes*, Harcourt Brace Jovanovich Inc., 1980.

Scott, W.G. & Mitchell, T.R., *Organization Theory: A Structural Behavioral Analysis*, Irwin, 1976.

Scott, W.R., *Organizations: Rational, Natural and Open System*, Prentice-Hall, 1981.

Seashore, S. & Yuchtman, E., "Factorial Analysis of Organizational Performance", *ASQ(Administrative Science Quarterly)*, 1967.

Selfridge, R.J. & Sokolik, S.L., "A Comprehensive View of Organization Development", in Robey, D. & Altman, S., *Organization Development*, Macmillan, 1982.

Selznick, P., *TVA and the Grass Roots*, Berkely California: University of California Press, 1953.

Short, L.E., "Planned Organizational Change", *MSU Business Topics*, 1973(Autumn).

Silver, G.A., *Introduction to Management*, West, 1981.

Simon, H.A., *Administrative Behavior*, New York, 1957.

Skinner, B.F., *About Behaviorism*, Knopf, 1974.

Skinner, B.F., *Science and Human Behavior*, Macmillan, 1953.

Smith, A., *The Wealth of Nations*, Henry Regnery, 1953.

Smith, B.N. et als., "Transformational and servant leadership: content and contextual comparisons", *Journal of Leadership and Organizational Studies*, Vol. 10, 2004.

Smith, H.R. et als., *Management: Making Organizations Perform*, Macmillan, 1980.

Spreitzer, G.M., "Psychological empowerment in the workplace: Dimensions, measurement, and validation", *Academy of Management Journal*, Vol. 38, 1995.

Steers, R.M. & Porter, L.W., *Motivation and Work Behavior*, McGraw-Hill, 1979.

Stogdill, R.M., *Handbook of Leadership: A survey of theory and research*, Free Press, 1974.

Stogdill, R.M., "Personal factors associated with leadership: A survey of the literature", *Journal of Psychology*, Vol. 25, 1948.

Stone, A.G. et als., "Transformational versus servant leadership: a difference in leader focus", *The Leadership & Organization Development Journal*, Vol. 25, 2004.

Stoner, J.A.F. & Freeman, R.E., *Management*, Prentice-Hall, 1992.

Szilagyi, A.D., *Management and Performance*, Goodyear, 1981.

Szilagyi, A.D. & Wallance, M.J., *Organizational Behavior and Performance*, Scott, Foresman and Co., 1983.

Tannenbaum, R. & Schmidt, W.H., "How to Chose a Leadership Pattern", *Harvard Business Review*, 1973(May-Jun).

Taylor, F.W., *The Principles of Scientific Management*, New York, 1911.

Thompson, J.D., *Organization in Action*, McGraw-Hill, 1967.

Tichy, N.M. & Devanna, M.A., *The Transformational Leader*, John Wiley, 1990.

Toffler, A., *Future Shock*, Random House, 1970.

Trevino, L.M. & Brown, M., Hartman, L.P., "A qualitative

investigation of perceived executive ethical leadership: Perceptions from inside and outside the executive suite", *Human Relations*, Vol. 56(1), 2003.

Trice, H.M. & Beyer, J.M., "Cultural Leadership in Organizations", *Organization Science*, Vol. 2, 1991.

Vroom, V.H., *Work and Motivation*, John Wiley, 1964.

Vroom, V.H. & Yetton, P., *Leadership and Decision Making*, Univ. of Pittsburgh Press, 1973.

Weber, M., *The Theory of Social and Economic Organization*, New York, Free Press, 1947.

Weick, K., *The Social Psychology of Organizing*, Addison Wesley, 1979.

White, R.K & Lippitt, R., "Patterns of Aggressive Behavior in Experimentally Created Social Climates", *Journal of Social Psychology*, 1939(May).

Wong, C.S. & Law, K.S., "The effects of leader and follower emotional intelligence on performance and attitude: An exploratory study", *The Leadership Quarterly*, Vol. 13, 2002.

Woodward, J., *Industrial Organization: Theory and Practice*, Oxford University Press, 1965.

Yukl, G.A., *Leadership in Organizations*, Prentice-Hall, 1989.

Yukl, G., *Leadership in organization*(3rd ed.), Englewood Cliffs, NJ, Prentice-Hall, 1994.

Zaleznik, A., "Managers and Leaders: Are They Different?", *Harvard Business Review*, 1977(May-June).

Zhu, W. & May, D.R., Avolio, B.J., "The Impact of Ethical Leadership Behavior on Employee Outcomes: The roles of Psychological Empowerment and Authenticity", *Journal of Leadership and Organizational Studies*, Vol. 11(1), 2004.

찾아보기

Index

ㅇ

ㅈ

[저자소개]

■ 이학희(李鶴熙)

독일 바이로이트(Bayreuth) 대학교 경영학과를 졸업하고 동 대학원에서 경영학 박사학위를 취득하였으며, 한화경제연구원 선임연구원, 부산테크노파크 운영위원, 부산지방고용노동청 자문위원, 영산대학교 창업보육센터장, 지역발전연구원장, 산학협력단장, 기획처장, 총장특보 등을 역임하였다.

주요 저서로 창업절차와 성공사례(2012), 조직설계와 관리(2017), 경영전략의 계획과 관리(2017), 기업의 생존과 발전을 위한 경영전략(2017) 등이 있다.

현재, 영산대학교 호텔경영대학 호텔경영학과 교수로 재직 중이다.

기업경영 리더십

2019년 1월 20일 1판 1쇄 인쇄
2019년 1월 25일 1판 1쇄 발행

저 자 | 이학희
발 행 인 | 이수영
발 행 처 | 도서출판 청람
서울시 마포구 독막로 288(대흥동, 세양상가 109호)
전 화 | 02)3272-2601~2
팩 스 | 02)3272-2603
이 메 일 | crbooks@daum.net
홈페이지 | www.crbooks.co.kr
등 록 | 2000년 8월 26일 제6-0509호

ISBN 978-89-5972-670-7 93320 [정가 15,000원]